KB091429

알고리즘 윤리

알고리즘 윤리

안전한 인공지능 알고리즘 설계 기법

마이클 키언스 · 아론 로스 지음   이정표 옮김

에이콘

이 책을 가족들에게 바칩니다.
마이클 키언스: 킴, 케이트, 그레이
아론 로스: 캐시, 엘리, 젤다

지은이 소개

마이클 키언스 Michael Kearns

펜실베이니아 대학교의 컴퓨터 정보 과학과 교수 겸 국립 센터장이고, 경제학과 와튼 스쿨에도 공동 소속돼 있다. 머신러닝, 인공지능, 알고리즘 게임이론, 금융 공학 분야 등 폭넓은 분야에 논문을 출간했다. 금융 및 기술 분야에서 다양한 경험을 했으며, 알고리즘과 데이터, 머신러닝 분야의 법과 규제관련 컨설팅을 한다.

아론 로스 Aaron Roth

펜실베이니아 대학교의 컴퓨터 정보 과학과 부교수다. 알고리즘과 머신러닝, 데이터 프라이버시와 알고리즘 게임 등의 분야에 논문을 출간했으며, 알고리즘 프라이버시 분야 전반에 걸쳐 컨설팅을 한다. 2016년 오바마 대통령이 수여한 젊은 과학자 및 기술자상 등 수많은 상을 받았다.

이 책을 집필하는 데 필요한 기초 연구와 주제 선정, 이야기 구성 및 작성에 이르는 모든 분야에서 많은 분들께 도움을 받았다. 우리에게 도움을 준 동료와 친구, 전문가와 기관들께 이 지면을 빌려 감사의 말을 전하고 싶다.

연구 분야와 관련해 이 책에서 다루는 주제들의 발상과 작업은 전 펜실베이니아 대학원생들 및 박사후 연구원들 그리고 우리에게 제2의 가족이나 마찬가지인 방문 연구원들로부터 크게 영향을 받았다. 이들은 윤리 알고리즘에 대한 올바른 수학적 모델, 알고리즘의 설계와 분석 그리고 이것들이 어떻게 실제 사회 문제들을 다룰지에 대한 개괄적 고려사항 등을 구체화하는 데 도움을 주었다. 이들은 Rachel Cummings, Jinshou Dong, Hadi Elzayn, Hoda Heidari, Justin Hsu, Zhiyi Huang, Shahin Jabbari, Matthew Joseph, Chris Jung, Jieming Mao, Jamie Morgenstern, Seth Neel, Ryan Rogers, Zachary Schutzman, Saeed Sharifi, Bo Waggoner, Steven Wu, Grigory Yaroslavtzev, Juba Ziani다. 감사합니다, 여러분!

또한 우리의 생각에 깊은 영향을 주었고 긴밀하게 협력해준 외부의 동료 연구자들에게도 진심으로 감사한다. 이들은 Cynthia Dwork, Vitaly Feldman, Moritz Hardt, Mike Jordan, Jon Kleinberg, Katrina Liggett, Kobbi Nissim, Mallesh Pai, Toni Pitassi, Omer Reingold, Tim Roughgarden, Sebastian Seung, Adam Smith, Jonathan Ullman, Salil Vadhan, Jenn Wortman Vaughan, Duncan Watts다.

펜실베이니아 대학교의 우리 학과 및 법학, 범죄학, 경제학과 같은 다양한 학과의 많은 교수들도 협력을 아끼지 않았고, 알고리즘과 사회 간의 관계에 대한 우리의 관점을 확장하는 데 도움을 주었다. 이들은 Tom Baker, Richard Berk, Cary Coglianese, Ezekiel Dixon-Román, Andreas Haeberlen, Sampath Kannan, Sanjeev Khanna, Annie Liang, Ani Nenkova, Benjamin Pierce, Rakesh Vohra, Christopher Yoo다.

펜실베이니아 대학교의 경영진은 과거뿐만 아니라 현재에도 연구자와 교수들에게 생산적이고 전폭적인 지원을 아끼지 않았다. 최근에는 모든 주요 연구 대학들이 학제 간 연구 활동을 지원한다고 말하지만, 펜실베이니아 대학교는 이를 실천하고 있다. 이와 관련해서 Eduardo Glandt, Amy Gutmann, Vijay Kumar, Vincent Price, Wendell Pritchett께 진심으로 감사를 드린다. 펜실베이니아 대학교 워렌 네트워크 및 데이터 과학 센터의 설립자이자 후원자인 Fred와 Robin Warren께 특히 감사드리고 싶다. 두 분은 이 책을 쓰는 데 도움이 되는 놀라운 지적 용광로를 만들어주셨다. 지칠 줄 모르는 열정과 전문성으로 조직적 도움을 준 워렌 센터의 Lily Hoot께도 큰 감사를 드린다. 또한 이 책에 등장하는 대부분의 사례를 작성할 수 있게 해준 펜실베이니아 대학교 네트워크와 소셜 시스템 엔지니어링NETS, Networked and Social Systems Engineering 프로그램의 설립자이자 후원자인 Raj와 Neera Singh에게 감사한다.

이 책을 저술하고 출간하는 데는 여러 명의 중요한 전문가와 개인들이 큰 역할을 했다. 언제나 정확한 읽을거리와 도움되는 제안을 해주신 옥스퍼드 대학교 출판사의 편집자인 Sarah Humphreville에게 진심으로 감사드린다. 출판 과정에서 전문적인 도움을 준 OUP의 Joellyn Ausanka에게도 큰 감사를 표한다. 이 프로젝트를 초기부터 격려해준 베이직 북스Basic Books의 Erci Henney와 복잡미묘한 출판 세계를 무사히 항해할 수 있도록 도와준 우리의 에이전트 Jim Levine에게도 감사드린다. 또한 초안을 보고 의견을 주었던 Thomas Kearns, Yuriy Nevmyaka, Alvin Roth, Ben Roth에게 감사를 드린다.

우리 둘 다 박사학위 과정을 끝낸 지 수년이 지났지만, 논문 지도 교수인 Avrim Blum과 Les Valiant의 뛰어난 가르침에 오랫동안 깊이 영향을 받았다. 우리 연구 분야의 모든 대학원생이 겪는 주제 변경의 경우 주어진 문제를 단순히 풀어내는 것부터 자신의 프로젝트를 선정하고, 더 넓고 비기술적인 관점에서 어떤 작업을 하는 것이 중요한지를 결정하는 연구 '경험'을 발전시키는 것까지 다양하다. 우리 둘 모두는 지도 교수님들의 훌륭한 가르침 덕분에 이 책의 아이디어를 떠올릴 수 있었다고 생각한다.

마지막으로 이 책의 가장 앞쪽에 표기했듯이 이 책은 우리의 가족인 킴, 케이트, 그레이, 캐시, 엘리, 젤다를 위한 것이다. 이 책과 그 밑바탕에 깔린 사상과 연구 결과는 가족들에게 받은 포근함과 사랑, 즐거운 환경이 없었다면 존재하지 않았을 것이다. 우리 가족 모두에게 감사와 사랑을 전한다.

옮긴이 소개

이정표(jungpyo@openidealab.org)

소프트웨어 엔지니어로서 다양한 개발 프로젝트에 참여하고 있다. 크리에이티브 커먼즈 코리아의 자원활동가로 활동했으며, 오픈아이디어랩 프로젝트의 공동 설립자다. 옮긴 책으로는 『워드프레스 플러그인과 테마 만들기』(에이콘, 2012), 『Hudson3 설치와 운용』(에이콘, 2014), 『젠킨스 마스터』(에이콘, 2018), 『젠킨스 블루오션 시작하기』(에이콘, 2019), 『린 모바일 앱 개발』(에이콘, 2019), 『The Power of Open 한국어판』, 『참여와 소통의 정부 2.0』(아이앤유, 2011), 『난독화, 디지털 프라이버시 생존 전략』(에이콘, 2017) 등이 있다.

이른바 미래 사회를 바꿀 4대 핵심 기술이라 불리는 인공지능^AI, 빅데이터, 클라우드, 사물인터넷의 발전 속도가 거세다. 그중에서도 인공지능 분야가 가장 빠르게 성장하며 우리의 삶에 직접적인 영향을 끼치고 있다. 이제는 개인 맞춤형 광고, 나만의 음악/영화 추천, 자율주행 자동차, 인공지능 스피커, 자동 신용 등급 산정, 다국어 번역 등의 기능을 일상생활에서 쉽게 접할 수 있게 됐고, 이 기술들 덕분에 더 많은 정보를 더 쉽고, 더 재미있게, 효율적으로 즐기게 됐다. 그러나 이렇게 넘쳐나는 정보 때문에 개인의 정보나 권리가 침해되거나 악용되는 사례도 증가하고 있다.

이 책에서 다루는 사례들은 주로 미국에서 발생한 인공지능의 문제점을 다루고 있지만, 우리나라에서도 지난해 12월 '이루다' 사건이 터지면서 인공지능^AI 기술의 부작용과 위험성이 더 이상 남의 일이 아니라는 사실을 일반인도 깨닫는 계기가 됐다. 이루다는 스캐터랩이 출시한 인공지능 챗봇으로 20세 여대생 콘셉트다. 문맥을 이해하고 자연스럽게 대화하는 능력이 탁월하다고 소문이 나면서 서비스 2주 만에 가입자가 80만이 넘어서며 화제가 됐다. 그러나 일부 이용자가 이루다에게 성적인 대화를 유도하고, 장애인과 성소수자 등에 대한 혐오를 학습시키는 등의 논란을 일으키며 출시 20일 만에 서비스를 중단했다. 이 사건은 윤리적 논란 외에 개인정보 무단 유출 혐의로도 조사를 받고 있지만, '이루다' 사건을 통해 국내 여러 기업들이 'AI 윤리 헌장'을 발표하는 등 인공지능을 단순히 기술과 비즈니스의 관점에서만 접근할 것이 아니라 개발 단계에서부터 윤리적 원칙을 적용하려는 움직임이 활발히 일어나고 있다는 것은 상당히 고무적인 일이다.

이러한 적절한 때에 윤리적 원칙을 갖는 알고리즘 설계에 관한 일련의 원칙과 해법을 설명하는 책이 출간된 것을 기쁘게 생각한다. 모쪼록 관련 분야에 종사하는 분들에게 조금이나마 도움이 되기를 진심으로 바란다.

차 례

에이콘출판의 기틀을 마련하신 故 정완재 선생님 (1935-2004)

알고리즘에 대한 우려

우리는 이른바 데이터의 황금기에 살고 있다. 사람이나 사회에 대해 우리가 궁금해할 만한 사실상 모든 질문에 대해 통계적으로 상당히 정확한 답변을 할 수 있는 방대한 데이터가 존재한다. "친구의 행동이 당신이 어떤 TV 프로를 볼지 또는 어떤 사람에게 투표할지를 정하는 데 영향을 줍니까?"라는 질문에 대한 답변은 전 세계 사람들 수억 명의 사회적 활동을 기록하고 있는 페이스북 데이터를 통해 할 수 있다. 운동을 자주 하는 사람들은 이메일 확인을 덜 할까? 만약 애플 워치Apple Watch나 구글 핏Google Fit 앱을 설치한 안드로이드폰 사용자라면, 데이터로 답을 알 수 있을 것이다. 또한 타깃 마케팅을 원하는 유통 회사를 위해 고객이 어디서 주로 시간을 보내는지에 관한 데이터를 판매하는 수십 개의 회사들이 이미 경쟁 중이다.

이는 우리를 매우 복잡한 상황으로 이끈다. 즉, 전례가 없던 풍요로운 데이터로부터 얻게 되는 통찰력을 통해 사회의 동작 방식을 새롭게 이해하고, 공중 보건과 서비스, 소비자 제품을 개선할 수 있다. 그러나 개인이 이런 데이터 분석의 수혜자가 되는 것이 아니다. 분석에 사용되는 데이터가 바로 나와 당신이며, 우리에 대한 중요한 결정을 내리는 데도 바로 그 데이터가 사용되는 것이다.

2018년 12월, 「뉴욕타임스New York Times」는 날씨나 맛집 추천 정보를 제공하는 앱이 수집한 위치 정보가 들어 있는 유료 데이터셋을 구입했다. 이 데이터셋에는 수억 명의 사람들 위치를 하루에 수백에서 수천 번 빈도로 정확하게 파악한 정보가 들어 있었다. 일반적으로 이런 유료 데이터를 구매하는 목적은 또 다른 데이터와의 결합으로 가치를 높이려는 것이다. 예를 들어, 헤지 펀드의 경우 분기별 매출을 예측하고자 대형 마트에서 상품 구매를 한 사람들의 수를 파악하는 식이다. 그러나 그 데이터는 각 사람들의 휴대폰에서 수집한 것이다. 데이터에 이름 정보가 없으므로 표면적으로는 익명이라 할 수 있겠지만, 한 사람의 모든 위치 정보를 저장하고 있는 그 익명성이란 한계가 있을 수밖에 없다.

예를 들어, 「뉴욕타임스」는 이 데이터에서 리사 마그린Lisa Magrin이라는 46세의 수학 교사를 식별해낼 수 있었다. 그녀는 뉴욕 북부에 있는 자신의 집에서 20킬로미터 떨어진 중학교까지 매일 출퇴근을 하는 유일한 사람이었다. 이런 식으로 누군가의 신원을 특정하게 되면 그들에 대해 훨씬 많은 정보를 알아낼 수 있다. 「뉴욕타임스」는 리사의 데이터를 분석해 체중 관리 업체인 웨이트 와처스Weight Watchers와 피부과 의사의 사무실, 전 남자친구의 집을 알 수 있었다. 그녀는 이 사실을 안 후 충격을 받았고, 불안감을 느끼는 이유를 다음과 같이 「뉴욕타임스」에 말했다. "이는 남들은 몰랐으면 하는 나의 사적인 정보를 캐려는 사람들을 떠올리게 한다." 불과 이십 년 전만 해도 이런 정도의 철저한 감시는 사설 탐정이나 정부 기관만이 가능했었다. 그러나 지금은 누구나 구입할 수 있는 데이터셋dataset에서 간단하게 찾아낼 수 있다.

우리가 '멋진 신세계'[1]에 들어선 것만은 확실하다.

---

1 올더스 헉슬리가 1932년에 출간한 디스토피아 SF 소설로, 극도로 발전한 기계 문명이 철저히 통제하는 계급 사회를 그린다. 헉슬리는 기계 문명의 발달을 1920년대와 1930년대에 대두한 전체주의와 연결해 비인간적 기계 문명이 가져올 지옥을 경고했다. 소설의 제목은 셰익스피어의 희곡 「템페스트」의 한 구절에서 따왔다. 출처: 위키백과 - 옮긴이

데이터 수집과 분석이 급증하면서 발생하는 걱정거리가 단지 프라이버시만은 아니다. 왜냐하면 우리가 휴대폰과 인터넷을 이용할 수 있게 해주는 짧은 프로그램인 알고리즘은 우리가 이동하면서 생성하는 데이터를 분석하는 정도에서 끝나지 않기 때문이다. 이는 우리 생활에 영향을 끼치는 결정을 내리는 데 활발히 사용된다. 예를 들어, 신용카드를 발급받으려고 신청서를 낸다면 아마도 그 신청서는 사람이 검토하지 않을 것이다. 대신, 알고리즘이 신청자(또는 신청자와 유사한 그룹의 사람들)에 대한 정보를 여러 기관에서 수집한 후 자동으로 발급 승인을 하거나 거절할 것이다. 이렇듯 요청이 승인될 때까지 5~10일 정도 기다리지 않고 바로 결과를 알 수 있다는 것은 장점이 많지만, 좀 더 생각해볼 여지도 있다. 미국의 많은 주에서는 이른바 머신러닝 machine learning이라 부르는 알고리즘을 보석과 가석방, 형사 선고를 하는 데도 사용하고 있다. 또한 경찰관을 도시 전역에 배치하는 데도 알고리즘이 사용된다. 사람들의 삶에 직접적이고 실제적인 영향을 끼치는 모든 분야의 결정 과정에 알고리즘이 사용되는 것이다. 이 모든 현상은 프라이버시뿐만 아니라, 공정성이나 안전, 투명성, 책임성, 도덕성을 포함한 다양한 사회적 가치에 대해 의문을 제기한다.

따라서 앞으로도 계속 빅데이터를 생성하고, 이를 통해 중요한 결정을 자동화할 것이라면(그렇지 않을 가능성은 우리가 농경사회로 다시 돌아갈 것이라는 가정만큼 현실성이 없다), 반드시 몇 가지 중요한 주제를 진지하게 고려해야 한다. 여기에는 데이터와 알고리즘의 사용을 제한하는 것과 이런 제한을 법제화하는 것, 규제를 시행하는 조직이 모두 포함된다. 그러나 우리는 이러한 우려 사항들을 과학적으로 해결하려는 시도, 좀 더 자세히 말하자면 우리의 삶에 점점 깊이 들어오는 알고리즘을 설계하는 데 있어 윤리적 원칙을 직접 코딩해서 반영한다는 사실이 의미하는 바를 진지하게 고려해야 한다. 이 책은 바로 그러한 윤리 알고리즘의 설계를 다루는 최신 과학 분야의 책이다.

정렬 알고리즘

우선 알고리즘이 무엇인지를 정의해보자. 가장 기초적인 정의는 어떤 구체적인 작업을 수행하는 데 필요한 명령을 정확한 순서대로 나열한 것이라 할 수 있다. 대학의 컴퓨터 과학 전공 1학년생이 배우는 가장 간단한 알고리즘은 보통 일련의 숫자를 오름차순으로 정렬하는 순차 정렬이다. 예를 들어, 임의의 숫자가 적힌 메모 카드 10억 장이 있고 이 카드들을 오름차순으로 정확하게 배열하는 알고리즘을 정의한다고 가정해보자. 이때의 조건은 배열 절차는 단계마다 모호함이 없어야 하며, 메모 카드의 초기 배열이 어떻든 최종적으로는 모든 카드가 오름차순으로 정렬돼야 한다는 것이다.

일단 다음과 같이 시작해볼 수 있다. 배열된 카드의 맨 왼쪽부터 시작해서 가장 작은 수를 찾는다(값을 기억하기 위해 연필과 종이를 사용할 수도 있다). 만약 65,704번째 카드에서 가장 작은 숫자를 찾았다면 이 카드를 배열의 가장 왼쪽 카드와 바꾼다. 그러면 원래 목표인 가장 작은 숫자가 배열의 가장 첫 번째에 위치하게 될 것이다. 그다음에는 두 번째 카드부터 시작해서 두 번째로 작은 수를 찾고, 그 카드를 왼쪽에서 두 번째 카드와 교체한다. 이런 식으로 정렬이 끝날 때까지 반복한다. 이런 것이 알고리즘이다. 방법이 정확하고, 동작도 완벽하다.

하지만 지금 설명한 알고리즘보다 이 문제를 훨씬 빠르게 해결할 수 있는 다른 알고리즘이 존재한다는 측면에서 보면, 앞의 것은 '좋지 않은' 알고리즘이라 할 수 있다. 잠시 생각해보면 이 알고리즘은 처음에는 왼쪽 첫 번째부터 오른쪽 끝까지 가면서 숫자를 찾고, 다음에는 왼쪽 두 번째부터 오른쪽 끝까지 가면서 숫자를 찾고, 그다음에는 왼쪽 세 번째부터 오른쪽 끝까지 가면서 찾는 식으로 십억 개의 숫자가 있는 배열을 수십억 번 찾는다는 사실을 알 수 있다. 알고리즘 분야에서는 이런 방식을 2차 시간 알고리즘이라고 부르는데, 이는 배열의 길이가 n일 경우 '실행 시간'이 n의 제곱에 비례해서 늘어나기 때문이다. 페이스북 사용자를 한 달간의 사용 시간별로 정렬하는 경우처럼 n의 값이 수십억이라면 아무리 빠른 컴퓨터를 사용하더라도 상당히 오래 걸릴 것이다. 그러나 다행스럽게도 페이스북이나 다른 기업들은 실행 시간이 n의 제곱이 아니라 n에 비례하는 알고리즘을 갖고 있다. 그런 알고리즘은 실제 세계에서 사용하는 매우 큰 값이 들어와도 충분히 빠르게 정렬할 수 있다.

알고리즘 설계의 흥미로운 점은 단순 정렬 같은 기초 문제조차도, 우리의 관심 분야에 따라 다양한 장단점을 가진 여러 가지 대안 알고리즘이 있다는 것이다. 예를 들어, 위키피디아에서 정렬에 관한 항목을 찾으면 퀵소트 Quicksort, 힙소트 Heapsort, 버블소트 Bubblesort, 피전홀 소트 Pigeonhole Sort 등 43종이나 되는 알고리즘이 나열되어 있다. 어떤 알고리즘은 초기 목록이 역정렬되어 있을 때보다 임의의 순서일 때가 더 빠르다. 어떤 알고리즘은 속도가 느린 대신 적은 메모리를 사용한다. 또 다른 알고리즘은 목록의 각 숫자가 주민등록번호처럼 고유할 경우에 특히 빠르다.

따라서 정확한 계산을 하기 위해서는 정확한 절차를 발굴해야 한다는 제약이 있을 뿐만 아니라 그 과정에서 취사선택도 필요하다. 앞에서 잠시 언급했듯이, 컴퓨터 과학 분야에서는 일반적으로 연산 속도나 사용한 메모리양, 다른 컴퓨터에서 실행 중인 알고리즘과 통신할 때의 데이터양 등의 값을 지표로 삼아 성능을 측정하며, 전통적으로 이러한 지표들을 조합해 알고리즘을 작성한다. 그러나 이 책과 새로운 연구에서는 프라이버시나 공정성처럼 사회적 가치를 명시적으로 반영하는 알고리즘 설계를 다룬다는 점에 있어서 완전히 새로운 차원이라 할 수 있다.

인간과 기계(학습)

앞에서 설명한 단순 정렬 같은 알고리즘은 보통 과학자나 개발자가 설계한다. 즉, 사람이 직접 파이썬이나 C++ 같은 범용 프로그래밍 언어를 사용해 모든 단계를 명시적으로 코딩한다. 그러나 모든 알고리즘을 이렇게 작성하는 것은 아니다. 보통 머신러닝이라고 분류하는 훨씬 복잡한 알고리즘은 데이터로부터 자동으로 생성된다. 여기서 사람의 역할은 최종 알고리즘(보통 모델이라고 함)이 데이터로부터 유도되는 절차(또는 메타 알고리즘)를 코딩하는 것이며, 모델 자체를 직접 코딩하는 것은 아니다.

기존의 알고리즘 설계에서는 출력이 유용할 수 있지만(가장 많이 참여한 사용자의 인구통계학적 속성을 분석하는 데 도움이 되도록 순서대로 나열된 페이스북 사용 시간 목록처럼), 출력 그 자체가 다음 단계에 직접 적용할 수 있는 알고리즘이 되는 것은 아니다. 반면, 머신러닝(기계 학습)에서는 이것이 핵심 요소다. 예를 들어, 기존 대학 입학자들의 졸업 여부와 그들의 출신 고등학교 데이터베이스를 결합해 이후 입학 지원자들의 대학 졸업 가능성을 추정하는 모델을 도출할 수 있을 것이다. 즉, 학생의 졸업 가능성을 추정하는 상당히 어렵고 미묘한 예측 알고리즘을 직접 고안하는 것이 아니라, 기존 데이터를 사용해 모델이나 예측 알고리즘을 도출하는 메타 알고리즘을 작성하는 것이다. 머신러닝은 학습 모델의 세부 형태를 결정하는 데이터이기 때문에 종종 '자가 프로그래밍'의 하나로 간주된다.

이 데이터 중심 프로세스는 얼굴 인식과 언어 번역, 그 외 이 책에서 다루는 많은 예측 문제처럼 좀 더 인간에 가까운 작업에 맞는 알고리즘을 얻는 방법이다. 실제로, 앞서 언급했듯이 인터넷이 확산되며 소비자 데이터도 폭발적으로 증가하면서, 머신러닝으로 알고리즘을 설계하는 방식이 전보다 훨씬 많이 사용된다. 그러나 최종 알고리즘이나 모델에 대한 인간의 간섭이 줄어들수록 의도치 않은 윤리적, 도덕적 부작용에 대한 인식도 떨어지게 된다.

문제가 발생하는 과정

그러나 알고리즘에 도덕성을 부여하는 것에는 회의적인 시각도 있다. 이런 관점에 따르면, 알고리즘이란 단지 망치처럼 인간이 만든 도구다. 누가 과연 망치를 윤리적으로 사용해야 한다고 생각할까? 물론, 망치로 폭행을 하는 등의 비윤리적 용도로 사용할 수도 있지만, 그것이 망치의 잘못은 아닐 것이다. 망치를 활용하든 오용하든 그에 대한 윤리적 책임은 망치를 휘두르는 사람에게 있다는 것이다.

그러나 알고리즘은 다르다. 특히, 머신러닝으로 데이터에서 직접 모델을 도출한 경우에는 더욱 그렇다. 그 이유는 첫째는 인간의 개입 없이 결정을 내릴 수 있도록 많은 에이전트를 사용한다는 점이고, 둘째는 다양한 상황에서 에이전트가 어떻게 행동할지를 설계자조차 예측할 수 없을 정도로 복잡하고 불명확하다는 점 때문이다. 한 가지 목적에 특화된 망치나 목수의 연장통에 있는 도구들과 달리, 알고리즘은 매우 범용적으로 사용될 수 있으며, 이는 도구라기보다는 오히려 인간의 심성과 더 가깝다고 할 수 있다. 그리고 망치와 달리, 알고리즘을 잘못 설계하거나 사용한 사람에게 특정 알고리즘의 잘못된 동작을 비난하는 것도 쉽지 않다. 이 책에서는 알고리즘이 민감한 개인정보를 유출했거나, 성별이나 인종에 따라 차별하는 사례를 많이 다루고 있다. 그렇다면 왜 이런 일이 발생하는 걸까? 프라이버시와 공정성을 위반하는 문제의 원인이 소프트웨어 개발자의 역량 부족 때문일까? 아니면 악의적인 의도를 가진 개발자가 일부러 인종차별과 백도어를 프로그램에 코딩했기 때문일까?

이에 대한 답변은 결코 '아니다'라는 것이다. (개발자의 역량 부족이나 불법 행위의 경우는 이를 바로잡을 수 있는 사회적 해법이 존재하지만) 알고리즘이 오작동하는 진짜 이유는 훨씬 충격적이다. 구글 검색과 페이스북의 뉴스 피드부터 신용 점수 산정이나 건강 위험 평가 알고리즘에 이르기까지, 사회적 영향력이 큰 알고리즘은 숙련된 과학자와 공학자가 익히 알려진 설계 원칙을 신중하게 적용해 개발한다. 사실 문제는 바로 이러한 설계 원칙, 특히 머신러닝의 원칙에 존재한다. 향후 이해를 돕기 위해 이 원칙에 대해 잠시 알아보자.

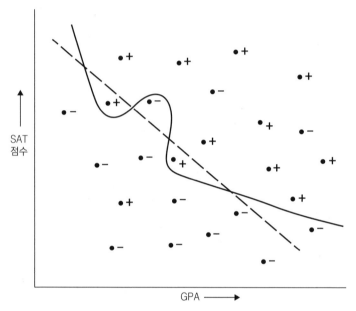

| 그림 1 | 고교시절의 데이터로 대학에서의 성공 여부를 예측하는 모델 구축. 각 점은 고교시절의 평점과 수학능력시험의 점수를 나타낸다. '+'로 표시된 점수는 4년간 성공적으로 대학을 졸업한 학생들을 나타내고, '–'로 표시된 점수는 그렇지 않은 학생들을 나타낸다. 점선은 완벽하지는 않지만 성공과 실패를 구분하는 데 꽤 유용하며, 고교생의 미래를 예측하는 데 사용될 수 있다. 실선은 오류가 적지만 더 복잡하기 때문에 의도치 않은 부작용이 발생할 수 있다.

앞서 언급했듯이, 이 책에서 다루는 많은 알고리즘의 정확한 명칭은 **모델**model 이다. 실제로 의미 있는 결정을 내리는 것은 바로 이들 모델이고, 모델은 대용량의 복잡한 데이터셋에 강력한 머신러닝 (메타) 알고리즘을 적용한 결과물이다. 즉, 데이터를 알고리즘에 넣으면, 알고리즘은 매우 넓은 모델 공간을 검색하면서 데이터에 딱 맞는 모델을 찾는 과정을 거친다. 어떤 종이에

100개의 점이 있고, 각 점에는 '+' 또는 '−'라는 표시가 있다고 가정해보자. 그리고 가능한 한 완벽하게 '−'와 '+'를 구분하는 곡선을 그어보자(그림 1 참조). 여기서는 '+'와 '−'가 표시된 점은 데이터를 의미하며, 이 두 종류의 데이터를 최대한 구별하는 곡선을 찾고자 다양한 시도를 하는 당신이 바로 알고리즘이라 할 수 있다. 여러 번의 시도를 거쳐 당신이 최종적으로 선택한 곡선이 바로 모델이며, 향후에 어떤 점이 '+'가 될지, '−'가 될지를 예측하는 데 사용된다. 그러나 이제 100개의 점이 2차원의 종이 위에 분포하는 것이 아니라, 천만 개의 점이 만 차원의 공간에 분포한다고 가정해보자. 그러면 아마 당신은 더 이상 알고리즘의 역할을 하기 힘들 것이다(물론 충분히 똑똑하다면 일부 사람들은 가능할 수도 있다).

머신러닝에서 가장 널리 사용되는 표준 메타 알고리즘은 단순하고, 명확하며, 원칙에 충실하다. 그림 2는 위키피디아에서 가져온 내용으로, 매우 효과적인 예측 모델인 신경망 역전파backpropagation 알고리즘을 의사코드로 표현한 것이다. 이 코드는 대학 학부생도 쉽게 이해할 수 있는 난이도로서, 코드의 분량도 11줄밖에 되지 않는다. 'forEach' 루프는 페이지에 +와 −로 표시된 점인 데이터 포인트를 반복 순환하면서, +를 −로 분류했거나, 반대로 −를 +로 분류하는 식으로 잘못 분류한 점의 개수가 줄어들도록 모델(곡선)의 변숫값을 조정한다. 이 코드보다 수학적으로 더 좋은 알고리즘도 있지만, 이 코드는 데이터 포인트 수나 복잡도의 제한 없이 동작한다는 것이 장점이다.

```
initialize network weights (often small random values)
do
    forEach training example named ex
        prediction = neural-net-output(network, ex)  // forward pass
        actual = teacher-output(ex)
        compute error (prediction - actual) at the output units
        compute Δw_h for all weights from hidden layer to output layer  // backward pass
        compute Δw_i for all weights from input layer to hidden layer   // backward pass continued
        update network weights // input layer not modified by error estimate
until all examples classified correctly or another stopping criterion satisfied
return the network
```

| 그림 2 | 신경망 역전파 알고리즘의 의사코드

따라서 사람들이 머신러닝의 복잡성과 불투명성을 언급할 때는 사실 역전파 같은 실제 최적화 알고리즘을 의미하는 것은 아니다. 역전파 알고리즘은 입력 데이터의 오류를 최소화하겠다는 목표로 사람이 완벽하게 이해하고 설계한 것이다. 그러나 알고리즘의 산출물인 모델의 경우, 입력 데이터의 복잡도가 높고 산출 가능한 모델 공간이 광범위하면 너무 복잡해서 측정이 불가능해진다. 이런 까닭에 모델을 배포하는 사람도 모델을 완전히 이해하지 못한다. 그러므로 머신러닝에서 발생하는 불투명성을 비롯한 문제들은 복잡한 예측 모델을 생성하기 위해 간단한 알고리즘이 복잡한 데이터와 상호작용하면서 발생하는 현상이다.

예를 들어, 오류의 발생 가능성을 최소화하여 대학 생활 성공 예측 모델을 설계하는 경우 합격시켜야 할 지원자를 실수로 불합격시키는 비율(오거부율)이 백인에서보다 흑인에서 더 자주 발생한다. 왜 그럴까? 그것은 바로 설계자가 이런 경우를 예상하지 못했기 때문이며, 알고리즘을 작성할 때 두 그룹 간의 오거부율을 평준화하지 않았기 때문이다. 표준 형식의 머신러닝에서는 명시적으로 요청하지 않은 것이 '저절로' 제공되는 경우는 없으며, 오히려 기대와 반대되는 결과가 나오는 경우도 있다. 바꿔 말하면, 신경망 같은 다차원 공간 모델의 경우 프라이버시와 공정성처럼 우리가 명시적으로 고려치 않은 가치를 훼손하면서까지 목표를 달성하려고 시도하는 많은 '급커브' 구간이 존재한다.

그 결과 머신러닝에서 발생하는 복잡하고 자동화된 의사결정은 설계자의 특성과는 다르게 그 자체의 특성을 갖는다. 설계자는 의사결정 모델을 찾는 데 사용한 알고리즘은 잘 이해할 수 있을지 모르지만, 모델 자체는 이해하지 못할 수 있다. 이들 모델의 결과가 우리가 지키려는 사회적 규범을 존중하게 하려면, 이러한 목표를 알고리즘에 직접 설계하는 방법을 배워야 한다.

이 책을 쓴 이유

기술과 사회, 윤리와 알고리즘 설계가 복잡하게 얽힌 주제를 다루기에 앞서, 우리가 누구인지 그리고 어떻게 서로 완전히 다르게 보이는 이들 주제에 관심을 갖게 됐는지를 설명하고자 한다. 이를 통해 이 책이 의도하는 바와 우리가 그런 의견을 낼 만한 자격이 있는지를 좀 더 알 수 있을 것이다.

우선 우리는 둘 다 이론 컴퓨터 과학 분야의 경력 연구원이다. 명칭에서 추정할 수 있듯이 이론 컴퓨터 과학은 형식적, 수학적 연산 모델을 다루는 컴퓨터 과학의 한 분야다. 우리는 일부러 '컴퓨터computer'가 아니라 '연산computation'이라는 용어를 사용하는데, 이 책의 목적상 이론 컴퓨터 과학에 대해 알아야 할 가장 중요한 사실은 연산이라는 것이 단지 기술의 산출물이 아니라 어디에나 존재하는 현상이라는 견해를 갖고 있기 때문이다. 이 견해에 대한 과학적 근거는 1930년대 (최초의 이론 컴퓨터 과학자인) 앨런 튜링Alan Turing의 놀라우리만큼 영향력 있는 연구에서 비롯됐다. 그는 현재는 튜링 머신이라 불리는 수학적 모델을 가지고 보편적인 연산 원칙을 도출했다.

우리를 포함해 대다수 이론 컴퓨터 학자들은 우리의 연구 분야가 단지 과학의 한 갈래가 아니라, 세상을 바라보고 이해하는 방식이라고 생각한다. 아마도 초창기에 이론 물리학을 공부한 사람들도 자기 분야를 그런 관점에서 봤을 것이다. 따라서 이론 컴퓨터 과학자는 '연산'이 컴퓨터뿐만 아니라, 자연(유전학, 진화 과정, 양자역학, 신경과학 등) 속에서나, 사회(시장 및 기타 집단 행동 시스템) 속에서 등 어디서든 발생하는 것을 볼 수 있다. 이 모든 영역에서는 튜링이 제시한 일반적인 의미에서의 '연산'을 수행한다. 물론 물리적인 동작과 세부사항은 달라진다. 예를 들어, 유전학 분야에서의 연산은 전통적인 전자 컴퓨터의 회로와 전선 대신 DNA와 RNA를 이용하고 정확도도 낮아진다. 그러나 몸의 다양한 기관을 연산 기기로 활용해 가치 있는 통찰력을 얻을 수 있다.

이런 세계관은 실제로 이론 컴퓨터 과학자뿐만 아니라 많은 컴퓨터 과학자들도 갖고 있다. 이론 컴퓨터 과학의 두드러진 특징은 연산 현상을 수학적으로 정교한 모델로 체계화하고, 그에 따라 발생하는 결과를 알아내려는 열정이 있다는 것이다. 머신러닝 실무자들은 신경망 역전파 같은 알고리즘을 가져오거나 직접 구현한 후, 이를 실제 데이터를 적용해 얼마나 잘 동작하는지를 확인한다. 이런 작업을 하는 데 있어 실무자는 '학습'이 뜻하는 바나 연산의 어려움을 정확히 규정할 필요가 없다. 그냥 알고리즘이 현재 데이터에 대해 잘 동작하는지 여부를 확인할 뿐이다.

반대로, 이론 컴퓨터 과학자는 '학습'의 의미와 이와 관련된 여러 의미를 먼저 정의한 후, 이 정의에 따라 알고리즘적으로 성취할 수 있는 것과 없는 것을 체계적으로 탐색하는 방식으로 머신러닝에 접근하려 할 것이다. 비유적으로 말하자면, 일반적인 연구자들은 나이키Nike의 모토처럼 '일단 해보자' 방식을 따르는 반면, 이론 연구자들은 '일단 정의를 한 후, 연구하자' 방식을 따른다고 할 수 있다. 이런 설명을 접한 일반인들은 대부분 그렇다면 이론 컴퓨터 과학의 실용적인 가치는 무엇인지를 궁금하는데, 사실 많은 과학 분야에서 이론이 실천에 뒤처지는 것이 현실이다. 그러나 우리는(동료 연구자들이 선뜻 동의할지는 모르지만) 프라이버시와 공정성처럼 명확한 개념을 정의하기는 어렵지만, 올바른 정의를 내리는 것이 중요한 분야일수록 이론적 접근법이 필수라고 주장하는 것이다.

사람이 갖고 있는 생각의 본질을 간단하면서도 정확히 정의하려면 거의 예술 수준의 기술이 필요하므로, 많은 상황을 (고통스럽지만) 단순화하는 것은 불가피하다. 그래서 이 책에서는 이러한 긴장되는 상황이 반복적으로 나타난다. 그러나 이는 이론적 접근법 자체로 인한 결과는 아니라는 사실을 명심해야 한다. 그보다는 '공정성'처럼 이전에는 모호하게 남겨뒀던 개념을 정확히 하는 데 따른 어려움이라 할 수 있다. 우리는 알고리즘의 행동을 개선하는 유일한 방법은 그 목표를 구체적으로 규정하는 것부터 시작한다고 믿는다.

우리가 비록 숙련된 연구자이긴 하지만 이 주제에 대한 연구와 관심까지 수학식으로 표현하는 방법을 찾지는 못했다. 그러나 우리 둘은 항상 머신러닝과 인공지능의 문제에 이러한 접근법을 적용하는 데 관심이 있었다. 또한 우리가 머신러닝과 관련된 실험이나 데이터 작업을 반대한다거나 경험이 없는 것도 아니다. 항상은 아니지만 자주 이론의 실용성과 한계를 테스트하는 작업을 수행하곤 한다. 그리고 그런 작업 중 하나로 우리 및 동료들이 잠재적인 2차 피해를 우려한 것이 바로 이 페이지에서 설명하고 있는, 인터넷으로 인한 소비자 데이터의 폭발적인 성장과 이에 따라 의사결정 자동화를 위한 머신러닝의 동반 증가라는 바로 그 흐름이다.

우리는 지난 십 년간 이 책에서 다루는 주제를 연구하고 다양한 이해관계자와 의견을 주고받았다. 이 페이지에서 제기된 문제에 대해 변호사, 규제 기관, 경제학자, 범죄학자, 사회과학자, 기술 업계 전문가를 비롯한 많은 사람들과 얘기를 나눴다. 의회 위원회와 기업, 정부 기관에도 프라이버시와 공정성에 대해 진술하고 의견을 제공했다. 우리 둘은 양적 거래 및 금융을 포함해 법률, 규제, 알고리즘 기반 컨설팅, 기술 투자, 스타트업 등 이 주제와 관련된 사회적 문제가 발생하는 다양한 분야에서 광범위한 실무 경험을 갖고 있다.

요약하면, 우리는 현대의 컴퓨터 과학자다. 또한 우리가 할 수 없는 것을 알고 있으며, 할 수 있다고 가장해서도 안 될 것이다. 우리는 변호사가 아니고 규제 기관도 아니다. 우리는 판사도, 경찰관도, 사회복지사도 아니다. 우리는 최전선에 있지는 않으며, 알고리즘에 의해 프라이버시나 공정성 위반으로 피해를 입은 사람들을 직접 보고 돕는다. 우리는 차별 및 불의의 문제에 대해 깊이 있는 역사적 지식과 경험을 갖고 있는 사회 운동가가 아니다.

이 때문에 우리는 법률이나 정책 개선안을 설계하고, 불공정을 줄이기 위해 시민 단체를 개선하는 방안을 제안하거나, 기술로 인해 일자리를 잃는 문제를 막을 수 있는지 여부와 방법에 대한 의견을 내는 등의 중요한 문제에 대해서는 상대적으로 언급하지 않는다. 우리도 이 주제에 관심이 있고 나름의 의견도 갖고 있다. 그러나 이를 설명하는 것은 이 책에서 다루는 내용이 아니다. 이 책에서는 사회적 알고리즘의 문제를 과학적으로 분석하고 해법을 모색하는 방안을 다루려 한다.

그러므로 이 책에서는 우리가 잘 아는 내용, 즉 더 나은 알고리즘을 설계하는 방법을 집중적으로 다룰 것이다.

이 책에서 다루는 내용

최근 발행된 서적이나 뉴스, 과학 기사를 찾아보면 알고리즘이 개인이나 특정 그룹의 사람들에게 해를 끼친 사례를 쉽게 찾아볼 수 있다. 예를 들어, 온라인을 대상으로 수행한 실험의 결과를 보면 구글 검색의 결과나 페이스북 광고, 그 외 인터넷 서비스들에서 인종이나 성별, 정치 및 기타 유형에 따른 편향이 존재한다는 사실을 알 수 있다. 최근에는 범죄 형량을 결정하는 데 사용된 예측 모델이 인종을 차별한다는 문제로 인해 통계학자와 범죄학자, 법학자들 간의 열띤 논쟁이 일어나기도 했다. 앞서 예를 든 리사 마그린의 위치 데이터를 파악한 「뉴욕타임스」 사례처럼, 데이터 프라이버시 분야에서는 '익명' 처리를 했다는 특정인의 의료 정보나 인터넷 검색 기록, 금융 자료 같은 민감한 정보가 알고리즘 처리 과정에서 추론을 통해 '비익명'이 되는 사례가 많이 발견됐다. 또한 알고리즘 분석 도구의 발전으로 인해 데이터의 상관관계를 빠르고 효율적으로 찾아낼 수 있게 되면서, 돈과 시간을 들였지만 결국은 사실이 아닌 것으로 판명된 연구 결과가 빈번하게 제출됐다. 현대 알고리즘은 사회의 가장 소중한 가치조차 짓밟을 수 있다는 사실이 점점 분명해지고 있다.

따라서 이렇게 분명해진 문제의 해법은 무엇일까? 현재까지 논의의 대부분은 새로운 알고리즘과 데이터, 머신러닝에 대한 새로운 법률과 규제를 제정하는 '전통적인' 해결에만 중점을 두었다. 유럽연합의 일반 개인정보보호법 GDPR, General Data Protection Regulation은 알고리즘의 프라이버시 위반을 제한하고, 알고리즘의 행위에 대한 책임성accountability'과 '해석가능성interpretability'처럼 여전히 모호한 사회적 가치를 지키고자 제정된 광범위한 법률이다. 법학자들은 미국에서 직원을 고용할 때 차별을 금지하는 타이틀 VII 법처럼 기존에는 사람이 수행했지만 이제는 거의 알고리즘에 의해 대체되고 있는, 기존 법률을 적용하는 방법을 집중적으로 논의하고 있다. 기술 산업 분야에서도 'AI 파트너십Partnership on AI'처럼 사회와 사람들에게 혜택을 주고자 자율 규제 이니셔티브를 조성하기 시작했다. 정부와 규제 기관들은 알고리즘 환경landscape이 정책 목표에 끼치는 영향을 파악하고자 노력 중이다. 심지어, 미 국무부는 외교 정책에 있어서 AI의 역할과 영향을 다루는 워크숍도 개최했다.

앞에서 썼듯이 우리 사회에서는 현재 데이터 수집의 적절한 역할이 무엇인지에 대한 중요한 논의가 진행 중이다. 아마도 그중에는 장기적으로 사회가 얻을 만한 가치가 없기에 실행해선 안 되는 일들도 확실히 있을 것이다. 얼굴 인식 알고리즘이 백인보다 흑인의 경우 오류율이 높은지 여부는 요점을 벗어나는 문제다. 오히려 감시로 이어질 수 있는 광범위한 얼굴 인식 시도에 관여하지 않도록 해야 한다. 이러한 활동과 논의는 건강한 민주주의의 본질이며 중요하기 때문에 이미 많은 사람들이 자세히 다뤘다.

따라서 이 책에서는 이러한 잘 알려진 주제를 다루기보다는, 사회적 제약을 알고리즘으로 직접 설계하는 첨단 과학 분야와 이를 통해 나타나는 결과 및 타협점을 다룬다. 이 책의 나머지 부분에서 기술적 해법을 자세하게 다루고 있다고 해서, 우리가 기술만으로 복잡한 사회적 문제를 해결할 수 있다고 오해하고 있다는 뜻은 아니다. 그러나 사회에 대한 결정이 무로부터 되는 것도 아니다. 정보에 근거해 의사결정을 하려면, 특정 유형의 알고리즘을 채택할 때 생기는 결과와 이를 다양한 방식으로 제한할 때 드는 비용을 이해할 수 있어야 한다. 이것이 바로 이 책에서 다루는 내용이다.

이쯤 되면 이론 컴퓨터 과학자들이 윤리 알고리즘을 다룬 책을 썼다는 사실에 대해 독자가 가졌을지 모르는 다소 불편한 느낌이 누그러들지 않을까 싶다. 문제를 일으킨 사람들이 해법도 가져오다니, 이것이야말로 알고리즘보다 더 나은 것이 아닐까! 그러나 사실 우리는 알고리즘의 오작동을 억제하는 데는 머신러닝과 관련 기술의 의도치 않은 부정적 영향을 측정하고 감시하는 시민단체나 감시 기구, 규제 기관을 지원하는 더 좋은 알고리즘이 더 많이 필요하다고 믿는다. 또한 좀 더 '사회성'을 갖추고, 처음부터 제대로 동작하는 수준의 기술이 필요하다. 이 책은 알고리즘이 인간의 공정성과 프라이버시에 대한 정확한 개념을 탑재하고 이를 준수하는 새로운 과학 분야를 다룬 책이다. 알고리즘에 대한 규제와 감시를 외부에서 하는 것이 아니라, 내부에서 수정하자는 것이다. 인공지능 분야에서는 연구 초기부터 공정성, 정확성, 투명성, 윤리의 첫 글자를 따서 FATE라는 개념으로 논의를 하고 있다. 따라서 이 책은 알고리즘 설계의 FATE를 다루는 책이다.

과학 기술에서는 어떤 분야의 선봉에 서 있는 사람들이 해당 기술의 한계와 단점, 위험성에 익숙하고, 또한 그 문제를 줄이거나 없애는 방법을 가장 잘 알고 있다는 것은 부정할 수 없는 사실이다. 따라서 머신러닝을 맡은 과학 및 연구 커뮤니티는 알고리즘에 기반한 의사결정의 윤리성에 대한 토론에 적극적으로 참여해야 한다. 예를 들어, 2차 세계대전 중에 원자 폭탄을 개발했던 맨해튼 프로젝트를 생각해보자. 그 개발에 참여했던 많은 과학자들은 이후로 자신의 발명품이 다시는 사용되지 않도록 많은 노력을 기울였다. 물론 알고리즘을 통한 인명 손실은 (적어도 지금까지는) 핵무기 사용으로 인한 피해보다는 훨씬 덜하지만, 피해의 범위가 넓고 문제를 알아차리기도 어렵다. 우리 사회에서 알고리즘이 수행하는 역할에 대해 신뢰를 하든 말든, 설계자들은 알고리즘이 건전한 역할을 한다는 사실을 알려야 한다.

이 책에서 제시하는 이러한 노력은 알고리즘이 강화하거나 감시하는 사회적 가치를 결정하거나 결정하는 데 사용돼야 한다고 제안하는 것은 아니다. 공정성, 프라이버시, 투명성, 해석 가능성, 도덕성의 정의는 인간의 판단 영역에 확고히 남아 있어야 한다. 이것이 우리가 열정을 가지고 설명하는 이유 중 하나다. 즉, 궁극적으로는 과학자, 엔지니어, 변호사, 규제 기관, 철학자, 사회복지사 그리고 관련 시민 간의 협력이어야 한다. 그러나 프라이버시 같은 사회적 규범을 정확하고 정량적으로 정의할 수 있다면 알고리즘에게 이를 '설명'하고 따르게 할 수 있다.

물론, 여기서 가장 큰 어려움은 대중이 공감할 수 있도록 사회적 가치에 대한 정량적 정의를 개발하는 것이다. 그리고 프라이버시 같은 분야에서는 (완벽할 수는 없지만) 비교적 잘해왔고, 공정성 같은 분야는 어렵지만 발전하고 있다. 그리고 해석 가능성이나 도덕성 같은 가치에 대해서는 갈 길이 멀다. 그러나 어려움에도 불구하고, 우리가 '프라이버시'와 '공정성' 같은 단어를 사용할 때 의미하는 바를 극단적으로 정확하게 하려는 노력은 그 자체로 큰 장점이 있다고 주장한다. 왜냐하면 이는 알고리즘에 필수적이기도 하고, 이러한 개념에 대한 우리의 직관에 숨겨진 미묘함, 결함, 절충점 등이 종종 드러나기 때문이다.

이 책의 개요

이 책에서는 머신러닝의 원칙을 개인과 사회구성원이 바라는 윤리적 가치를 포함시켜 확장할 수 있는지 그리고 정량적으로 측정 및 검증이 가능한 방법은 무엇인지 살펴볼 것이다.

물론, 알고리즘에게 공정성과 프라이버시를 요구할 때 부딪히는 첫 번째 어려움은 이들 단어의 의미에 동의하는 것이다. 그리고 이것은 법률가나 철학자가 설명하는 의미로서가 아니라, 기계에서 '설명'할 수 있는 정확한 방식을 의미하는 것이다. 우리가 고려했던 많은 첫 번째 정의들에 심각한 결함이 있기 때문에 이는 중대하면서도 흥미로운 일로 판명될 것이다. 그 외에도 실제로 서로 충돌하는 여러 가지 직관적 정의가 있다는 것도 보게 될 것이다.

그러나 일단 정의라는 과정을 해결한 다음에야 이를 알고리즘에 코딩하고 머신러닝 파이프라인에 내재화하도록 시도해볼 수 있다. 그러나 어떻게 할 수 있을까? 머신러닝의 '목표'는 예측 정확도를 극대화하는 것임은 이미 정해져 있는 사실이다. 그러면 어떻게 알고리즘의 '혼란'을 유발하지 않으면서 공정성과 프라이버시 같은 새로운 목표를 도입할 수 있을까? 간단히 대답하자면, 우리는 이런 새로운 목표를 학습 과정의 제약 조건으로 본다는 것이다. 즉, 오류를 최소화하도록 모델을 만드는 것이 아니라, 공정성이나 프라이버시 같은 개념을 '너무 많이' 위반하지 않는 범위 내에서 오류를 최소화하도록 모델을 만드는 것이다. 이는 개념적으로는 최초 요구사항에서 일부만 변경됐다고 할 수 있지만, 그 변경된 일부가 중요한 요소이므로 연산 측면에서는 더 어려운 문제일 수 있다.

첫 번째 중요한 결과는 우리가 요청한 특정 윤리적 행동을 보장하는 알고리즘을 갖게 되는 것이다. 그러나 두 번째 중요한 결과는 이런 보장에는 비용, 즉 우리가 학습하는 모델의 정확성에 따른 비용이 발생한다는 것이다. 만약 가장 정확한 대출 상환 예측 모델에 인종적 편향이 있고, 앞선 정의에 따라 이 편향을 제거한다면 모델의 정확도는 감소할 것이다. 이로 인한 손실은 기업이나 규제 기관, 사용자나 크게는 사회가 어려운 결정을 하게 한다. 만약 더 공정하고 프라이버시를 보호하게 하는 머신러닝의 결과로 인해, 구글의 검색이나 아마존의 제품 추천 결과가 나빠지고 내비게이션의 효율이 떨어진다면 사람들은 어떻게 생각할까? 범죄 형량 결정 모델의 공정성을 강화한 결과 범죄자가 더 많이 석방되거나, 무고한 사람이 수감될 가능성이 높아진다면 어떨까?

반대로 좋은 측면도 있는데, 정확도와 올바른 행동 사이의 균형도 정량화할 수 있다는 것이다. 그러면 이해관계자가 정보에 기반해서 결정을 내릴 수 있다. 특히, 우리가 생각하는 사회적 가치와 정확도의 비율을 슬라이드형 조절 장치로 통제할 수 있는 것이다. 이에 대한 구체적인 사례로 1장에서는 프라이버시, 2장에서는 공정성에 대해 살펴볼 것이다.

지금까지 논의한 내용은 주로 개별적이고 순차적으로 머신러닝을 사용해 개인의 미래나 결정을 예측하는 것이 목표였고, 개인 데이터에 기반해 모델을 구축했다. 그러나 사용자와 사용자가 생성한 데이터, 데이터에서 생성된 모델과 사용자의 동작 사이에는 복잡한 피드백 루프로 얽혀 있는 경우가 많다. 내비게이션 앱은 우리의 위치 데이터를 사용해 교통량을 모델링하고 예측한다. 이는 우리가 운전 경로를 선택하는 데 영향을 미치며, 다음 모델에 기초가 되는 데이터를 변경한다. 페이스북의 뉴스 피드 알고리즘은 우리의 반응을 기초로 하여 우리가 원하는 콘텐츠 모델을 구축한다. 이 모델은 우리가 읽거나 '좋아요'를 누르는 기사와 게시물에 영향을 미치며, 그 결과 다시 모델이 변경된다. 사용자, 데이터, 모델로 이뤄진 전체 시스템은 우리가 세운 전략에 따라 또는 자기 강화 방식에 따라 끊임없이 변하면서 발전한다. 우리는 심지어 최근의 '재현성 위기'뿐만 아니라 과학적 연구 자체에 대한 이런 견해를 취할 것이다. 이런 시스템을 이해하고 사회적 성과를 장려하는 방식으로 설계하려면, 경제학과 게임 이론을 알고리즘 설계에 결합하는 별도의 과학 분야가 필요하다.

방금 설명한 내용이 바로 이 책의 대략적인 목차라 할 수 있다. 1장과 2장에서는 프라이버시와 공정성 알고리즘을 순서대로 살펴볼 것이다. 이 두 가지 영역이 윤리 알고리즘에서 가장 널리 알려져 있고, 토론을 진행하기에 비교적 성숙한 프레임워크와 결과물을 갖고 있기 때문이다. 3장에서는 사용자와 데이터, 알고리즘 사이의 전략적인 피드백 루프를 살펴볼 것이다. 그러나 이는 알고리즘 행동의 사회적 결과에 중점을 둠으로써 이전 장들과 연결된다고 할 수 있다. 또한 3장은 데이터를 중심으로 하는 과학적 발견과 그에 따른 새로운 위험을 다루는 4장으로 이어진다. 5장에서는 투명성과 책임성, 알고리즘의 도덕성 등 우리가 중요하게 생각은 하지만 아직은 과학적으로 설명하기는 힘든 윤리적 문제를 간단히 언급한다. 그리고 마지막으로 우리가 얻게 된 교훈으로 마무리한다.

우리가 관심을 갖는 사회적 가치를 공식화하고 이를 알고리즘으로 설계하는 것만으로는 충분치 않으며, 실생활에 전반적으로 적용되는 것이 핵심이라는 점을 강조하고 싶다. 만약 플랫폼 기업이나 앱 개발자, 정보 기관이 프라이버시와 공정성에 관심이 없다면(또는 실제로 이런 규범이 그들의 목표와 상반된다면), 이를 고려하도록 격려하거나 강제하는 절차가 있어야만 이 책에서 설명하는 알고리즘을 무시하지 않을 것이다. 그리고 현재의 기술 환경에서는 데이터를 수집하고 통제하는 기업이나 조직과 사회적 가치 사이에는 큰 불일치가 있다고 느껴지는 경우가 종종 있다. 그러나 이것이 지금은 연구를 해서는 안 된다는 핑계가 될 수는 없다. 오히려 데이터와 알고리즘 규제에 대한 광범위한 요구나 알고리즘의 반사회적 행동에 대한 소비자 및 입법부의 압력, 알고리즘의 해악을 인식하는 일반인의 증가 등의 현상은 과학적 연구의 필요성을 오히려 앞당겨야 한다는 것을 시사한다.

윤리 알고리즘이라는 과학 연구는 아직 초기 단계다. 우리가 이 책에서 설명하는 대부분의 연구는 십 년이 채 되지 않았으며, 일부는 훨씬 더 짧다. 또한 우리는 이 책에서 설명하는 과학적 발전을 이루고자 수년간 몰두해 연구를 진행했다. 이 분야는 매우 빠르게 변하고 있다. 우리가 다룬 내용은 머지않아 구식이 되고, 새로운 연구로 대체될 것이 확실하다. 일부는 이 분야에 대한 책을 쓰는 것이 너무 이르다고 생각할 수도 있겠다. 그러나 우리는 과학과 기술에서 가장 흥미로운 시대는 가장 빨리 변화하는 시대라고 생각한다. 우리는 중요하지만 어려운 문제와 씨름하는 중이지만, 동시에 새로운 과학 분야에 대한 기대감도 알리고 싶었다. 우리가 이 연구를 시작하는 것은 불확실성과 모험의 정신 때문이다.

01

알고리즘 프라이버시
익명에서 소음으로

"익명화된 데이터가 문제다"

그동안 의료 연구는 대규모의 데이터를 활용한 과학적 연구라는 성과를 거두기가 어려웠다. 왜냐하면 연구와 관련된 데이터의 대부분이 환자들의 매우 민감한 개인 정보를 담은 기록이라 쉽게 공유할 수 없었기 때문이었다. 1990년대 중반, 미국 매사추세츠주의 정부 기관인 단체 보험 위원회GIC, Group Insurance Commission는 학술 연구를 지원하고자 주정부 직원의 병원 방문 기록을 요약해서 제공하기로 결정했다. GIC는 환자의 기록을 익명으로 처리하기 위해, 신분을 정확히 식별할 수 있는 이름과 주소, 사회보장번호 같은 식별자를 삭제했다. 그러나 각 병원의 기록에는 환자의 생년월일과 성별, 우편번호를 남겨뒀다. 이 정보는 통계적으로만 유용할 뿐, 특정인을 유추할 수 없도록 처리한 데이터였다. 매사추세츠 주지사인 윌리엄 웰드William Weld는 환자를 식별할 수 있는 명백한 정보만 제거하면 환자의 프라이버시를 보호할 수 있다고 유권자들에게 장담했다.

당시 MIT의 박사 과정 학생이었던 라타냐 스위니Latanya Sweeney는 이러한 상황에 의문을 품었다. 라타냐는 이를 증명하고자 공개된 '익명' 데이터에서 윌리엄 웰드의 의료 기록을 찾기 시작했다. 또한 20달러를 주고 주지사가 거주하는 지역인 매사추세츠 캠브리지시의 유권자 명부를 구입했다. 이 유권자 데이터에는 윌리엄 웰드를 포함하여 캠브리지시의 모든 유권자의 이름, 주소, 우편번호, 생년월일 및 성별이 포함되어 있었다. 이런 정보를 확보하고 나니, 나머지 정보의 연결고리는 술술 풀렸다. 캠브리지시의 '익명' 데이터에서 주지사와 생일이 같은 사람은 단 여섯 명뿐이었다. 그중 남자는 세 명이었고, 그 세 명 중 주지사의 우편번호와 같은 사람은 한 명이었다. 결과적으로 '익명' 데이터 중에서 윌리엄 웰드의 생년월일, 성별, 우편번호에 해당하는 사람은 단 한 명뿐이었으므로 스위니는 그것이 주지사의 의료 기록임을 확인할 수 있었다. 그녀는 이 결과를 주지사의 사무실로 보냈다.

돌이켜보면 생년월일과 성별, 우편번호만으로는 특정 개인을 식별할 수 없었지만, 다른 데이터와 결합하면 식별이 가능하다는 점이 문제였다. 실제로 스위니는 이후 인구조사 자료를 이용해서 전체 미국인의 87%가 3배수 내에서 고유하게 식별이 가능하다고 추정했다. 이제 모두가 그 사실을 알게 됐으니, 앞으로 데이터를 공개할 때는 생년월일, 성별, 우편번호만 제외하면 프라이버시 노출 문제를 해결할 수 있을까?

개인 정보 노출 여부가 확실치 않은 데이터(예: 영화 시청 정보)로도 식별이 가능하다는 사실이 밝혀졌다. 2006년 넷플릭스Netflix는 공공 데이터 과학 경진대회를 개최했다. 이 대회는 넷플릭스의 영화 추천 엔진을 개선하기 위한 최고의 '협업 필터링' 알고리즘을 찾아내는 대회다. 넷플릭스의 핵심 기능은 사용자가 시청했던 영화에 대한 평가를 근거로, 사용자가 좋아할 만한 영화를 추천하는 기술이다(추천 기능은 넷플릭스의 주요 서비스가 현재처럼 스트리밍이 아니라 우편으로 DVD를 대여할 때 특히 중요했는데, 당시에는 영화를 빠르게 검색하거나 일부만 보는 것이 더 어려웠기 때문이다). 협업 필터링은 나와 비슷한 사용자의 평가를 근거로 추천을 하도록 설계된 머신러닝의 한 분야다. 넷플릭스는 모든 사용자의 영화 평가 목록을 갖고 있었다. 또한 사용자가 영화에 매긴 점수(별 1개에서 5개 사이)와 평가일도 알고 있다. 협업 필터링의 목표는 아직 보지 못한 영화를 어떤 사용자가 어떻게 평가할지 예측하는 것이다. 그러면 넷플릭스는 사용자가 가장 좋은 점수를 매길 거라고 예측되는 영화를 추천할 수 있다.

넷플릭스는 협업 필터링에 기반한 기본적인 추천 시스템이 있었지만, 회사는 더 나은 시스템을 원했다. 넷플릭스 경진대회는 기존 시스템의 정확도를 10% 이상 향상하는 경우 100만 달러의 상금을 수여했다. 10%를 개선하는 것은 쉽지 않기 때문에, 넷플릭스는 최소한 몇 년이 걸릴 거라고 생각했다. 전년도의 기술 수준보다 1% 향상하는 경우 연간 5만 달러의 진행 상금을 받을 수 있는 자격을 얻으며, 이 상금은 그해에 제출된 최고의 추천 시스템에게 수여된다. 물론 추천 시스템을 구축하려면 데이터가 필요했다. 그래서 넷플릭스는 1억 개 이상의 영화 평가 정보가 담긴 데이터를 공개했는데, 이는 거의 50만 명의 사용자가 총 1만 8천 편의 영화를 평가한 자료였다.

물론 넷플릭스는 이 과정에서 프라이버시 우려가 있다는 점을 알고 있었다. 미국에서의 비디오 대여 내역은 상당히 강한 프라이버시 법률의 규제를 받고 있었다. 이는 로버트 보크Robert Bork의 대법원 지명 청문회 과정에서 그의 비디오 대여 내역이 워싱턴시 신문에 발표된 이후, 비디오 프라이버시 보호법Video Privacy Protection Act이라는 이름으로 1988년 의회에서 통과됐다. 이 법은 고객 정보가 유출되는 경우 비디오 대여업자가 고객 1명당 2,500달러의 손해배상 책임을 지게 한다. 그래서 매사추세츠주에서 그랬던 것처럼, 넷플릭스는 모든 사용자 식별자를 제거했다. 각 사용자는 고유하지만 의미 없는 숫자 ID로 표시됐다. 게다가 이번에는 성별이나 우편번호 같은 인구통계학 정보도 없었다. 오로지 각 사용자와 그의 영화 평가 정보뿐이었다.

그러나 자료가 공개된 지 단 2주 만에 오스틴 텍사스 대학교 박사 과정의 아르빈드 나라야난Arvind Narayanan과 그의 지도교수인 비탈리 슈마티코프Vitaly Shmatikov는 '익명화된' 많은 넷플릭스 데이터에서 실명을 추출할 수 있다고 발표했다. 그들은 연구 논문에 다음과 같이 썼다.

> 우리는 공격자가 데이터셋에 포함되어 있는 경우, 다른 개인 가입자에 대한 적은 정보만으로도 이를 쉽게 식별할 수 있고, 식별하지 못한다 하더라도 최소한 가입자의 기록이 포함된 부분을 알아낼 수 있다는 사실을 발견했다. 또한 공격자가 아주 정확한 정보를 갖고 있지 않아도 가능하다. 예를 들어 공격자가 가진 정보가 14일 정도의 오류가 있는 날짜이고, 등급 평가 자료로 근사치이며, 일부 등급과 날짜가 완전히 틀렸다고 해도 식별할 수 있었다.

그들은 넷플릭스 데이터셋을 분석해, 어떤 가입자가 여섯 편의 영화에 등급을 매겼고 공격자가 등급을 매긴 날짜(약 2주 이내 범위에서)를 알고 있다면, 그 기간 중에서 99%의 확률로 그 가입자를 정확하게 식별할 수 있다는 사실을 밝혀냈다. 또한 IMDBInternet Movie Database(인터넷 영화 데이터베이스)처럼 사람들이 실명으로 감상평을 쓰고 평점을 주는 서비스의 자료와 넷플릭스 데이터셋을 상호 참조한다면, 이러한 식별이 대규모로도 가능하다는 것을 보여줬다.

그러나 자신이 본 영화에 대한 공개 감상평을 썼던 사람들을 넷플릭스의 데이터셋에서 식별해내는 행위가 정말 프라이버시 침해라고 할 수 있을까? 이에 대한 대답은 침해가 맞다는 것이다. 그 이유는 사람들이 작성하는 공개 감상평은 아마도 자신이 본 영화 중 일부만 대상으로 하지만, 넷플릭스 데이터는 자신이 평가한 모든 영화의 목록을 보여주기 때문일 것이다. 감상평을 공개적으로 작성했다는 사실만으로도 넷플릭스 신원이 밝혀져서 자신이 그

동안 시청하고 평점을 매긴 모든 영화 목록이 공개되면, 정치적 성향과 성적 지향 같은 민감한 정보도 노출될 수가 있다. 실제로, 두 아이의 엄마이면서 자신이 동성애자임을 공개하지 않았던 여인은 넷플릭스를 고소하면서 "재식별이 가능한 데이터셋은 그녀가 생계를 꾸리고 가족을 부양하는 데 부정적인 영향을 주었으며, 그녀와 아이들이 평화롭게 살 수 있는 능력을 방해할 것"이라고 주장했다. 그녀는 넷플릭스 시청 내역이 공개됨으로써 자신의 성적 지향이 사람들에게 노출되는 상황을 우려했다. 이 소송은 200만 명의 넷플릭스 가입자에 대해 비디오 프라이버시 보호법에서 규정한 1인당 최대 벌금인 2,500달러씩을 청구했다. 이에 넷플릭스는 알려지지 않은 조건으로 합의를 했고, 이후 2회 대회는 취소됐다.

데이터 익명 처리의 역사에서 이러한 실패 사례는 수도 없이 많다. 문제는 특정한 영화 시청 이력이나 특정 제품에 대한 아마존 구매 내역처럼 당신에 대한 아주 적은 수의 특정 사실만으로도 전 세계 수십억의 사람들 사이에서 또는 대규모의 데이터베이스에서 당신을 충분히 식별할 수 있다는 점이다. 데이터 관리자는 '익명 처리한' 데이터를 공개하기에 앞서, 공격자가 이 데이터셋으로부터 개인을 재식별해내는 일이 얼마나 어려울지를 추측해볼 수는 있을 것이다. 그러나 관리자가 IMDB 리뷰 정보 같은 외부 데이터 소스까지 알아내기는 어려울 것이다. 그리고 데이터가 일단 인터넷에 공개되면, 사실상 이를 철회할 방법이 없다. 그래서 데이터 관리자는 현재 사용 가능한 데이터 소스를 통한 공격뿐만 아니라, 향후에 가능한 데이터 소스를 통한 공격도 예상할 수 있어야 한다. 그러나 이는 본질적으로 불가능한 일이다. 그래서 (이 장의 뒷부분에서 논의할 차분 프라이버시의 발명자 중 한 명인) 신시아 드워크Cynthia Dwork는 "익명화된 데이터가 문제다"라고 표현했다. 이는 데이터가 사실은 익명이 아니거나 또는 너무 많은 정보가 사라져서 데이터의 역할을 못 한다는 뜻이다.

나쁜 해법

재식별이라고도 부르는 비익명화의 문제를 어떻게 해결할 수 있을까? 매사추세츠 병원 기록과 넷플릭스 사례 모두에서 문제점은 데이터셋에 고유한 개인 기록이 많다는 것이다. 캠브리지시의 우편번호가 02139인 지역에 사는 남자 중 1951년 12월 18일에 태어난 사람은 단 1명이었다. 2005년 3월에 〈늑대의 시간〉, 〈브라질〉, 〈마티니〉, 〈잃어버린 아이들의 도시〉를 시청한 넷플릭스 사용자도 단 1명이었다. 이렇듯 고유한 기록은 해당 개인의 신원을 알 수 있는 정보를 갖고 있는 누군가가 재식별을 위해 사용하는 디지털 지문 역할을 한다는 점이 문제다. 일단 식별이 되면 그 기록에 포함된 다른 정보를 모두 알 수 있게 된다.

예를 들어, 다음과 같은 가상의 펜실베이니아 대학병원(HUP, Hospital of the University of Pennsylvania) 환자 자료를 살펴보자. 설사 이름 항목이 제거된다 하더라도, 레베카의 나이와 성별을 알고 있다면 그녀가 HIV 환자라는 사실을 알 수 있다. 왜냐하면 이들 속성은 데이터셋에서 레베카를 고유하게 식별하기 때문이다.

이름	나이	성별	우편번호	흡연 여부	진단명
리처드	64	남	19146	O	심장병
수잔	61	여	19118	X	관절염
매튜	67	남	19104	O	폐암
앨리스	62	여	19146	X	크론병
토마스	69	남	19115	O	폐암
레베카	**56**	**여**	19103	X	HIV
토니	52	남	19146	O	라임병
모하메드	59	남	19130	O	계절성 알러지
리사	55	여	19146	X	궤양성 대장염

56세 여성이 단 1명뿐인 가상의 환자 기록 데이터베이스로, 레베카를 아는 사람이라면 누구나 그녀가 HIV 환자라는 사실을 추정할 수 있다.

초기 해법 중 하나인 k-익명성$^{k\text{-anonymity}}$ 방식은 개인별 데이터의 정보를 변경함으로써 특성 집합이 1개의 데이터와 일치하는 일이 없게 하는 것이다. 각 특성은 '민감' 속성과 '비민감' 속성으로 나뉜다. 앞의 가상 표에서는 진단명만 민감 속성이고, 나머지는 비민감 속성이다. k-익명성 방식의 목적은 민감 속성과 비민감 속성을 연결하기 어렵게 만드는 것이다. 간단히 설명하면, 데이터베이스 내에 비민감 속성을 조합한 결과가 공개된 데이터에서 적어도 k명 이상의 개인과 일치하는 경우, 공개된 레코드 집합은 k-익명성을 갖는다고 할 수 있다. 앞의 표가 k-익명성을 갖도록 만드는 방법은 두 가지가 있다. 하나는 아예 정보를 감추는 것이다(즉, 공개 데이터에서 제외). 다른 하나는 범주화를 하는 것이다(즉, 원래의 정확한 정보를 공개하는 것이 아니라 구간값으로 변환해서 공개). 다음은 HUP 환자의 가상 표를 수정한 결과다.

이름	나이	성별	우편번호	흡연 여부	진단명
*	60–70	남	191**	O	심장병
*	60–70	여	191**	X	관절염
*	60–70	남	191**	O	폐암
*	60–70	여	191**	X	크론병
*	60–70	남	191**	O	폐암
*	50–60	여	191**	X	HIV
*	50–60	남	191**	O	라임병
*	50–60	남	191**	O	계절성 알러지
*	50–60	여	191**	X	궤양성 대장염

범주화와 2-익명성 처리를 한 동일 데이터베이스. 레베카의 나이 및 성별과 일치하는 기록은 2개가 됐다.

표가 변경됐다는 사실을 한눈에 알 수 있다. 이름이 없어졌고, 나이는 10년 단위로 바뀌고, 우편번호는 처음 세 자리만 보여주는 식으로 비식별 처리가 됐다. 그 결과 이 표는 이제는 2-익명성 상태가 됐다. 예를 들어, 레베카가 56세 여성이라는 것처럼 우리가 알 수 있는 비민감 정보는 이제 적어도 2개의 다른 기록이 됐다. 그래서 이제는 누구도 비민감 정보를 가지고 특정인을 식별할 수 없다.

그러나 안타깝게도, 엄격한 기준으로 보면 k-익명성 방식이 기록 재식별을 막을 수는 있지만 프라이버시를 위협하는 것은 재식별만이 아니라는 점을 강조하고 있다. 예를 들어, 우리가 리처드는 HUP의 환자이고 흡연을 하는 60대 남자라는 사실을 안다고 해보자. 수정된 표에는 이 조건에 해당하는 기록이 3개가 있으므로, 우리는 어떤 기록이 리처드 것인지 알 수 없다. 그러나 3개의 기록 중 2개는 폐암이고 나머지 1개는 심장병이므로, 최소한 리처드가 폐암이나 심장병을 앓고 있다는 사실은 알 수 있다. 이러한 결과 역시 심각한 프라이버시 침해이며, k-익명성 조치로 막을 수 있는 것이 아니다.

그러나 k-익명성의 개념도 문제가 발생할 수 있다. 즉, 각 데이터셋이 k-익명성 조건을 충족하더라도 여러 개의 데이터셋이 결합되면 익명성이 사라진다는 문제가 발생한다. 예를 들어, 우리는 레베카가 56세 비흡연 여성이라는 정보를 알고 있다. 그런데 그녀가 HUP 외에 펜실베이니아 병원^{Pennsylvania Hospital}에서도 진료를 받았고, 두 병원 모두 k-익명성에 따른 환자 기록을 공개했다고 해보자. HUP가 공개한 2-익명성 자료는 앞의 표에 있고, 펜실베이니아 병원은 다음의 3-익명성 자료를 공개했다.

이름	나이	성별	우편번호	진단명
*	50-60	여	191**	HIV
*	50-60	여	191**	루푸스
*	50-60	여	191**	고관절 골절
*	60-70	남	191**	췌장암
*	60-70	남	191**	궤양성 대장염
*	60-70	남	191**	유사 독감 증상

레베카가 이용한 다른 병원의 3-익명성 데이터베이스에서는 3개의 기록이 그녀의 나이 및 성별과 일치한다. 이 데이터베이스와 HUP의 2-익명성 데이터베이스를 결합하면, 우리는 레베카가 HIV를 갖고 있다는 사실을 다시 한번 확실히 알 수 있다.

이 표들은 개별적으로는 k-익명성 조건을 만족하지만, 결합하면 문제가 발생한다. 첫 번째 표를 통해 레베카가 HIV나 궤양성 대장염이 있음을 알 수 있다. 두 번째 표에서는 HIV나 루푸스, 고관절 골절이 있음을 알 수 있다. 그러므로 이 표를 결합하면 그녀가 HIV를 갖고 있다는 사실이 확실해진다. 따라서 k-익명성에는 크게 두 가지 결점이 있다. 즉, (환자 기록이 확실하게 재식별되는) 프라이버시 위반이라는 협소한 관점만을 보호할 수 있고, 이마저도 다수의 데이터가 공개된 경우에는 익명성을 보증하기 힘들다.

쉽게 생각해보면, 우리의 목표가 단지 재식별을 방지하는 것이라면 개인 데이터는 아예 아무것도 공개하지 않으면 이런 개인 데이터 분석의 문제가 없을 것이다. 다수에 대한 평균값이나 머신러닝으로 도출된 예측 모델 같은 집계 데이터aggregate data만 공개하도록 제한해야 할 것이다. 이렇게 하면 재식별해낼 수 있는 데이터가 존재하지 않을 것이다. 그러나 이는 데이터를 지나치게 제한하고, 불충분한 상황을 만든다. 집계 데이터는 데이터의 활용성을 제한함에도 불구하고 여전히 많은 프라이버시 위험을 갖고 있다는 사실이 밝혀졌다. 2008년 처음 발견됐을 때 유전학계에 꽤 충격을 주었던 다음 사례를 생각해보자.

인간 게놈genome은 DNA의 기본 구성요소인 약 30억 개의 핵염기쌍이 순서대로 배열된 것을 말한다. 무작위로 선택된 두 사람은 99% 이상 동일한 위치에서 동일한 게놈을 갖는다. 그러나 게놈에는 두 사람 사이의 차이가 발생하는 특정한 위치가 있다. 가장 일반적인 형태의 유전적 변이는 단일 뉴클레오타이드 다형성single nucleotide polymorphism, 즉 SNP('스닙'이라고 읽는다)이다. SNP은 한 사람이 특정 염기쌍을 갖고 있지만, 다른 사람은 이와 다른 염기쌍을 갖는 위치를 나타낸다. 인간의 게놈에는 대략 천만 개의 SNP이 있다. SNP은 질병의 유전적 원인을 규명하는 데 유용하다. 전장 유전체 연관 분석GWAS, genome-wide association study의 목표는 SNP 내 유전 변이(대립형질)와 질병

사이의 상관관계를 찾는 것이다. GWAS 데이터의 기본 형태를 만들 때는 췌장암처럼 같은 질병을 가진 수천 명의 환자를 모아 DNA 염기 서열을 만들고, 전체 모집단 대비 각 SNP 내에서의 평균 대립 유전자 빈도가 어떤지를 공개하기도 한다. 이러한 형태의 데이터는 평균이나 통계로만 구성된다는 것을 주목할 필요가 있다. 예를 들어, 특정 SNP 위치에서 모집단의 65%는 C 뉴클레오타이드를 갖고 있고, 35%는 A 뉴클레오타이드를 갖고 있다. 그러나 너무 많은 SNP이 있기 때문에 1개의 데이터셋에도 이러한 평균이 수십만에서 수백만 개가 있을 수 있다.

2008년 논문은 많은 수의 단순 상관관계 테스트(각 SNP당 1개씩)를 결합함으로써 '특정 개인'의 DNA가 특정 GWAS 데이터셋의 평균 대립 유전자 빈도를 계산하는 데 포함됐는지를 알아낼 수 있다는 사실을 발견했다. 그러나 이는 특정 개인이 GWAS 데이터셋 속하는 사람인지를 알 수 있다는 것일 뿐 이것을 가지고 개인 정보를 재식별할 수는 없다. 그럼에도 불구하고 이것이 중대한 프라이버시 문제인 이유는 GWAS 데이터를 수집한 환자 그룹은 종종 다른 질병의 특성도 공유하기 때문이다. 만약 특정 개인이 GWAS 그룹에 속한 환자라는 것을 알게 되면, 그에게 췌장암이 있다는 사실도 알 수 있는 것이다.

이 연구 결과가 발표되자 국립보건원은 즉시 오픈 액세스 데이터베이스에서 모든 GWAS 집계 데이터를 삭제했다. 이 조치로 프라이버시 문제는 일부 해결됐지만, 사회적으로 중요한 과학 연구를 하는 데 오히려 심각한 장애가 됐다. 최근에는 더 많은 연구를 통해 다른 많은 집계 자료에서도 개인 데이터가 유출된다는 사실이 드러났다. 예를 들어, 훈련된 머신러닝 모델에 입출력 액세스만 제공하면 훈련 세트에서 사용된 데이터 포인트를 식별할 수 있는 경우가 많다. 이는 간단히 말해서, 머신러닝 모델이 훈련했던 특정 예제에 대해서는 적어도 약간은 '과적합'이기 때문이다. 예를 들어, 훈련된 모델은 그 모델을 훈련할 때 사용한 사진을 분류하는 경우 훈련할 때 사용하지 않은 사진을 분류할 때보다 높은 신뢰도를 갖는다.

침해와 추론

일반적으로 익명화에 기반한 데이터 프라이버시는 앞에서 다룬 심각한 결함에 취약하다. 그러다 보니 그 대안으로 최신의 암호 기술을 사용한다면 프라이버시를 보호하는 데 중요한 역할을 할 수 있을 것이라는 의견이 있다. 그러나 알고 보니 암호 기술은 우리가 찾는 프라이버시 유형보다는 오히려 데이터 보안이라고 부르는 다른 유형에 더 적합한 것으로 밝혀졌다. 그 이유는 다음과 같다.

예를 들어, 의학 연구를 위한 간단한 컴퓨터 관점의 업무 흐름을 생각해보자. 업무의 시작은 환자의 의료 기록이고, 목표는 환자의 증상과 검사 결과, 치료 이력을 바탕으로 환자가 특정한 질병이 있는지를 예측하는 모델을 만드는 데 머신러닝을 사용하는 것이다. 그러므로 역전파의 경우처럼 데이터베이스는 머신러닝 알고리즘에 입력이 되고, 이것은 다시 목표한 예측 신경망의 출력이 된다.

이 업무 흐름에서 우리는 당연히 원시 데이터베이스가 보호되기를 바란다. 그러므로 예측 모델을 만드는 데 참여하는 의사나 연구자들처럼 허가된 관계자에게만 데이터베이스에 접근 권한을 주어야 한다. 또한 (최근 에퀴팩스 Equifax나 메리어트Marriott, 야후Yahoo 등 기업에서 발생했던) 심각한 데이터 침해 문제를 방지하고자 한다. 이 문제는 암호학에서 파일 암호화 알고리즘 방식으로 해결을 시도하는 핵심 프라이버시 문제이기도 하다. 이는 자물쇠와 열쇠로 비유할 수 있다. 즉, 데이터베이스는 자물쇠로 잠겨 있고, 오직 열쇠가 있는 사람들만 자물쇠를 풀 수 있어야 한다.

그러나 신경망은 원시 데이터와는 다르다. 허가된 의사나 연구자에게만 공개되는 원시 데이터와는 달리 신경망 데이터의 경우 누구나 사용할 수 있도록 공개적으로 발행되기를 바란다. 가장 무난한 방법은 연구자들이 모델의 상세 내용을 볼 수 있도록 과학 학술지에 공개하는 것이다. 이를 통해 의사나 연구자들이 다양한 증상과 질병 사이의 상호작용을 이해할 수 있을 것이다. 신경망을 암호화하거나 실험에서 사용할 수 없도록 금지하는 것은 애초에 이를 만든 목적에 맞지 않는다. 일반적으로 민감한 개인 데이터를 포함해 데이터에 대한 연산을 수행하는 목적은 적어도 해당 데이터에 대한 광범위한 속성을 일부분이라도 세상에 공개하려는 것이다.

우리는 신경망 무단 침해를 우려하기보다는 오히려 공개를 해야 한다는 입장이지만, 신경망이 일으키는 바람직하지 않은 '추론'에 의한 프라이버시 문제에는 관심을 가져야 한다. 특히, 신경망을 공개함으로써 남들이 나의 의료 기록에서 질병명 같은 세부사항을 확인하기를 원하지는 않을 것이다(실제로, 최근의 연구를 보면 학습 모델로부터 교육용 데이터를 추출해 세부 정보를 정확히 알아내는 경우가 많다는 사실을 알 수 있다). 이것은 단순히 데이터 공개를 막는 것과는 미묘하게 다르지만, 좀 더 걱정되는 상황이다. 즉, 우리는 알고리즘의 결과물이 유용하기를 바라면서, 동시에 개인 정보의 유출도 없기를 바라는 것이다.

바로 이런 점이 현재 우리가 프라이버시의 개념에 대해 우려하는 점이다. 민감한 고객 데이터가 예측 모델을 만드는 데 사용되고, 그 후에는 앱과 고용주, 광고주나 대부업체, 보험회사나 법원 등등 광범위하게 분산된 주체들에 의해 사용되는 방식으로 '공개'돼버리는 시대에 살다 보니 프라이버시 보호의 중요성이 급속히 확대됐다. 암호 알고리즘 연구는 수백 년간 계속됐고, 1970년대에 들어와 이른바 공개키 암호의 도입으로 엄청난 과학적, 실용적 발전도 겪었지만, 좀 더 미묘한 추론적 프라이버시 문제는 상대적으로 초기 단계라 할 수 있다.

그러므로 단순한 재식별의 문제가 아닌, 이를 넘어서는 프라이버시 위협이 존재한다. 단지 개인의 데이터를 통계에 포함시키지 않는다고 문제가 해결되는 것이 아니다. 그리고 (적어도 우리가 찾는 유형의) 프라이버시는 암호학으로 해결할 수 있는 유형의 문제가 아니다. 이 문제에 대한 접근법 중 하나는 데이터를 철저히 통제함으로써 회피하고 싶어 하는 위험이 무엇인지를 면밀하게 생각해보는 것이다. 우선, 처음에는 매우 야심 찬 목표로 시작해보는 것도 좋을 것이다. 예를 들어, 데이터 분석을 수행함에 있어서 데이터를 제공한 개인에게는 어떠한 프라이버시 위험도 발생하면 안 된다는 목표 같은 것이다. 만약 우리가 이 목표를 달성할 수 있다면, (프라이버시 침해 걱정에서 완벽히 벗어날 수 있는) 매우 훌륭한 요구 정의라 할 수 있을 것이다. 우리는 완벽에 가까운 것을 어떻게 유용하게 성취할 수 있는지를 살펴볼 것이다. 그러나 다음의 사고 실험을 통해 우리는 목표를 좀 더 다듬고, 우리의 야심 찬 목표의 일부분을 제한해야 한다는 사실을 알게 될 것이다.

흡연이 프라이버시 문제를 일으키다

1950년 런던에서 일하는 의사인 로저라는 이름의 남성 흡연자가 있다고 가정해보자. 이는 흡연이 폐암 발병률을 높인다는 통계적 증거를 밝혀낸 영국 의사 연구British Doctors Study가 시작되기 전이다. 1951년 리처드 돌Richard Doll과 오스킨 브래드퍼드 힐Austin Bradford Hill은 영국의 모든 등록 의사에게 편지를 써서 그들의 신체적 건강과 흡연 습관에 대한 조사에 참여할 것을 요청했다. 그 결과 의사들 중 3분의 2에 해당하는 인원이 조사에 참여했다. 이 연구는 수십 년간 진행될 예정이었지만, 1956년에 이미 돌과 힐은 흡연과 폐암이 서로 관련되어 있다는 강력한 증거를 찾아냈다. 이 연구를 알고 있는 사람이라면 누구나 로저가 흡연자라는 사실과 흡연이 폐암 발병률을 높인다는 사실을 통해 로저가 폐암에 걸릴 위험성이 높다는 것을 추정할 수 있을 것이다. 이러한 추정은 로저에게 실질적인 피해를 입힐 수도 있다. 예를 들어, 그가 미국에서 일을 했다면 건강보험료를 훨씬 더 많이 부담해야 할 수도 있다.

그렇다면 이처럼 데이터 분석의 결과 때문에 로저가 직접적으로 피해를 입게 되는 시나리오가 발생한다면, 영국 의사 연구가 로저의 프라이버시를 침해했다고 결론 내릴 수 있을까? 그러나 생각해보면, 로저가 조사 참여 요청에 응하지 않은 3분의 1에 속한 의사라고 하더라도 연구 결과는 아마도 변하지 않았을 것이다. 즉, 로저의 개인 데이터가 포함되든 포함되지 않든 간에 흡연과 폐암은 긴밀한 관련이 있다는 결론이 나올 것이다. 다시 말하면, 로저가 입은 피해는 누군가가 그의 데이터를 식별해냈기 때문이 아니라 연구를 통해 드러난 일반적인 사실 때문인 것이다. 만약 우리가 이런 것까지 모두 프라이버시 침해라고 한다면, 프라이버시를 지키면서 수행 가능한 데이터 분석은 없을 것이고 과학 연구를 수행하는 일도 불가능할 것이다. 이것은 연구를 통해 상관관계가 있는 인자를 하나라도 발견했을 경우, 이렇게 발견한 인자나 상관관계로 인해 개인에 대해 갖는 사람들의 인식을 크게 변화시키기 때문이다.

그러면 어떻게 목표를 다듬어야 과학적 발견을 허용하면서 동시에 로저 데이터의 특정한 비밀을 보호하도록 구별할 수 있을까? 이를 위한 사고 실험의 첫 번째 시도로, 로저의 프라이버시를 침해할 수도 있는 연구가 수행된 현실 세계와 다르게 영국 의사 연구가 수행되지 않았다고 가정한 세계와 비교해보자. 이 경우 가상 세계에서는 로저의 프라이버시가 침해당할 이유가 전혀 없으므로 반대로 현실 세계에서는 로저의 프라이버시가 침해됐다고 주장할 수 있다. 프라이버시에 대한 이런 관점은 1977년 토레 달레니우스Tore Dalenius가 통계적 데이터베이스 프라이버시의 목표로 정의한 것과 일치한다.

그는 '통계 데이터셋에서 응답자에 관해 알 수 있는 모든 정보는 데이터셋에 접근하지 않고도 알 수 있다'는 사실을 보증해야 한다고 했다. 이는 응답자 스스로 공개한 자료가 아니라면 데이터셋에서 어떤 정보도 얻을 수 없게 해야 한다는 것이다. 그러나 이 사고 실험은 프라이버시가 무엇을 의미하고자 하는지에 대한 핵심에 답이 되지는 못한다. 이는 단지 로저의 데이터를 사용함으로써 그에게 미칠 손해의 척도일 뿐이다. 이러한 미묘한 문제를 해결하기 위해 조금 다른 사고 실험을 시도해보자.

이번에는 다음 두 세계를 비교한다고 해보자. 첫 번째 세계에서는 영국 의사 연구가 수행됐고, 로저는 참여의사를 밝혔기 때문에 그의 데이터도 연구에 포함된다. 두 번째 세계에서는 영국 의사 연구가 수행됐지만, 로저는 참여를 거부한다. 그래서 두 번째 세계에서는 그의 데이터가 결과에 영향을 미치지 않는다. 두 세계 모두 로저 외 사람들의 결정은 동일하며, 두 세계 사이의 유일한 차이점은 로저의 데이터가 연구에 포함되는지 여부다.

만약 로저의 데이터를 포함해서 수행한 연구가 포함하지 않고 수행한 연구와 마찬가지로 로저에게는 일절 피해가 없을 거라고 약속할 수 있다면, 그 결과 이 연구는 프라이버시가 지켜지는 연구라고 선언할 수 있다면 어떻게 될까? 이는 달레니우스의 목표를 재정의할 것을 요청하는 것이다. 즉, 비록 응답자의 데이터가 포함되지 않은 데이터셋이라도 그 응답자에 관한 정보를 얻을 수 있다면 그 정보는 데이터셋에 접근하지 않고도 알 수 있어야 한다라고 정의가 바뀌어야 한다는 것이다. 이 정의는 바로 로저의 데이터를 사용함으로써 그가 피해를 입지는 않을 것을 약속하는 것이며, 영국 의사 연구처럼 유용한 과학의 수행을 용인하는 이유가 된다. 앞의 시나리오에서는 흡연과 폐암 사이의 연관성이 발견됐기 때문에 로저의 의료보험료가 올랐다고 말했지만, 사실 그 연관성은 로저의 연구 참여 여부와 상관없이 발견됐을 것이다.

차분 프라이버시 개념

지금부터는 프라이버시도 철저히 보호하면서 동시에 데이터에서 유용한 발견도 이뤄낼 수 있는 기법인 차분 프라이버시에 대해 알아보자. 차분 프라이버시는 앞서 설명한 개념을 수학적으로 공식화한 것으로서, 임의의 한 개인이 포함된 데이터베이스와 포함되지 않은 데이터베이스의 분석 결과를 비교하는 것이다. 이 기법은 2000년대 초, 네 명의 이론 컴퓨터 과학자 팀(신시아 드워크Cynthia Dwork, 프랭크 맥셰리Frank McSherry, 코비 니심Kobbi Nissim, 애덤 스미스 Adam Smith)에 의해 개발됐고, 이론 컴퓨터 과학 분야에서 특출난 논문을 발표한 사람에게 주는 괴델상도 수상한 기법이다. 차분 프라이버시를 알아보려면 먼저 무작위 알고리즘을 이해할 수 있어야 한다.

그러면 먼저 알고리즘부터 알아보자. 알고리즘이란 어떤 문제에 대한 입력값을 처리해 원하는 결과를 내는 과정을 상세히 설명한 것이라고 앞에서 언급했다. '들어가며'에서는 정렬 알고리즘을 예로 들었지만, 건강 기록을 입력받아 이를 상관관계가 있는 특성과 연결해 출력하는 것도 알고리즘이다. 또한 비디오 대여 기록을 입력받아 각 고객에게 영화를 추천하는 결과를 내는 알고리즘도 있다. 중요한 것은 알고리즘이란 입력값이 출력값으로 변환되는 과정을 정확하게 기술한다는 것이다. 그러므로 무작위 알고리즘이란 무작위 추출을 사용하는 알고리즘이라 할 수 있다. 정확하게 기술된 절차에 따라 동전 던지기를 하고, 그 결과에 따라 결정을 내리는 알고리즘을 생각해보자. 무작위 알고리즘은 입력값을 다른 출력값의 확률로 변환한다(무작위 알고리즘에 대한 자세한 예는 다음 절에서 다룬다).

알고리즘에 무작위성을 도입하면 암호키의 생성, 대수 방정식의 해법 검색 속도 향상, 분산 서버 간 부하 조정 등의 분야에서 다양하고 강력한 용도로 사용할 수 있다. 차분 프라이버시에 무작위성을 도입하는 것은 또 다른 목적을 위한 것으로, 한 개인의 데이터를 최종 결과로부터 역추적하는 것을 막기 위해 의도적으로 연산 과정에 노이즈를 추가하는 것이다.

차분 프라이버시는 개인의 데이터가 추가되거나 삭제되더라도 결괏값의 확률이 '크게' 바뀌지 않아야 한다는 요구사항을 지켜야 한다(이것의 의미는 잠시 후에 설명할 것이다). 이 요구사항은 추가된 또는 제거된 개인의 데이터가 아무리 특이한 값을 갖더라도 반드시 지켜져야 한다. 그리고 차분 프라이버시는 프라이버시가 필요한 정도에 따라 조절을 해주는 매개변수 또는 '노브(조절기)'가 달린 통제 장치(제약 조건)라 할 수 있다. 이 노브는 한 개인의 데이터가 결괏값의 확률을 얼마나 바꿀 수 있는지를 조절한다. 예를 들어, 프라이버시 노브의 값을 2.0으로 설정했다면 차분 프라이버시에서는 로저의 데이터가 포함되지 않은 데이터셋으로 실행한 알고리즘 결괏값과 로저의 데이터가 포함된 데이터셋으로 실행한 결괏값이 2배가 넘게 차이가 나지 않아야 한다.[1]

그렇다면 왜 차분 프라이버시의 수학적 제약을 프라이버시라고 일컫는지를 잠시 알아보려고 한다. 많은 이유가 있지만, 여기서는 세 가지만 설명할 것이다.

첫 번째로, 가장 기본이 되는 것은 차분 프라이버시는 알 수 없는 임의의 피해로부터 안전하게 지켜주기 때문이다. 이 기법은 개인의 데이터가 어떤 것이든, 그리고 그 데이터를 사용해 도출된 결과가 어떤 것이든, 개인의 데이터가 연구에 포함되는 결정으로 발행하는 문제는 없을 것임을 보장한다. 즉, 문자 그대로 발생 가능한 모든 경우에 대해 문제가 없을 것을 보장한다는 뜻이다. 예를 들어, 개인의 데이터를 연구에 사용하도록 허락했다는 이유로 저녁 식사 도중에 짜증 나는 텔레마케팅 전화를 받는 횟수가 늘어나지 않을 것임을 보장한다. 또한 개인의 데이터를 연구에 사용하도록 허락해도 건강보

---

1   프라이버시 매개변수는 수학적 표기법에 따라 지수함수로 표시한다. 그러므로 로저의 데이터가 확률을 2배로 증가시킨다는 것을 수학적으로는 ln(2)라고 표현할 수 있다.

험료가 오를 확률이 커지지 않을 것을 보장한다. 게다가 개인 정보가 (매사추세츠 병원 기록이나 넷플릭스 사례에서처럼) 재식별될 가능성이 높아지는 일도 없음을 보장한다. 즉, 차분 프라이버시는 개인이 걱정하는 어떤 위험도 늘어나지 않는다는 것을 보장한다. 그리고 GWAS(유전학) 예제에서처럼 재식별할 데이터가 없는 환경에서도 통한다.

그러면 두 번째로 프라이버시라는 것이 내가 어떤 피해를 입는다는 의미가 아니라, 다른 사람이 나의 정보를 아는 것을 의미하는 경우라면 어떨까? 이 경우에도 차분 프라이버시는 외부 관찰자가 한 개인의 특정 데이터를 유추해서 그 개인에 관한 많은 정보를 알아내지 못할 것을 보장하는 동시에, 흡연과 폐암이 상관관계가 있다는 것처럼 일반화가 가능한 연구 결과를 도출할 수 있게 함으로써 연구 결과를 접한 사람들의 사고에 영향을 줄 수 있게 해준다.

이를 명확히 하기 위해 (머신러닝 방식이든 다른 방식이든) 학습이 이뤄지는 과정을 생각해보자. 베이즈 통계학의 프레임워크를 이용하면 학습을 수학적으로 표현할 수 있다. 개념은 다음과 같다. 먼저 학습자는 세상에 대한 초기 신념initial beliefs(사전 확률) 값을 설정한다. 이후 관찰을 통해 얻은 정보를 가지고 이 신념 값을 변경(업데이트)한다. 그 결과 학습자는 세상에 대한 새로운 사후 신념posterior belief(사후 확률) 값을 갖게 된다. 이를 차분 프라이버시에 적용하면 다음과 같이 결론을 내릴 수 있다. 데이터셋 내의 각 개인과 관찰자의 초기 신념 값이 어떤 것이든, 개인 데이터가 포함된 차분 연산을 거쳐 도출된 결과에 대한 사후 신념 값은 개인 데이터를 포함하지 않고 실행된 연산의 결과와 유사하다. 여기서 '유사한' 정도는 앞서 언급했듯이 프라이버시 매개변수나 노브에 따라 다를 수 있다.

세 번째로, 일부 외부 관찰자가 관심을 갖는 데이터베이스에 특정인(예: 레베카)이 존재하는지(또는 환자 기록에 폐암 같은 특정 질병이 포함됐는지) 여부를 추정한다고 가정해보자. 관찰자는 임의의 규칙을 사용해 차분 프라이버시 연산의 결과를 예측할 수 있다. 그러나 관찰자가 레베카의 데이터가 포함된 연산 결과와 데이터가 포함되지 않은 연산 결과를 받아보더라도, 어떤 것이 임의 추정 결과보다 더 나은 결과인지를 알아낼 수는 없다는 것이다.

지금까지 설명한 세 가지는 사실 차분 프라이버시가 보장하는 것을 다르게 설명한 것뿐이다. 차분 프라이버시는 (흡연과 폐암의 관계를 밝히는 영국 의사 연구 같은 중요한 연구를 막는 식의) 데이터 사용을 전면적으로 금지하지 않고도, 실제 데이터를 사용할 수 있게 만드는 가장 강력한 개인 정보 보호 방식 중 하나다. 그러므로 많은 과학자들이 신뢰하는 이 방식을 개인 데이터를 제공하는 사람들도 신뢰할 것으로 기대한다. 여기서 주된 문제는 오히려 현재의 머신러닝과 양립할 수 없을 정도로 부담이 되는 강한 제약을 요구하지는 않을까 하는 것이다. 앞으로 다루겠지만, 다행히 차분 프라이버시와 머신러닝 (및 다른 유형의 연산) 사이에는 둘 다 만족할 만한 절충점이 있다.

민감한 주제의 설문조사 방법

차분 프라이버시는 매우 강력한 개인 정보 보호 기법이다. 그러나 강력한 보호를 하느라 유용한 데이터 분석이 불가능하다면 흥미로운 기법이라 할 수 없을 것이다. 다행히 차분 프라이버시는 그렇지 않으며, 기본적으로 모든 종류의 통계 분석에 적용할 수 있다. 그러나 개인 정보 보호는 공짜로 얻어지는 것이 아니다. 프라이버시 준수 요구가 없는 경우와 동일 수준의 정확성을 얻으려면 더 많은 데이터가 필요하고, 더 엄격하게 프라이버시 매개변수를 설정할수록 정확도는 현격히 떨어진다.

그렇다면 이제 예제를 통해 동작 방식을 알아볼 텐데, 통계 분석 중 가장 간단한 기법인 평균 계산으로 시작해보자. 예를 들어, 필라델피아의 얼마나 많은 남편들이 아내 몰래 바람을 피우는지를 알아보는 설문조사를 한다고 해보자. 가장 간단한 조사 방법은 필라델피아 인구 수를 기초로 적당한 수의 남성들을 무작위로 추출하고, 그들에게 전화를 걸어 바람을 피운 적이 있는지 물어보는 것이다. 그리고 각 사람의 답변을 기록한다. 이렇게 모든 데이터를 수집한 후에는 스프레드시트에 입력해 응답의 평균을 계산하고, (신뢰 구간이나 오차 막대 같은) 관련 통계도 구할 수 있을 것이다. 참고로 설문조사가 목표로 하는 것은 단지 인구별 통계이지만, 조사 과정에서 의도치 않게 개인에 대한 민감한 정보도 많이 수집하게 될 것이다. 조사 중에 수집한 데이터는 유출 가능성도 있고, 만약 이혼 소송이 벌어지면 조사 자료 제출을 요구받을 수도 있기 때문에, 사람들은 이런 조사에 응답하는 것을 꺼릴 것이다. 설사 그런 걱정을 하지 않는 사람들이라도, 전혀 모르는 조사원에게 자신의 불륜 사실을 공개하는 것은 부담스러울 것이다.

이번에는 다른 방식의 설문조사를 시도해보자. 일단 필라델피아 인구 수를 기초로 (앞서보다는 좀 더 많은) 적당한 수의 남성들을 무작위로 추출한다. 그리고 그들에게 전화를 걸어 바람을 피웠는지 물어본다. 그러나 이번에는 질문에 직접 답하는 것이 아니라 다음과 같은 지시에 따라 대답을 달리하는 것이다. 즉, 응답자가 동전을 던져서 어느 면이 나왔는지는 말하지 말고, 앞면이 나왔으면 바람 핀 경험이 있는지를 사실대로 말한다. 반대로, 뒷면이 나왔다면 한 번 더 동전을 던져서 앞면이 나오면 '예', 뒷면이 나오면 '아니요'라고 말하면 되는 것이다. 이러한 설문 방식은 단순 무작위 알고리즘의 한 예라 할 수 있다.

이 설문조사 방식에서는 사람들에게 바람을 핀 적이 있는지 물었을 때, 전체 답변 중 3/4이 사실이다(첫 번째는 1/2의 답변이 사실이고, 두 번째는 임의의 값에 대해 모두가 사실이기 때문이다). 그리고 나머지 1/4은 거짓말이다. 조사원은 거짓말에서 사실을 구별할 방법은 없다. 단지 응답자가 불러주는 대로 기록할 뿐이다. 그러나 이제 응답자들은 모두 바람을 핀 적이 없다고 부정할 수 있는 근거를 갖게 됐다. 만약 이혼 소송에서 자료 제출을 요구받았고 조사에 참여했던 남편이 바람을 핀 적이 있다고 응답한 기록이 있더라도, 그는 자신은 사실 바람을 핀 적이 없으며 동전 결과에 따라 임의로 대답한 것이라고 합리적으로 항변할 수가 있는 것이다. 사실, 이런 방식에 따라 데이터가 수집됐다면 누구도 그 데이터가 어떤 특정 개인의 것이라고 확답할 수 없다.

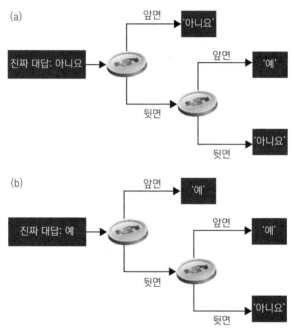

| 그림 3 | 만약 응답자의 진짜 대답이 '아니요'라면, 임의의 응답 방식에 따라 세 번 중 두 번을 '아니요'라고 답한다. 반면, 진짜 대답이 '예'라면 세 번 중 한 번만 '아니요'라고 답하게 된다.

반면, 이런 방식으로 수집된 데이터에서도 바람을 핀 필라델피아 남성의 비율을 매우 정확하게 추정할 수 있다. 추정의 핵심은 비록 우리가 수집한 개별 답변에는 상당한 오류가 포함됐지만 그 오류가 어떻게 포함됐는지를 정확히 알고 있기 때문에 집계 과정에서 이를 제거하는 역작업을 할 수 있다는

것이다. 예를 들어, 필라델피아 남성의 1/3이 바람을 피웠다고 가정해보자. 그러면 이번 조사에서 '예'라고 대답할 사람이 몇 명이나 될 거라고 예상하는 가? 우리는 이미 3/4의 비율로 진실을 말한다는 사실을 알고 있기 때문에, 이것을 계산해볼 수 있다. 조사 대상자의 1/3은 진짜로 '예'라고 응답을 했고 그중 3/4이 사실이라면, 총 대상자의 1/3 × 3/4 = 1/4이다. 또한 조사 대상 자의 2/3는 진짜로 '아니요'라고 응답을 했다면 그중 1/4은 '예'라고 할 수 있 으므로, 총 대상자의 2/3 × 1/4 = 1/6이다. 그러므로 총 대상자의 1/4 + 1/6 = 5/12가 '예'라고 응답했을 것으로 예상할 수 있다.

이런 사실을 알고 있기 때문에 만약 조사 대상자의 5/12가 '예'라고 응답했 다는 사실을 관찰했다면, 역으로 필라델피아 남편의 1/3이 바람을 폈음을 추론할 수 있다. 이러한 추론은 다른 관찰 결과에도 적용할 수 있다. 그 이유 는 우리가 이미 오류가 어떻게 들어갔는지 알고 있으므로 진짜로 '예'라고 대 답한 대상자의 대략적인 비율을 역으로 추정했기 때문이다. 이 과정은 근사 치인데, 이는 정확히 1/3의 남성들이 아내를 속였다 해도 이것은 평균적으 로 전 대상자의 5/12가 '예'라고 응답한다는 것을 말해주기 때문이다. 실제 비율은 개인이 던진 동전의 실제 비율로 인해 5/12에서 약간 벗어날 것이 다. 그러나 우리는 매우 큰 모집단을 대상으로 평균을 추정했기 때문에 상당 히 정확할 것이고, 게다가 모집단이 커질수록 정확도는 더 높아질 것이다. 이는 우리가 동전을 던지는 경우와 비슷하다. 만약 동전을 10번만 던지는 경우에는 앞면이 나오는 비율이 1/2에서 많이 벗어날 것이다. 그러나 10,000번을 던진다면 앞면이 나오는 비율은 거의 정확하게 1/2이 되리라 예 상된다. 이와 정확히 같은 방식으로, 개인 정보 보호를 위해 임의로 추가한 오륫값은 조사에 참여하는 사람이 많아질수록 0에 수렴하게 된다. 이는 통 계학에서 말하는 '대수 법칙'의 한 사례라고 할 수 있다.

이 조사 방식은 아주 단순하지만 그 결과는 꽤 성공적이다. 즉, 모집단 중 특정 개인의 잘잘못을 알려주는 정보를 수집하지 않고도 설문조사에서 목표로 하는 결과를 얻을 수 있다. 본 예제에서는 중간 단계를 건너뛰고, 바로 원하는 집계 정보를 수집하는 식으로 진행했다.

지금까지 설명한 무작위 설문 방식은 꽤 오래전부터 사용된 '무작위 응답'이라는 방법이다. 이 방법은 차분 프라이버시가 등장하기 수십 년 전인 1965년까지 거슬러 올라간다. 그리고 이 설문 방식을 분석해보니 3-차분 프라이버시에 해당하는 것으로 밝혀졌다. 즉, 이 조사에 참여하는 경우 문제가 발생한 확률은 최대 3배 이내라는 것이다.[2] 여기서 숫자 3은 특별한 의미를 갖지 않는다. 조사 방식(프로토콜)을 바꿔서 응답자가 사실을 말할 확률을 낮추면 프라이버시 보호 수준을 더 높일 수도 있기 때문이다. 반대로 확률을 높이면 보호 수준을 낮출 수 있다. 이를 통해 프라이버시 절충점을 정량적으로 조절할 수 있다. 프라이버시 보호 수준을 더 높일수록 응답자가 사실을 부인할 가능성은 높아지지만, 설문조사 결과에서 얻을 수 있는 정보는 줄어든다. 반대로 프라이버시 보호 수준을 낮출수록, '예'라고 답변한 비율과 이를 총인구 대비 실제로 바람핀 비율로 추정하는 역작업 과정에서 오류가 생길 가능성이 높아진다. 그러므로 동일한 정확도를 얻으려면, 프라이버시 보호 수준을 낮출수록 응답자의 수를 늘려야 한다.

평균 계산은 분석을 하는 데 있어 가장 기초적인 통계 분석 방법일 뿐이며, 차분 프라이버시는 이 외에도 많은 분야에서 사용할 수 있다. 차분 프라이버시의 가장 큰 장점은 다른 분석과 결합이 가능하다는 것으로, 차분 프라이버시 분석을 여러 번 수행해도 k-익명성에 영향을 주지 않는다. 만약 2개의 차분 프라이버시 알고리즘을 갖고 있다면 둘 다 실행할 수 있고, 그렇게 실행

---

2 표준 해석에 따르면 ln(3) 차분 프라이버시를 만족한다고 표현한다. ln은 자연로그를 뜻한다.

한 결괏값에도 여전히 차분 프라이버시가 유지된다. 즉, 한 알고리즘의 결괏 값을 다른 알고리즘의 입력값으로 사용할 수 있고, 그 결과도 여전히 차분 프라이버시가 유지된다는 것이다. 이는 단순한 차분 프라이버시 기법들을 결합해 상당히 복잡한 알고리즘도 구성할 수 있다는 측면에서 꽤 유용한 방식이 아닐 수 없다. 왜냐하면 알고리즘이 새로 나올 때마다 각각 프라이버시 요소를 판단하는 과정을 거쳐야 한다면 이는 꽤 번거로운 작업일 테고, 게다가 알고리즘이 길고 복잡하기까지 하다면 상당히 어려운 문제가 될 것이기 때문이다.

대신, 평균 계산처럼 단순한 구성요소에 프라이버시를 보장하는 것은 그리 어렵지 않다. 그러므로 이런 단순한 구성요소들을 다양하게 결합해 복잡한 알고리즘을 설계하면 자동으로 차분 프라이버시를 만족시킬 수 있게 된다. 즉, 다른 표준 알고리즘을 설계할 때처럼 프라이버시 알고리즘도 모듈 방식으로 설계할 수 있는 것이다. 따라서 평균 계산이라는 매우 단순한 분석 기법으로부터 시작해서, 데이터셋에 대한 최적화 수행이나 신경망 프라이버시 학습 등 복잡한 분석까지 발전시켜나갈 수 있다. 일반적인 경험의 법칙에 따르면, 특정 데이터셋에 의해서가 아니라 기본 확률 분포에 의해 성공이 결정되는 통계 분석이나 최적화는 비록 더 많은 데이터가 필요하긴 하지만, 차분 프라이버시를 적용할 수 있다.

누구를 신뢰할 것인가

사실 무작위 응답은 차분 프라이버시보다 더 엄격한 제약 조건을 준수한다. 차분 프라이버시가 요구하는 것은 단지 최종 결과가 한 개인의 데이터가 포함되어 나온 것인지, 포함되지 않고 나온 것인지를 추정할 수 없어야 한다는 것뿐이다. 앞의 설문조사 사례에서 계산을 통해 도출된 결과는 최종 평균값이며, 이 값은 필라델피아에서 바람을 핀 남편들의 추정 비율이다. 그러나 무작위 응답에서는 최종 평균값뿐만 아니라, 수집된 응답 자료의 전체 데이터셋에 대해서도 차분 프라이버시를 만족할 것을 약속한다. 이것은 외부 관찰자뿐만 아니라 내부의 설문조사원으로부터도 차분 프라이버시를 보장한다는 뜻이다.

만약 외부 관찰자만 대상으로 프라이버시 보호를 하려 했다면(그리고 조사원이 원시 데이터를 유출하지 않을 거라고 믿었다면), 아마 기존 방식으로 설문조사를 수행하고 발표에 사용할 최종 평균값에만 노이즈(정보 변형)를 넣었을 것이다. 이런 방식은 노이즈를 아주 조금만 사용한다는 장점이 있다. 무작위 응답에서는 모든 응답자가 데이터의 확실성을 충분히 낮출 수 있을 만큼의 노이즈를 각각 추가한다. 이렇게 수집된 모든 데이터의 평균값을 구하면, 전체적으로는 원래 우리가 필요로 했던 것보다 훨씬 많은 노이즈가 추가된다. 만약 실제 데이터를 가진 조사원을 신뢰한다면, 조사원이 일단 모든 데이터를 집계한 후 거기서 개인의 데이터를 식별해낼 수 없을 정도의 노이즈만 추가하는 방식을 사용할 수 있다. 당연히 이 방식에서는 추정의 정확도를 훨씬 높일 수 있겠지만, 여기에는 대가가 따른다. 소송이 발생해 조사원의 집계 기록을 제출해야 하는 경우에는 오히려 강력한 안전 장치가 사라지는 결과가 발생한다.

강력한 안전 장치를 원하는지 여부(그리고 그 안전이 오류와 바꿀 만한 가치가 있는지 여부)는 모델의 속성과 프라이버시를 침해하려는 자가 누구인지에 따라 달라진다. 차분 프라이버시가 보증하는 수준은 신뢰할 만한 관리자가 데이터 분석 알고리즘을 실행한다는 가정을 기초로 한다. 즉, 알고리즘(및 그 구현에 접근 권한을 가진 사람)이 그 데이터로 해야 할 일만을 한다고 믿는 것이다. 신뢰할 만한 관리자가 모든 데이터를 '투명하게' 처리할 것이라고 믿기 때문에, 이런 방식을 차분 프라이버시의 중앙집중^{centralized} 모델이라고 부른다.

반면, 무작위 응답은 이른바 국지^{local} 모델 또는 분산^{decentralized} 모델 방식의 차분 프라이버시라 할 수 있다. 이 방식에는 신뢰할 만한 데이터 관리자가 없다. 각 개인은 데이터를 변형한 다음 이를 전달하는 식으로 자신의 프라이버시를 보호한다. 무작위 응답 설문조사도 이 방식을 사용한다. 각 응답자는 동전을 던진 후 조사원에게 무작위로 응답을 하기 때문에, 조사원은 진짜 결과를 알지 못하는 것이다. 차분 프라이버시의 중앙집중 모델과 국지 모델을 이해하는 방식 중 하나는 프라이버시가 '서버'(중앙집중 모델)에 추가되는지 '클라이언트'(국지 모델)에 추가되는지 여부다.

여러 가지 면에서 어떤 신뢰 모델을 사용할지를 정하는 것은 알고리즘에서 프라이버시 매개변숫값을 설정하는 것보다 더 중요하다. 그러나 이 두 가지 결정을 분리해서 판단할 수는 없다. 국지 모델에서는 훨씬 더 강한 프라이버시 보장을 해주는 만큼 상당한 비용이 든다는 사실을 알 수 있다. 일반적으로 프라이버시 매개변수를 고정(예를 들어, 매개변숫값을 2로 설정)하는 경우, 국지 모델의 차분 프라이버시가 중앙집중형 모델보다 분석의 정확도가 낮아질 것이다. 반대로 처음부터 이를 고려해 정확도를 고정하는 경우에는 중앙집중형 모델보다 훨씬 더 많은 데이터가 필요하거나, 더 나쁜 프라이버시 매개변숫값이 필요할 것이다. 이러한 현실은 지금까지도 차분 프라이버시의 세 가지 모델 중 하나를 채택하는 데 있어 중요한 역할을 하고 있다.

실험실에서 실전으로

상업적으로 대규모의 차분 프라이버시를 적용한 첫 번째 기업은 구글과 애플이었다. 2014년 구글은 보안 블로그에 공지를 올려 크롬 브라우저에서 차분 프라이버시를 적용해 사용자 컴퓨터의 멀웨어 사용 통계 수집을 시작한다는 사실을 알렸다. 2016년 애플은 아이폰에서 차분 프라이버시로 통계를 수집할 것이라고 발표했다. 이 두 기업이 대규모로 차분 프라이버시를 채택한 데는 많은 공통점이 있다. 첫째, 구글과 애플 모두 무작위 응답 방식의 알고리즘을 기반으로 국지 모델을 운영하기로 했다. 둘째, 이미 보유한 데이터에 차분 프라이버시를 적용하는 것이 아니라, 이전에는 수집하지 않았던 개인의 데이터를 수집할 때 적용하겠다는 것이다.

구글과 애플의 경우, 국지 모델로 가는 절충안이 타당한 이유가 있다. 첫째, 어느 회사도 사용자의 신뢰를 얻지 못할 거라는 사실이 자명하다. 두 회사에 대한 사용자들의 인식이 어떠하든, 회사가 데이터를 저장해둔 서버가 해킹되거나 정부의 요청에 따라 공개될 위험이 있는 것이 현실이다. 예를 들어, 2013년 에드워드 스노든Edward Snowden은 국가안보국NSA, National Security Agency이 사용하는 정보 수집 기법을 담은 수천 건의 문서를 폭로했다. 공개된 자료를 통해 NSA가 구글도 모르게 구글(및 야후)의 데이터 센터를 감청하고 있었다는 사실도 드러났다. 그 이후로 보안이 더욱 강화된 것은 사실이지만, 기밀자료의 유출이 중단됐는지 여부에 관계없이 여전히 많은 데이터가 통상적인 법적 절차를 통해 정부 기관에 제공되어 있는 것이 현실이다. 구글은 2016년 7월부터 1년간 정부 당국이 15만 7천여 명의 사용자 계정에 대한 자료를 요청했다고 보고했다. 이에 구글이 정보를 제공한 경우는 전체 요청의 65%에 달한다. 차분 프라이버시라 하더라도 중앙집중 모델에서는 이런 류의 위협에 대한 보장을 할 수 없다. 즉, 구글이나 애플이 고객의 데이터를 보유하는 경우라면, 공적 경로를 통해 데이터가 공개될 수 있는 상황이 항상 존재한다.

반면, 차분 프라이버시의 국지 모델에서는 구글이나 애플 같은 기업이 애초에 개인 데이터를 수집할 필요가 없다. 대신 그들은 앞의 예제처럼 조사원의 역할을 하면서, 강력한 부인 가능성을 보장하는 노이즈가 들어간 사용자의 응답만을 기록한다. 설사 조사원의 컴퓨터에 침입한 해커가 조사 자료 파일을 유출하더라도, 그 파일에는 특정인에 대한 정보가 많이 포함되어 있지 않다. 이혼 소송을 맡은 변호사는 의뢰인의 남편이 조사원의 질문에 어떻게 대답했는지에 대한 기록을 요청할 수 있지만, 그 기록에서 그가 알고 싶어 하는 자료를 얻을 수는 없다. 물론, 자료 유출로부터 강력하게 프라이버시가 보호되도록 하는 데는 비용이 꽤 든다는 사실을 이미 살펴봤다. 즉, 인구 전체에 대한 통계를 정확히 파악하려면 데이터가 많이 필요하다는 뜻이다. 그러나 구글과 애플은 모두 이러한 요건을 충족할 수 있는 위치에 있다. 구글은 크롬 브라우저를 사용하는 10억 명 이상의 활성 사용자를 갖고 있고, 애플도 10억 대 이상의 아이폰을 판매했기 때문이다.

구글과 애플이 모두 이미 존재하는 데이터가 아니라 전에는 수집하지 않은 데이터부터 차분 프라이버시를 적용한다는 사실도 주목할 만하다. 이미 데이터를 사용하는 개발자들에게 프라이버시 보호 기능을 추가하라고 요구하는 것은 쉽지 않기 때문이다. 프라이버시 보호 기능을 적용해 줄어드는 위험성은 불명확하지만, 데이터 품질이 즉시 떨어진다는 사실은 확실하기 때문이다. 또한 개발 팀이 이미 보유한 정제 데이터에 대한 활용을 포기하라고 설득하는 것도 어렵다. 그러나 전에는 프라이버시 유출 우려로 수집하지 않았던 데이터를, 차분 프라이버시 덕분에 지금부터는 수집할 수 있게 됐다고 하면 이는 완전히 다른 이야기다. 즉, 이렇게 이야기를 풀어감으로써 차분 프라이버시는 기존 분석의 품질을 떨어뜨리는 의무 규정이 아니라, 더 많은 데이터를 확보할 수 있는 새로운 방법이 되는 것이다. 이것이 바로 구글과 애플의 사례로부터 알 수 있는 점이다.

세 번째 대규모의 차분 프라이버시 적용 사례는 흥미롭게도 구글 및 애플의 사례와는 대조를 이룬다. 2017년 9월 미국 인구조사국은 2020년 인구조사의 일환으로 발행되는 모든 통계 분석은 차분 프라이버시로 보호한다는 조치를 발표했다. 앞서 기업들이 대규모로 채택한 방식과 다르게, 인구조사국은 중앙집중 모델을 채택해 (기존처럼) 실제 데이터를 정확하게 수집한 후, 집계된 통계에 프라이버시 보호 조치를 하여 대중에 공개한다고 했다. 또한 이 조치가 새로운 데이터 소스를 확보하는 것도 아니다. 왜냐하면 미국 헌법에는 10년마다 인구조사를 실시하도록 명시되어 있으며, 첫 번째 인구조사는 이미 1790년에 실시됐기 때문이다.

그렇다면 왜 인구조사국은 사상 처음으로 차분 프라이버시를 채택하기로 결정했을까? 그리고 왜 정확도는 높지만 해킹이나 소송 등으로부터 보호받지 못하는 약점이 있는 중앙집중 모델을 선택했을까?

첫 번째 질문에 대한 대답은 인구조사국이 개인의 프라이버시를 보호하는 조치를 취하도록 법적으로 의무화되어 있다는 것이다. 예를 들어, 모든 인구조사국 직원은 개인 식별이 가능한 모든 정보를 평생 보호하고 비공개할 것을 서약한다. 보호 조치 없이 정보를 공개할 수 있는 규정은 없다. 즉, 프라이버시 보호는 필수 사항이고, 다만 어떤 방식의 프라이버시 보호 조치를 채택할지만이 고려사항인 것이다. 그러므로 대안으로 고려할 수 있는 방법은 프라이버시에 대해 아무 조치도 취하지 않는 것이 아니라, 비록 데이터의 정확도를 측정하기도 어렵고, 프라이버시 보호가 가능한지도 확실히 약속받지 못했지만 기존의 인구 센서스를 수행하면서 지속적으로 더 나은 방법을 찾았던 것이었다. 결과적으로 인구 전체의 통계를 추정할 수 있는 역량이 있고, 원칙에 기반해 공식적으로 프라이버시를 보장하는 기술은 차분 프라이버시 외에는 없다는 결론을 내린 것이다.

중앙집중 모델을 채택한 두 번째 이유는 신뢰할 만한 관리자가 돼야 한다는 법적인 요구 조건이 구글이나 애플보다 훨씬 크다는 것이다. 법에 따르면, 인구조사국이 2020년 인구조사에서 수집한 개인의 답변, 즉 개인 데이터 기록은 미국의 국세청[IRS]이나 연방수사국[FBI], 중앙정보부[CIA] 등을 포함한 다른 정부 기관과 공유할 수 없다.

차분 프라이버시가 약속하지 않는 것

차분 프라이버시의 핵심은 집계된 통곗값의 연산을 허용하면서도 개별 데이터에 포함된 비밀은 보호하는 것이다. 그러나 어떤 부류의 비밀은 여러 사람들의 기록 속에 포함된다. 차분 프라이버시는 이런 비밀은 보호하지 못한다.

이와 관련해서는 운동 기록 측정 및 공유 서비스인 스트라바Strava 사례가 딱 적당한 경우다. 스트라바 사용자는 핏빗Fitbits[3] 같은 기기에서 수집한 데이터를 스트라바 서비스로 업로드해 자신의 운동 내역과 위치를 볼 수 있다. 2017년 11월 스트라바는 3조 개가 넘는 사용자들의 총 활동 데이터와 GPS 좌표를 지도상에 공개했다. 예를 들어, 이 자료를 보면 전 세계 주요 도시에 있는 인기 있는 달리기 코스를 확인할 수 있다. 그러나 이 자료에는 시리아나 소말리아, 아프가니스탄 등 가난하고 전쟁으로 파괴된 지역들의 활동은 거의 나타나지 않는데, 이곳에 거주하는 주민 대부분은 핏빗 같은 기기도, 스트라바 같은 앱도 사용하지 않기 때문이다.

그러나 이들 지역에서도 아주 예외적인 자료가 있으며, 이는 바로 미군들 때문이다. 미군은 병사들에게 핏빗을 사용할 것을 권장하고 실제로도 많이 사용하고 있다. 스트라바의 집계 데이터는 전 세계 각 국가의 가장 인기 있는 달리기 코스를 보여준다. 그러나 아프가니스탄의 헬만드주에서 가장 인기 있는 달리기 코스는 군사 기지 안에 있는 것으로 밝혀졌는데, 그중 일부는 비공개 기지였다. 즉, 스트라바 데이터가 개인의 비밀을 공개하지는 않았지만 민감한 국가 기밀이 노출된 것이다. 스트라바가 보여준 위치 히트맵 heatmap(열지도) 데이터는 차분 프라이버시로 보호한 후 집계한 결과일 수도 있다. 그러나 이는 병사 한 명이 핏빗을 사용하지 않더라도 집계 데이터로 생성된 히트맵은 크게 달라지지 않을 거라는 사실만 확인해줄 뿐이다. 즉,

---

3 동명의 미국 기업이 만든 유명한 스마트 워치 – 옮긴이

군사 기지 내 군인들의 총체적인 행동이 감춰질 것을 보장하지는 않는다(참고로, 차분 프라이버시는 소규모 그룹의 데이터를 보호할 수 있다. 특히, 개인별 3-차분 프라이버시를 보증하는 알고리즘은 k명의 개인 데이터에 대해 3^k-차분 프라이버시도 보증한다. 그러나 k가 커져서 한 소대 병력 정도가 되면 그리 의미 있는 보증을 한다고 할 수 없다).

차분 프라이버시는 사람들이 자신만 알고 있다고 생각하는 비밀이 사실은 이미 공개된 데이터로부터 종종 예상치 못한 방식으로 추론될 수 있다는 사실을 깨닫게 해주기도 한다. 차분 프라이버시는 설계상 외부 관찰자가 개인의 특정 데이터를 가지고 그 개인을 추론하는 행위는 막을 수 있지만, 세상의 널리 알려진 일반 지식으로부터 개인을 추론하는 행위를 막지는 못한다는 사실을 기억해야 한다. 그래서 관찰자는 로저가 영국 의사 연구에 참여했다고 해서 그가 폐암에 걸렸다는 사실을 알아낼 수는 없었지만, 흡연이 폐암을 예측하는 의미 있는 지표라는 사실은 알게 됐던 것이다. 일반적으로 차분 프라이버시는 과학 연구를 수행해 의미 있는 결과를 도출할 수 있도록 허용하면서, 동시에 개인의 프라이버시도 보호하기 때문에 유용한 기법이라고 할 수 있다.

그러나 세상은 미리 예측하기 힘든 상관관계가 너무 많고, 머신러닝의 역량은 점점 더 강력해지며, 데이터 소스도 점점 더 늘어나고 있기 때문에, 사람들이 자신만의 비밀로 간직하고 싶어 하는 개인 정보를 추론해낼 수 있는 정보가 넘쳐난다. 영국 의사 연구라는 단순한 사례만 봐도, 만약 로저가 그 연구의 결과를 미리 알았더라면 그는 자신의 흡연 습관을 비공개로 했을 것이다. 하지만 그가 그 사실을 어떻게 알 수 있었겠는가? 마찬가지로, 사람들은 문제가 없다고 생각하는 자신에 관한 다양한 정보를 공개하지만, 사실 이런 정보만 분석해도 그 사람에 대해 놀랍도록 많은 정보를 추론해낼 수 있다.

예를 들어, 페이스북 프로필에는 자신에 대한 정보를 숨기거나 공개하도록 설정하는 옵션이 아주 많다. 사용자가 원하면 언제든지 자신의 성적 지향이나 결혼 여부, 나이 등을 공개 프로필에서 감출 수 있다. 사용자는 정보 공개 여부에 대한 통제권을 갖고 있다. 그러나 우리가 '좋아요'를 누른 페이지가 공개되는 것은 페이스북의 기본 설정이다. 예를 들어, 사용자가 무심코 〈콜베르 리포트The Colbert Report〉[4]와 컬리프라이[5], 헬로키티 같은 페이지에 '좋아요'를 눌렀을 수 있다. 그런데 이런 사소한 데이터 흐름도 페이스북 사용자 프로필의 다른 정보와 상관관계를 추정할 수 있는 통계적 흔적으로 제공한다. 2013년 캠브리지 대학교의 연구 팀은 이런 데이터 흐름을 분석함으로써, 사람들이 겉보기에는 문제가 없다고 생각해서 공개한 정보를 바탕으로 그들이 공개하고 싶어 하지 않는 사실을 정확하게 연결하는 상관관계 분석이 가능하다는 사실을 보여줬다. 연구원들은 사용자들의 '좋아요'만을 분석해서, 성별, 정치 성향(공화당원 또는 민주당원), 성적 지향, 종교, 결혼 유무, 마약이나 흡연, 음주 여부뿐만 아니라 21세 이전에 부모가 이혼했는지 여부까지도 통계적으로 유의미한 수준의 정확도로 추정해냈다. 이런 정보는 사용자가 공개를 원치 않았거나, 적어도 공개적으로 올리지는 않았던 정보들이다. 그러나 아마도 사용자는 본인이 컬리프라이를 좋아한다는 사실을 굳이 감춰야겠다는 생각은 하지 않았을 것이다.

2010년에도 비슷한 발표가 있었다. 헌치Hunch라는 머신러닝 스타트업에서 트위터 예측 게임이라고 부르는 데모 서비스를 발표했다. 서비스의 동작 방식은 다음과 같다. 우선 사용자가 자신의 트위터 핸들값을 알려주면, 서비스는 자동으로 트위터 네트워크를 추적해 해당 사용자의 팔로우 계정과 팔로잉 계정이라는 단순한 데이터를 수집한다. 이어서 이 데이터를 근거로 여러

---

4 미국의 TV 프로그램 – 옮긴이
5 동그랗게 말린 감자튀김 – 옮긴이

개의 개인적인 질문 문항을 만든 후, 사용자의 예상 답변까지 작성해준다. 그런데 여기서 생성된 질문은 사용자가 한 번도 게시한 적이 없는 내용이다 (게다가 이 서비스는 사용자가 작성한 글은 수집하지도 않는다). 그럼에도 불구하고 이 서비스는 다음과 같은 질문들, 즉 낙태 찬반 여부, 동성애자 간 결혼 합법화 찬반 여부, 주식거래 계좌 보유 여부, 라디오 토크쇼를 듣는지 여부, 향수 사용 빈도, 홈쇼핑 이용 여부, 〈스타워즈〉와 〈스타트렉〉 중 어느 것을 좋아하는지, 일기를 쓰는지 여부 등에 대한 사용자의 답변을 거의 정확하게 예측해냈다.

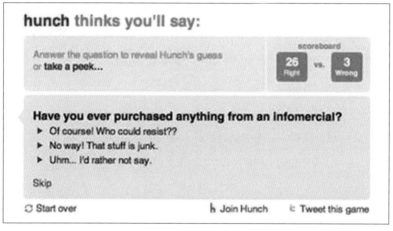

| 그림 4 | 헌치는 다양한 종류의 개인적 질문을 생성하고, 사용자의 트위터 팔로우 패턴에 기반해 답변을 예측한다.

그 결과는 놀라울 정도로 정확해, 사용자 답변의 85%를 정확하게 예측했다. 이 서비스가 답변을 작성하는 데 사용자의 데이터를 사용하지 않았다는 것은 답변에 필요한 데이터 접근 권한을 요청하지도 않았다는 사실로부터 알 수 있다. 그러므로 생성된 질문에 명확하게 답을 주는 사용자 데이터는 존재하지도 않는다. 이 서비스는 다만 사용자가 전체 공개로 설정한 팔로우와 팔로잉 목록만을 보고, 그 목록에 속한 사람들의 정보를 토대로 답변을 추론한

것이었다. 이 서비스는 일종의 대규모 사회과학 실험이라고 할 수 있다. 그리고 차분 프라이버시의 설계 방식은 이런 종류의 추론 과정으로 개인의 정보를 얻는 시도를 막지는 못한다.

앞에서 다룬 두 가지 사례는 흡연이 폐암의 위험성을 높인다는 사실로부터 특정 흡연자의 폐암 여부를 추정했던 사건의 현대판 사례라고 할 수 있다. 그러나 머신러닝이 점점 더 확대되면서, 이전에는 명확하지 않았거나 너무 복잡했던 상관관계들이 더 많이 드러날 것이다. 사람들이 인터넷을 하고, 물건을 사고, 링크를 따라가고, '좋아요'를 누르면서 끊임없이 배출하는 디지털 배기가스가 언뜻 보기에는 의미 없는 데이터 조각들로 생각되지만, 실제로는 개인이 드러내고 싶지 않은 비밀을 놀라울 정도로 정확하게 알아내는 예측 요소라는 사실이 드러났다. 차분 프라이버시는 이런 종류의 추론으로부터 사람들을 보호하지 않는다. 왜냐하면 그 추론은 어떤 한 개인의 데이터 사용 여부에 관계없이도 가능하기 때문이다. 그 추론은 대규모의 머신러닝을 통해 발견한 세상의 동작 원리일 뿐이다. 그리고 이는 (애초부터 의도된) 설계에 따른 것이다. 그리고 이런 종류의 프라이버시 위협은 과학자들이 연구를 수행하고 그 결과가 발표될 때마다 항상 존재할 것이다. 모든 데이터를 숨기고 과학 연구를 중단시키는 것 이외에는 이를 막을 방법이 없을 것이다.

1장을 끝내기 전에, 세상에 알려진 일반 정보와 개인에 대한 정보가 어떻게 얽힐 수 있는지를 보여주는 사례를 한 가지 더 알아보자. DNA는 한 개인에 대한 가장 민감한 정보 중 하나다. 실제로 DNA에는 한 개인의 정체성을 알려주는 모든 정보가 담겨 있다. 즉, 그 사람의 외모가 어떤지, 선조들이 어디 출신인지, 어떤 질병에 걸렸는지 또는 어떤 질병에 취약한지와 같은 정보가 들어 있다. 게다가 어떤 사람이 사건 현장에 있었음을 알려주는 법의학적 증거로 사용되며, 그 결과에 따라 누군가를 기소하고 수감시킬 수도 있다. 그러나 한 사람의 DNA는 혼자만의 것이 아니다. DNA 정보의 대부분은 부모와 자식, 형제와 공유하며, 동일 가계도상의 친척과도 일부 정보를 공유한다. 따라서 자신의 재량에 따라 DNA 정보 공개 여부를 선택하더라도 그 결과는 다른 사람들에게도 영향을 준다. 예를 들어, 범죄를 저지르고 도주한 범죄자가 자신의 DNA 정보를 공개 데이터베이스에 등록하는 어리석은 짓을 하진 않을 것이다. 왜냐하면 경찰이 데이터베이스의 DNA 정보를 범죄 현장에서 수집한 증거와 대조해, 그 결과가 일치하는 경우에는 자신의 신원이 드러나서 체포될 수 있기 때문이다. 하지만 자신의 친척들이 그들의 DNA 정보를 등록하는 것까진 막을 수 없을 것이다.

그런데 바로 이런 일이 악명 높은 골든스테이트 킬러Golden State Killer를 2018년에 체포할 때 일어났다. 그는 1976년에서 1986년 사이에 50건 이상의 강간과 12건의 살인 사건의 유력한 용의자였으며, 많은 DNA 증거도 남아 있었다. 그러나 이 용의자는 수사 당국의 어떠한 데이터베이스에도 등재된 적이 없었기 때문에 경찰은 그 증거에 해당하는 사람을 찾을 수 없었다. 그러나 이후 시대가 바뀌면서, 수사 당국 이외에도 DNA 데이터베이스를 보유한 기관들이 많이 등장했다. 그리고 2000년대 중반부터 사람들은 자신의 가계도를 더 자세히 알기 위해 인터넷의 공공 데이터베이스에 자신의 DNA 정보를 올리기 시작했다. 한 예로, 2011년에 두 명의 자원활동가가 GEDmatch라는 웹사이트를 개설했는데, 여기에는 사람들이 취미로 23andMe[6] 같은 상업적 목적의 서비스를 이용해서 생성한 DNA 프로필을 업로드할 수 있었다. 사람들은 GEDmatch를 이용해 부분적으로 일치하는 정보를 검색할 수 있는데, 이를 통해 먼 친척을 찾고 가계도를 연결하는 것이 이 서비스의 원래 취지였다. 그리고 누구나 검색을 할 수 있었기 때문에, 골든스테이트 킬러를 수사하는 경찰도 혹시 범인을 찾을 수 있지 않을까 하는 기대를 가지고

---

6 미국의 유전자 검사 회사 – 옮긴이

범죄 현상에서 수집한 범인의 DNA 샘플을 업로드했다. 그 결과, 범인의 DNA 정보는 없었지만 그와 유사한 DNA 정보를 가진 친척들을 찾아냈다. 이후 그들의 가계도를 분석해서 소수의 용의자 명단을 작성했고, 결국 72세의 조셉 제임스 드앤젤로Joseph James DeAngelo를 체포할 수 있었다.

[GED match] ® Tools for DNA & Genealogy Research

April 27, 2018 We understand that the GEDmatch database was used to help identify the Golden State Killer. Although we were not approached by law enforcement or anyone else about this case or about the DNA, it has always been GEDmatch�s policy to inform users that the database could be used for other uses, as set forth in the Site Policy (linked to the login page and https://www.gedmatch.com/policy.php). While the database was created for genealogical research, it is important that GEDmatch participants understand the possible uses of their DNA, including identification of relatives that have committed crimes or were victims of crimes. If you are concerned about non-genealogical uses of your DNA, you should not upload your DNA to the database and/or you should remove DNA that has already been uploaded.To delete your registration contact gedmatch@gmail.com

2018년 4월 27일, 우리는 GEDmatch 데이터베이스가 골든스테이트 킬러의 신원을 식별하는 데 사용됐다는 사실을 인지했습니다. 우리는 수사 당국의 누구와도 이 사건이나 DNA와 관련해서 접촉한 사실이 없습니다만, 사이트 정책(로그인 페이지 내에 링크를 제공. https://www. gedmatch.com/policy.php)을 이미 공지한 바와 같이 GEDmatch의 데이터베이스를 다른 용도로 사용할 수도 있습니다. 데이터베이스는 가계도 연구를 위해 개설됐지만, GEDmatch 에 업로드된 DNA 정보는 범죄자나 피해자의 친인척을 식별하는 데 사용될 수도 있습니다. 만약 자신의 DNA 정보가 가계도 연구 외에 사용될 것을 우려하는 사용자는 DNA 정보를 업로드 하지 마시고, 이미 업로드한 DNA 정보는 삭제해주십시오. 회원 탈퇴를 하시려면 이메일 주소 gedmatch@gmail.com으로 연락주십시오.

| 그림 5 | 골든스테이트 킬러가 이 사이트에서 발견된 DNA 정보 때문에 체포된 후, GEDmatch 웹사이트에 게시된 문구

골든스테이트 킬러의 사례는 프라이버시를 다룰 때 발생하는 어려움을 시사하는데, 이 유전자 데이터는 사람들이 개인적인 권리라고 생각하는 두 가지 사실, 즉 '나 자신의' 데이터는 내 마음대로 행사할 수 있다는 자율성과 '개인적인' 데이터의 공개 여부를 관리하는 권한을 무력화하기 때문이다. 사람들의 DNA에는 그 사람뿐만 아니라 친척들의 정보도 포함되어 있기 때문에, '나 자신의' 것이 항상 '개인적인' 데이터라고 할 수는 없는 것이다. 뉴욕 대학교 법대 교수 에린 머피Erin Murphy는 「뉴욕타임스」와의 인터뷰에서 "만약 형제나 부모, 자녀가 온라인으로 이런 활동을 한다면, 대대로 가족을 위태롭게 하는 것"이라고 말했다. 그러므로 이런 종류의 개인 정보는 설계상 차분 프라이버시가 보호할 수 없다는 사실을 기억해야 한다. 차분 프라이버시가 관리하는 것은 개인 데이터가 포함된 분석 결과와 포함되지 않은 분석 결과 간의 차이다. 따라서 원래는 굳이 자신의 데이터를 제외해달라고 요청할 이유가 없는 것이다. 그러나 이번 유전자 데이터베이스의 경우에는 자신이 데이터를 제공하지 않아도, 친척들이 스스로 제공한 데이터를 통해 자신의 정체가 드러난 경우였던 것이다. 한 개인의 독자적인 결정이 끼치는 영향을 추론하는 것은 게임 이론으로 다뤄야 할 분야로서, 3장에서 다룰 예정이다. 차분 프라이버시의 기본 개념은 같기 때문에, 차분 프라이버시의 방법들이 게임 이론에서도 유용하다는 사실은 놀라운 일도 아니다.

02 알고리즘 공정성
패리티에서 파레토까지

유추 편향

오래전에 고등학교를 졸업한 사람이라면, 수학능력시험^{SAT}에 꼭 나왔던 객관식 단어 유추 문제를 기억할 것이다. 그 문제들은 보통 '마라톤에서 러너는…'처럼 단어 사이의 연결성을 찾는 것으로서, 적절한 답은 '… 조정 경기에서 노잡이(노 젓는 선수)와 같다'와 같은 식이다. 그러나 2005년 SAT부터는 더 이상 이런 유형의 문제가 출제되지 않는다. 이는 문제의 '조정 경기'라는 단어가 특정 사회 경제적 부류에 유리하게 편향됐다는 우려 때문이다. 아마도 단어 유추 문제를 싫어하는 사람이 좋아하는 사람보다 더 많아서 빠진 것일 수도 있겠지만, 단어 유추와 문화적 편향이라는 문제는 이후 십여 년간 사람들의 기억에서 잊혀졌다.

그러나 이 문제는 2016년에 구글의 컴퓨터 과학 연구 팀이 단어 유추에 근거해 구글의 '워드 임베딩$^{word\ embedding}$'[1]을 테스트하면서 다시 수면 위로 떠

---

1 이전에 나온 단어를 바탕으로 다음 단어를 예측하는 기술 – 옮긴이

올랐다. 워드 임베딩의 기본 개념은 엄청나게 많은 글자 모음을 통계적으로 분석해, 이른바 단어의 동시 출현 빈도를 계산하는 것이다. 예를 들어, '쿼터 백quarterback'과 '풋볼football'이라는 단어는 '쿼터백'과 '퀀텀quantum'(양자)이라는 단어보다 문서나 단락, 문장 등에서 동시에 나타날 가능성이 높다. 그러므로 알고리즘은 이 두 단어의 동시 출현 빈도를 바탕으로 두 단어 간의 거리를 계산해, 각 단어를 2차원이나 3차원, 또는 더 고차원의 공간에 배치한다. 즉, (문서에서 실제로 사용된 빈도를 반영함으로써) 단어가 '비슷하면' 할수록 더 '가까운' 위치에 놓인다고 할 수 있다.

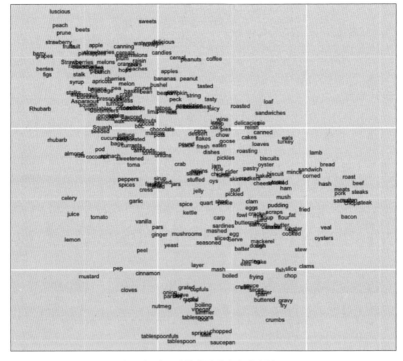

| 그림 6 | 2차원에 임베딩된 단어 분포

대규모의 워드 임베딩 구축은 데이터 수집과 통계 처리, 알고리즘 설계가 포함되는 머신러닝 프로젝트라 할 수 있다. 그중 구글의 'word2vec'(단어를 벡

터로 변환한다는 의미인 'word to vector'의 약어) 임베딩은 가장 널리 알려진 오픈소스 모델 중 하나로, 구글의 많은 언어 관련 서비스에서 사용된다. 이 모델을 이용하면 '바이크bike'라는 단어가 산과 가까울 때는 '자전거'라는 의미이고, '할리 데이비슨'과 가까울 때는 '오토바이'라는 의미임을 알 수 있다.

2016년 연구의 출발점은 과거 1970년대까지로 거슬러 올라간다. 만약 2차원 공간에서 워드 임베딩을 제대로 수행하면 유사 단어들은 평행사변형 모양과 거의 일치한다. 따라서 실제로 남자가 왕이고 여자가 여왕이라면, 이들 단어가 임베딩된 4개의 점은 두 쌍의 평행선, 즉 남자–여자, 왕–여왕 쌍과 왕–남자, 여왕–여자 쌍으로 정의된다.

이러한 방식의 관측을 통해 빠진 단어를 찾는 유추 문제를 '해결'할 수 있다. 즉, "마라톤에서 러너는 무슨 경기에서 노잡이와 같은가?"라는 질문을 해보면, 3개의 단어인 마라톤, 러너, 노잡이가 워드 임베딩이라는 평행사변형의 세 모서리를 차지하며, 마지막 네 번째 모서리에는 어떤 단어를 두어야 할지를 결정하면 된다. 우리가 찾는 '무엇'에 해당하는 빠진 모서리 부분에 가장 가까운 단어를 유추해보면, '조정 경기'가 가장 적합하다는 사실을 알 수 있다(그림 7 참조).

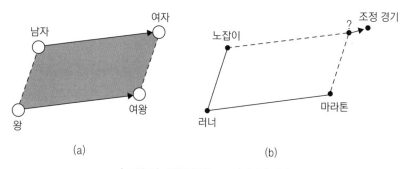

| **그림 7** | 평행사변형으로 단어 유추하기

연구 팀은 그쯤에서 연구를 멈출 수도 있었지만, 이 예측 기술을 사용해서 word2vec가 1990년대 SAT 시험을 얼마나 잘 치르는지를 실험했다. 그러나 사람들도 가끔 그러듯, 실험이 성공할 때보다 실패하는 경우에 훨씬 흥미로운 사실을 알게 되곤 한다. 연구자들은 의도적으로 단어 유추 방식에 제한을 두어서, '남자에게 X는 여자에게 Y와 같다'는 구성에 대해서만 조사했다. 그리고 세 모서리가 채워야 하는 조건에 따라 '남자에게 컴퓨터 프로그래머는 여자에게 무엇인가?'라는 식으로 X 값만 정하고 Y 값은 비워뒀다. 즉, 연구 팀은 word2vec를 성별 유추라는 특정 분야에서 시험을 진행한 것이었다.

시험 결과는 놀라웠는데, word2vec가 성차별과 고정관념이 만연한 것으로 드러났다. 그리고 앞의 질문에 대한 답변인 "남자에게 프로그래머는 여자에게 주부와 같은 관계인가?"라는 문장을 그대로 그들이 발표하는 논문의 제목으로 삼았다. 이 논문은 word2vec가 훈련에 사용한 원시 데이터에 이미 내재되어 있는 편향을 반영하고, 일부는 증폭하는 등의 체계적인 과정을 정리했다. 그림 8에서 보여주는 임베딩 예제를 보면, 이런 방식의 유사성을 시각적으로 볼 수 있다. 예를 들어, 조카가 천재인 것은 여성이 귀고리를 착용하는 것과 같다. 이는 언어적으로 의미 있는 문장은 아니지만, 여성은 꾸미는 것과 관련이 있고 남성은 재능과 관련이 있다는 느낌을 준다. 단어 유추는 조금 난해하다고 보일 수 있지만, 중요한 점은 워드 임베딩이 좀 더 복잡한 학습 알고리즘의 기본 구성요소가 된다는 것이다. 게다가 더 심각한 문제는 워드 임베딩 또는 이런 식의 편향된 모델이 다른 중요한 애플리케이션의 구성요소로 포함될 때 발생한다.

실제로 2018년 말, 아마존이 소프트웨어 엔지니어링 분야 지원자의 이력서를 평가하려고 개발한 머신러닝 모델에서 유사한 문제가 발견됐다. 이 알고리즘은 '여성 체스 클럽 회장'처럼 여성이라는 단어가 포함된 이력서에 명시적으로 불이익을 주었고, 특정한 두 여자대학교 출신 지원자의 점수를 낮게 평가했다. 아마존은 결국 이 프로젝트의 개발 팀을 해산했지만, 아마존은 직원을 채용할 때 차별을 한다는 나쁜 평판을 피할 수 없었다.

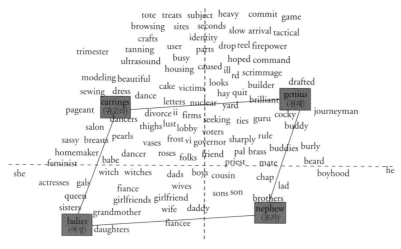

| 그림 8 | 성차별을 보여주는 워드 임베딩

워드 임베딩 논문을 작성한 연구자나 검토자 중 어느 누구도 word2vec의 편향이 구글의 성차별적 개발자 때문이라거나, 데이터의 오염이나 대표성 부족, 또는 코딩 오류의 결과라고 주장하지 않았다. 또한 아마존의 채용 도구에 들어간 편향이 악의적인 결과를 낳았다고 의심할 이유도 없었다. 이와 관련해서 그 어떤 설명보다 안심이 되는 설명은 '전문 과학자와 개발자가 복잡한 대규모 데이터셋에 엄격하게 통제된 머신러닝 기법을 신중하게 적용해 도출된 예상치 못한 결과라면 편향이 있는 것은 당연하다'는 것이었다.

여기서 문제는 머신러닝 애플리케이션에서 사용되는 교육용 데이터에는 종종 다양한 종류의 숨겨진(또는 드러난) 편향이 포함되고, 그런 데이터로부터 복잡한 모델을 도출하는 과정에서 편향이 증폭되거나 새로운 편향이 도입된다는 것이다. 앞서 '들어가며'에서 말했듯이, 설계자가 명시적으로 요구하지 않으면 머신러닝이 저절로 성 중립성^{gender neutrality}을 유지하는 경우는 없다는 것이다. 따라서 워드 임베딩을 만드는 데 사용된 문서가 아주 소량이고, 그것도 매우 노골적인 성차별임에도 불구하고(그리고 그중 어느 것도 남성 컴퓨터 프로그래머와 유사한 여성 직업이 주부라고 제안하지 않았음에도 불구하고), 유사 단어 예측 모델로 압축될 때는 전체 데이터셋 기준으로 아주 작은 집단의 언어 사용법이 명확한 성차별로 이어지는 결과가 나타났다. 그리고 이런 모델이 검색 엔진이나 타깃 광고, 채용 프로그램과 같이 광범위하게 사용되는 서비스의 기본 구성요소가 되면, 그 범위와 규모에 따라 편향이 더욱 확산되고 증폭될 수 있다. 이것은 머신러닝으로 촉발되는 복합 피드백 루프의 한 예인데, 이는 4장에서 자세히 살펴볼 예정이다.

임베딩 편향에 대한 논문은 당연히 학계 및 언론의 관심을 많이 받았다. 그러나 이것은 알고리즘, 특히 머신러닝을 통해 데이터에서 파생된 모델을 기반으로 한 알고리즘이 성별, 인종, 나이를 비롯한 여러 가지에 근거해 명백하게 편향과 차별을 나타내는 사례가 점차 증가함을 나타내는 많은 사례 중하나일 뿐이다. 그리고 이런 편향이 검색 결과나 광고에 나타나더라도 당장은 이해관계가 없다고 느낄 수 있지만, 이런 편향의 문제는 범죄 형량 선고나 대출 심사, 대학 입학이나 채용 심사 같은 훨씬 더 중요한 영역에서도 똑같이 발행한다.

'들어가며'에서 언급했듯이, 2장에서 알아본 많은 문제는 이미 다른 곳에서도 논의 중이다. 그러므로 여기서는 머신러닝, 특히 알고리즘과 확고한 과학에 근거를 둔 잠재적인 해법에 중점을 둘 것이다. 실제로 워드 임베딩 논문에서는 새롭게 등장한 문제에 대해 경종을 울리려 그런 식으로 제목을 붙였지만, '워드 임베딩의 편향 없애기'라는 좀 더 낙관적인 부제도 달고 있다. 그 논문은 심각한 문제를 지적했지만, 또한 그 문제를 줄이고 없애는 모델을 구축하는 알고리즘도 제안하고 있다. 이 알고리즘에서도 머신러닝 기법을 사용하지만, 태생적으로 성별이 있는 단어(예: 왕이나 여왕)와 없는 단어(예: 컴퓨터 프로그래머)를 구별한다. 이렇게 구별하면 알고리즘은 성별이 없는 단어와 관련된 데이터의 편향을 '감소'시킬 수 있고, '남성에게 왕은 여성에게 여왕과 같다'와 같은 '올바른' 유사성을 유지하면서도, 논문의 제목처럼 편향된 유사 단어 완성 사례를 줄일 수 있는 것이다.

2장의 주제는 알고리즘(및 인간)의 편향 및 차별에 대한 과학적 개념을 이해하고, 이 개념을 인지하고 측정하는 방법을 알아보며, 공정한 해법을 가진 알고리즘 설계하는 것이다. 특히, 1장에서 차분 프라이버시의 정확성에 드는 비용을 조사했듯이 공정성의 예측 정확도 및 그 외 목표에 드는 비용도 계산해볼 것이다. 그리고 결국 그런 비용이 공정성과 정확성 간의 이론적이고 경험적인 타협점을 정하는 **파레토 곡선**Pareto curve의 형태로 정량화될 수 있는지를 살펴볼 것이다.

그러나 궁극적으로 과학은 정보를 제공해줄 뿐, 파레토 곡선상에서 어느 수준으로 공정성을 요구할 것인지를 선택하는 것은 항상 인간의 판단과 규범이다. 좋은 알고리즘 설계를 통해 여러 해법을 제시할 수는 있지만, 그중 하나를 선택하는 일은 여전히 사람의 몫이라는 뜻이다.

인간의 모든 정보를 학습하다

머신러닝에서 워드 임베딩은 비지도unsupervised 학습의 한 분야라 할 수 있다. 비지도 학습의 목표는 미리 정의된 결정이나 예측을 하는 것이 아니라, 대규모 데이터셋의 구조를 분석해서 시각화하는 것이다(워드 임베딩은 문서에서 단어 간의 유사도를 구조화한다). 좀 더 일반적인 머신러닝은 지도supervised 학습 분야로서, 데이터를 이용해 향후 맞았는지 틀렸는지 여부를 알 수 있는 구체적인 예측을 하는 것이다. 예를 들어, 과거의 기상 데이터를 분석해 내일 비가 올지 말지를 예측하는 것이 바로 지도 학습이다. 학습을 이끄는 '지도'에 해당하는 것이 바로 내일 비가 온다 또는 안 온다라는 피드백이다. 머신러닝과 통계 모델의 역사를 보면 많은 애플리케이션이 날씨나 증시, 교통 혼잡도처럼 자연현상이나 다른 대규모 시스템을 예측하는 데 초점을 맞췄다. 심지어 인간이 모델의 구성요소일 때도 총체적, 집합적 행동을 예측하는 데 중점을 뒀다.

1990년대 초반부터 인터넷 사용자가 폭발적으로 성장하고 큰 규모의 데이터셋이 생성되면서 머신러닝을 적용할 수 있는 방법이 엄청나게 많아졌다. 사용자들은 구글에서 검색을 하고, 아마존에서 구매를 하며, 페이스북에서 친구를 맺고, '좋아요'를 누르고, GPS 좌표를 남기거나, 그 외 많은 서비스를 이용하면서 점점 더 많은 디지털 흔적을 남기기 시작했다. 이렇게 커진 데이터셋을 이용하면서 대규모 시스템뿐만 아니라 각 개인을 위한 작업도 가능해졌다. 그 결과, 머신러닝은 기존의 집합적 행동 예측에서 이제는 개인별 예측으로 옮겨가게 됐다.

개인별 예측이 가능해지자 이제는 개인별 차별도 할 수 있게 됐다. word2vec 같이 추상적인 집합 언어 활용 모델은 명백하게 성차별적 요소를 갖고 있지만, 특정 여성을 더 차별하는 것은 아니다. 그러나 머신러닝이 개인화되면서 이제는 예측 실수가 특정 개인에게 실질적인 피해를 입힐 수도 있다. 개인별 특성에 따른 머신러닝의 맞춤형 의사결정이 광범위하게 사용되는 분야는 구글 검색의 광고 표출이나 넷플릭스의 영화 추천처럼 일상적인 것부터 대출 승인이나 대학 입학 승인, 범죄 형량 판단처럼 매우 중요한 결정까지 다양하다. 앞으로 보겠지만, 머신러닝이 적용되는 분야에서 발생하는 암묵적인 차별과 편향은 과학과는 무관하게 존재하지만 과학으로 인해 강화될 수도 있다. 이러한 우려를 해소하려면 과학과 알고리즘을 수정해야 하며, 여기에는 비용이 발생할 수밖에 없다.

인간은 인간의 벡터

알고리즘의 공정성 개념을 좀 더 깊이 다루기 위해 데이터 포인트가 특정한 개인의 정보와 일치하는 환경을 전제로 지도 학습의 표준 프레임워크를 자세히 살펴보자. 프레임워크에 포함시킬 정보의 종류는 학습 모델이 어떤 결정(예측)을 할지에 따라 달라지나, 통상적으로 작업과 관련된 속성(특성이나 기능으로도 표기)을 목록 x(기술적으로는 벡터로 표기)로 표기하는 방식을 사용한다. 예를 들어, 대입 지원자인 케이트가 성공적인 대학 생활(예: 학점 3.0 이상이고 5년 내에 졸업을 할 수 있을지 여부와 같은 구체적이고 측정 가능한 기준에 따른 성공)을 할지를 예측하려고 한다면 케이트의 벡터 x는 고교 내신 점수, SAT나 ACT 점수, 비교과 활동 내역, 입학사정관이 채점한 지원자의 에세이 점수 등이 될 것이다. 다른 예로서, 케이트에게 학자금 대출 여부를 결정하려는 경우라면 케이트의 벡터 x에는 부모의 수입과 신용 등급, 고용 내역을 포함시킬 것이고, 앞서 언급한 모든 정보(케이트의 성공적인 대학 생활이 향후 대출 상환 역량이나 의지에 영향을 줄 수 있으므로)도 포함시킬 수 있을 것이다. 두 경우 모두 지도 학습의 목표는 과거의 대입 지원자들과 그들의 대학 생활이 성공적이었는지 여부를 $\langle x, y \rangle$ 형식으로 작성한 '과거' 데이터를 사용해, 벡터 x(케이트의 각종 정보)를 기초로 y(케이트의 대학 생활이 성공적일지 여부)를 예측하는 모델을 만드는 것이다(나중에 다루게 될 중요한 사실이 있다. 대학이 학습한 y 값은 오로지 합격자만을 대상으로 했기 때문에, 대학의 결정은 수집 데이터에 영향을 줄 뿐만 아니라 잠재적으로는 편향될 여지가 있다는 사실이다).

여기서 주목할 사실은 케이트 부모의 재무 상태 정보가 포함된다는 사실이다. 이 정보는 비록 케이트의 실제 정보는 아니지만 대출 상환 예측에 필요한 것으로 간주되고, 특히 케이트의 부모가 학자금 대출의 공동 채무자라면 더 확실히 그럴 것이다. 미리 말해두지만, 머신러닝의 공정성 논쟁 대부분은 어떤 예측을 하고자 할 때 '반드시' 포함돼야 하는 정보가 무엇인지에 대한 것이다. 그중에서도 아마 제일 오래되고 논쟁이 많은 주제는 인종과 성별, 나이 같은 속성을 포함시킬 것인지 여부인데, 이 속성들은 노력으로 바꿀 수 있는 것도 아니고 예측 작업과의 연관성도 없어 보이기 때문이다. 그러므로 이런 속성을 기반으로 중요한 결정이 내려진다면 사람들은 불공정하다고 느끼게 된다.

그러나 만일 지원자의 인종 정보를 기반으로 대출 상환이나 대학 생활 성공을 예측할 경우 평균보다 더 정확한 예측 결과가 나온다면 어떨까? 게다가, 그렇게 도출된 더 정확한 예측 결과가 특정 소수 인종을 차별하는 결과로 이어진다면? 즉, 다른 모든 인종의 결과는 동일한데, 유독 특정 소수 인종에 대해서만 입학 가능성이 낮게 나온다면 어떨까? 반대로, 우리가 보호해야 할 그룹을 정확히 알려주는 모델을 개발하고자 인종 정보를 사용하는 것은 어떨까? 이런 경우라면 인종 정보를 사용하도록 허용해도 될까?

이러한 질문에 대한 쉬운 해답은 없으며, 인간의 판단과 규범을 중심에 두고 논의해야 할 것이다. 그러나 이 질문들에 대한 과학적이고 알고리즘적인 연구를 중심에 두고 논의하는 것도 가능하다.

금지된 입력값

사람에 대한 결정을 해야 하는 다양한 상황에서 그 사람의 어떤 정보를 사용할 수 있는지와 관련된 논의는 오랫동안 이어져왔고, 법체계의 중요한 요소 중 하나다(예를 들어, 인종 정보에 기반해서 대출 승인이나 신용 평가를 하는 것은 일반적으로 불법이다). 그러나 개인의 데이터가 훨씬 더 많이 수집되고 또한 이를 알고리즘 의사결정에 사용할 수 있는 인터넷 시대가 되면서 이러한 논의가 긴급하게 다뤄져야만 했다. 따라서 당장 급한 작업과 관련된 정보가 아니라면, 인종이나 성별 데이터 같은 민감한 데이터에는 모델의 접근을 원천적으로 차단하는 방식으로 공정성의 문제를 쉽게 해결해버리려는 유혹을 받게 된다. 그러나 앞서 언급했듯이 이런 속성들은 상관관계가 매우 커서, 이를 아예 제거하면 결과의 정확성이 확실이 낮아지기 때문에 거의 대부분의 결정을 하는 데 있어 이들 속성은 '부적절하다'고 자신 있게 주장하기가 어렵다. 더구나 인종과 성별 같은 속성을 명시적으로 참조하지 않는다고 해서 결과 모델이 인종이나 성별의 편향을 갖지 않는다고 보장할 수도 없다. 앞으로 보겠지만 인종의 속성을 제거하면 최종 학습 모델에서 인종 편향이 오히려 악화되는 경우도 종종 생기기 때문이다.

만약 누군가가 이 책을 읽는 독자가 소유한 차량의 종류와 사용하는 노트북과 휴대폰 종류, 자주 이용하는 앱과 웹사이트 정보를 알아낼 수 있다면, 아마도 독자의 성별, 인종, 수입, 정치적 성향 같은 민감한 정보도 꽤 정확하게 예측할 수 있을 것이다. 좀 더 단순한 예를 들면, 현재 미국의 많은 지역에서는 불행히도 우편번호만으로도 인종을 대략 추정할 수 있다. 따라서 대출 상환 가능성 예측과 관련된 속성 P가 있고, 이와는 무관하지만 서로 조합하면 P를 정확히 알아낼 수 있는 속성 Q, R, S가 있다면, 사실 속성 Q, R, S가 예측과 무관하다고 말할 수는 없을 것이다. 게다가 Q, R, S로부터 P를 추론할 수 있다면, 데이터에서 속성 P를 제거하더라도 여전히 P에 근거한 의사결정이 이뤄질 수 있다. 게다가 이러한 조합은 단지 몇 가지 속성을 합치는 수준을 훨씬 넘어서는데다가, 인간이 이해할 수 없을 정도로 복잡할 수 있다는 점을 감안하면, 특정 정보를 사용하지 못하게 하는 방식으로 공정성을 확보하겠다는 발상은 머신러닝 시대에는 맞지 않는 방법이다. 아무리 알고리즘 기반 의사결정 과정에서 특정 정보를 사용하지 못하게 해도, 그 정보를 찾아내어 사용하는 방법이 항상 있기 때문이다.

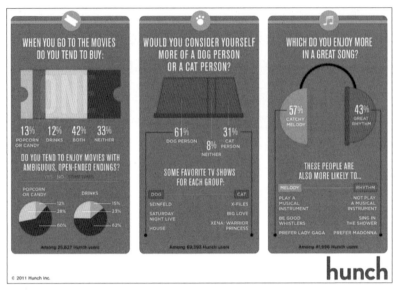

| 그림 9 | 애견인과 애묘인이 선호하는 TV 프로그램은 각기 다르다는 사실을 보여주는 그림. 겉으로는 관련이 없어 보이는 속성들이 실제로는 상관관계가 있음을 알 수 있다. 출처: 기술 스타트업 '헌치(Hunch)'(지금은 이베이(eBay)에 인수됨)

다시 말해, 입력값의 속성 개수나 복잡도로 인해 고의든 실수든 사용 제한을 회피할 수 있는 방법이 너무 많기 때문에, 머신러닝이나 알고리즘 의사결정 과정에 사용되는 입력값을 제한하는 방식으로 공정성을 강제하는 것은 사실상 불가능하다. 그러므로 이에 대한 대안은 모델이 내린 실제 결과와 예측에다가 공정성을 적용하는 것이다. 즉, 입력 x가 아니라 모델의 출력 y에다 공정성을 적용한다는 뜻이다.

이런 대안 방식이 좀 더 성공적이라고 할 수 있지만, 그렇다고 이 방식에 단점이 없거나 더 단순한 것은 아니다. 특히, 예측 결과에다 공정성을 적용하는 합리적 방법이 한 가지 이상 존재하는데, 문제는 이 방법들이 서로 상충될 수도 있다는 사실이다. 즉, 좋은 것을 다 가질 수는 없다는 뜻이다. 그리고 여러 방법 중 가장 좋은 한 가지 모델을 선택하더라도, 일반적으로 공정성 제약이 있는 모델의 예측 정확도는 제약이 없는 모델에 비해 항상 낮다. 그러므로 남는 문제는 결국 얼마나 덜 정확하느냐다.

즉, 어떤 유형의 공정성 개념을 적용할 것인가? 정확도가 낮아지더라도 공정성을 적용해야 하는 상황은 언제인가? 등과 같은 정성적 유형의 결정과 판단은 결국 인간의 의사결정 영역에 두어야 할 것이다. 과학 연구는 일단 사회가 이런 어려운 결정을 내린 후에야 비로소 시작할 수 있다. 과학은 각기 다른 정의의 장단점을 밝혀줄 수는 있지만, 옳고 그름까지 결정할 수는 없기 때문이다.

공정성 정의

모델이 수행하는 예측이나 결정에 적용되는 가장 단순한 공정성 개념을 통계적 동등성statistical parity이라 한다. 다양한 공정성 정의처럼, 통계적 동등성을 정의할 때도 먼저 어떤 개인 그룹을 보호하고자 하는지를 식별해야 한다. 구체적인 예를 들어, 어떤 행성에 네모족과 둥근족이라는 두 가지 종족만 있다고 가정하자. 그리고 은행이 대출 심사를 할 때 (어떤 이유로) 네모족만 차별할까 봐 종족 정보는 보호 속성으로 해줄 것을 요구한다고 가정한다. 그러면 통계적 공정성에 따라 대출 신청자 중 승인되는 비율이 네모족과 둥근족이 거의 같아야 할 것이다. 요구사항은 오로지 이것뿐이다. 이 요구사항 정의에 따르면 대출금이 얼마나 많은지나 네모족과 둥근족 시민 중 특별히 누군가만 받아야 한다는 조건은 전혀 없다. 즉, 이 정의는 아주 단순한 요구 조건으로서, 단지 두 종족에 대한 대출 승인 비율이 거의 같을 것만을 요구한다. 앞에서는 네모족을 차별하면 안 된다는 것만 요청했지만, 이는 양면성이 있는 정의다 보니, (한쪽의 변수만 정의했음에도 불구하고) 둥근족에 대한 차별도 없기를 요구한 셈이 된다.

통계적 동등성도 공정성의 한 형태라 할 수 있지만, 일반적으로는 결함이 있는 형태로 간주된다. 그 첫 번째 이유를 알아보기 위해, 앞에서 다룬 지도 학습 프레임워크를 다시 떠올려보자. 이것은 케이트처럼 대출을 받으려는 신청자의 특정 속성들이 있는 벡터 x와 대출 상환 여부를 나타내는 '실제' 결과인 y로 구성된다. 그런데 통계적 동등성에서는 x를 전혀 언급하지 않는다. 즉, x를 전부 무시하고, 완전히 무작위로 둥근족과 네모족에게 25%씩 대출하는 식으로 통계적 동등성을 충족할 수도 있는 것이다. 그러나 이 방식은 개인의 속성을 전혀 고려하지 않기 때문에, 대출 여부를 결정하는 데 있어서 아주 안 좋은 알고리즘이라고 할 수 있다.

그러나 좀 더 깊이 생각해보면, 통계적 동등성은 단지 예측에 대한 제한 조건일 뿐 모델의 예측 목표까지 규정한 것은 아니라는 사실을 알게 된다면 앞에서의 안 좋은 평가가 그리 문제가 되지 않을 수도 있다. 따라서 통계적 동등성을 완벽하게 따르는 안 좋은 알고리즘(예: 무작위 대출)이 있다는 사실이 네모족과 둥근족에게 '제대로' 대출을 해주는 좋은 알고리즘이 없다는 의미도 아니다. 알고리즘의 목표는 여전히 예측 오류를 최소화하거나 이득을 최대화하는 것이다. 단지 이제는 동일 비율로 대출을 해준다는 조건을 지키면서 목표를 이뤄야 하는 것이다. 비록 통계적 동등성이 일반적인 공정성 정의에 부합하지는 않지만, 어쨌든 정의에 따라 정확히 목표를 달성하기 때문에, 무작위 대출이 통계적 동등성을 준수하는 것은 분명하다.

게다가, 무작위 대출은 우리가 데이터를 수집하는 동안 통계적 동등성을 지켜주기 때문에 가끔은 실제로 유용한 개념이다. 만약 처음으로 대출을 시행하는 기관이 대출 신청자의 속성과 대출 상환 여부의 상관관계(즉, x와 y 간의)를 전혀 모르는 경우, 정보에 기반해 대출 결정을 하는 데 필요한 $\langle x, y \rangle$ 값을 충분히 확보할 때까지는 일단 무작위 대출을 시행할 수 있을 것이다. 그리고 그 기간 동안은 (통계적 동등성에 따라) 공정성도 확보될 것이다. 머신러닝에서는 이것을 **탐험**exploration이라고 하는데, 이는 최적의 결정을 내리는 것 보다는 데이터 수집에 중점을 두는 기간이다. 예를 들어, 공개 콘서트를 위해 제한된 수의 무료 티켓을 배포하는 경우처럼 어떤 특정인을 다른 사람보다 더 우대하기 힘든 경우라면 의도적으로 무작위 결정을 하는 것이 더 바람직할 수도 있다.

두 번째 이유는 좀 더 심각한 문제인데, 통계적 동등성이 *y* 값(각 신청자들의 최종 신용 등급)도 설명하지 않는다는 사실이다. 특히, 어떤(또는 많은) 이유로 네모족이 실제로 둥근족보다 대출 위험도가 높다고 가정해보자. 예를 들어, 둥근족 신청자는 30%가 대출을 상환하는데 네모족 신청자는 15%만 상환한다고 가정하는 것이다(그림 10 참조). 그리고 네모족이든 둥근족이든 관계없이 신청자의 *x* 값을 넣으면, 대출 상환 여부를 정확하게 예측하는 완벽한 모델을 어렵게 찾아냈다고 해보자. 그러면 이제 통계적 동등성으로 인해 어려운 상황을 맞게 된다. 왜냐하면 두 종족의 상환율이 다름에도 불구하고, 공정성 요구에 따라 같은 비율로 대출을 해줘야 하기 때문이다.

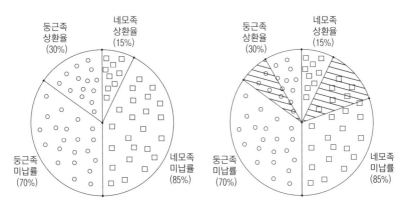

| 그림 10 | 통계적 동등성과 최적의 의사결정 간의 긴장 관계를 보여주는 그래프. 통계적 동등성에 따라 상환할 것이 확실한 둥근족 일부의 대출 신청을 거절해야 하며(빗금 친 부분), 미납할 것으로 예상되는 네모족 일부에게는 대출을 제공해야 한다(빗금 친 부분).

예를 들어, 우리는 상환이 예상되는 네모족 신청자 15% 전체와 둥근족 신청자의 30% 중 절반인 15%에게만 대출을 제공하는 식으로 통계적 동등성을 준수할 수도 있다. 그러나 이것도 공정한 방법은 아니다. 특히, 둥근족 신청자 중 신용도가 높지만 부당하게 대출을 거부당한 15%의 신청자들은 더욱 그럴 것이다. 그리고 대출 기관의 입장에서도 돈을 갚을 사람에게 대출을 해줘야 수익을 내는데, 갚지 못할 사람에게 대출을 해줘서 손해를 보면 전체 수익은 줄어들 수밖에 없다. 그렇다고 상환이 예상되는 둥근족 30% 모두에게 대출을 제공하는 방식으로 통계적 동등성을 준수한다면, 두 종족의 대출 비율을 맞추기 위해 네모족 15% 외에 상환이 힘들어 보이는 15%에게도 대출을 해줘야 한다. 그러면 결국 손해를 보게 될 것이다.

이를 머신러닝의 용어로 다시 표현하면, 통계적 동등성은 탐험exploration과는 어울리지만 최적의 의사결정을 해야 하는 **이용**exploitation과는 상충한다. 즉, 정확도 관점에서 할 수 있는 최적의 결정이란 두 모집단에 따라 다르다는 것이다. 이 경우에 정확도를 단순하게 최적화할 수는 없고, 통계적 동등성의 제약에 따라 정확도를 최대화하려는 노력만 할 수 있다. 이것은 위의 두 해법이 다른 방식, 즉 하나는 신용도가 높은 둥근족 신청자에게는 대출을 거부하고, 다른 하나는 미납이 예상되는 네모족 신청자에게는 대출을 하는 승인하는 방식으로 이뤄진다는 것이다. 그리고 앞으로 이런 거친 공정성 제약을 개선하는 다양한 종류의 방법을 살펴보면, 공정성과 정확도 간의 긴장이 없을 수는 없지만 이를 정량화할 수는 있음을 알게 될 것이다. 이제 데이터와 머신러닝이 보편화된 시대에서는 사회적 의사결정을 할 때 공정성과 정확도 간의 상충 관계trade-off가 있음을 인정해야 한다.

실제로, 이러한 상충 관계는 사람이 의사결정을 할 때도 암묵적으로 항상 존재했다. 다만 데이터 중심의 알고리즘 시대가 되면서 더욱 부각됐고, 사람들이 더욱 정확한 추론을 하도록 요구하는 것이다.

'가점' 처리 설명

둥근족과 네모족의 신용도가 달라 '완벽한' 결정을 내려도 위반 문제가 발생하는 통계적 동등성의 문제를 해결하기 위해, 대출 비율을 맞추는 게 아니라 오류 비율을 맞추는 식으로도 해결할 수 있다.

구체적으로 예를 들면, 네모족과 둥근족의 오거부율(신용도가 높은 신청자의 대출을 거부하는 비율)이 같아야 한다고 주장할 수도 있다. 그러면 왜 이런 요구가 공정성에 해당하는지 살펴보자. 만약 신용도가 높은데도 대출을 거부당한 신청자를 피해자로 본다면, 이 조건에 따라 신용도가 높은 임의의 둥근족과 네모족 신청자가 같은 확률로 피해자가 된다. 즉, 다른 조건이 모두 같다면 종족이 다르다고 해서 알고리즘에 의해 피해를 입지는 않는다. 그리고 아무런 오류 없이 완벽한 정확도를 달성했다면 두 종족 모두 오거부율이 0이 되고, 앞의 요구에 근거해 공정한 것으로 판단할 수 있는 것이다.

그러나 만약 모델의 오류로 대출을 거부한 경우, 예를 들어 신용도가 높은 네모족 신청자 20%의 대출이 오류로 거부된 경우라도, 같은 수의 신용도가 높은 둥근족 신청자의 20%의 대출도 오류로 거부돼버리면 이 또한 '공정한' 결정이 된다. 그러므로 이제는 (통계적 동등성에 따라) 균등하게 대출을 받는 것이 아니라, 오거부라는 방식의 오류를 균등하게 받게 되는 것이다. 그러면 이제는 이러한 오류의 균등, 즉 위음성false negative의 균등이라는 새로운 정의에 근거해 공정함을 유지하지만, 여전히 불완전하다고 할 수 있는 (머신러닝에서는 필연적인) 모델이 구축될 수 있는 것이다(그리고 이와 같은 방식으로 위양성false positive의 균등을 정의할 수도 있다).

물론 높은 신용도에도 불구하고 대출을 거부당한 둥근족의 신청자는 여전히 불공정하다고 생각할 테고, 비록 자신처럼 신용도가 높은 네모족 신청자도 같은 피해를 봤다는 사실을 알았다고 해도 그다지 위로가 되진 않을 것이다.[2] 이는 통계적 동등성과 위음성의 평등이 (둥근족과 네모족이란) 집단은 보호하지만 이들 집단에 속한 특정 개인은 보호하지 못하기 때문이며, 이 주제에 대해서는 뒤에서 좀 더 설명할 예정이다.

그러면 이제 '완벽한 의사결정'은 '공정'하다고 했으니, 위음성의 균등으로 인해 공정성과 정확도 사이의 긴장은 해소됐다고 생각할 수도 있을 것이다. 그러나 불행히도 신청자의 x 값으로 상환 가능성 y를 완벽하게 예측하는 것은 이론에서만 가능하며, 실제로는 머신러닝의 냉혹한 현실로 인해 결과를 얻기 힘들다.

여기서 말하는 냉혹한 현실이란 실제 세상의 데이터는 생각보다 복잡하고 정리되어 있지 않다는 것과 공정성은 차치하고라도 완벽한 예측 모델을 찾기에 충분한 데이터와 계산 능력을 갖춘 머신러닝 문제를 발견하기가 힘들다는 점, 그리고 설사 그러한 모델이 원칙적으로 가능하다고 해도, 대출 신청자의 모든 핵심 특성을 알아내기 힘들다는 점 등을 말한다. 그러나 일단 모델이 불완전할 수밖에 없다는 사실을 인정하면, 정확도와 위음성의 균등 간의 이러한 긴장 관계를 알려주는 도식과 실제 사례들은 쉽게 찾을 수 있다.

정확도와 공정성의 충돌 문제

예를 들어, SAT(수학능력시험) 점수만으로 가상의 대학인 세인트 페어니스에 누가 입학할지를 결정하는 사례를 살펴보자. 둥근족과 네모족의 많은 사람들이 지원서를 제출했고, 접수 결과 둥근족 지원자가 더 많았다고 하자. 여기서 둥근족은 부유해서 시험 대비 학원도 다니고 수험료 부담 없이 시험도

---

2 미국 컬럼비아 대학교 법대 교수인 시드니 모겐베서(Sydney Morgenbesser)는 1968년 학내 시위에서 경찰이 자신을 부당하게(unjustly) 폭행했지만 불공정하진(unfairly) 않았다고 한 말로 유명하다. 그게 무슨 뜻이냐는 물음에 그는 "경찰의 폭행은 부당한 행위였다. 하지만 나 외에 다른 사람들에게도 똑같이 폭행을 가했기 때문에 불공정한 행위는 아니었다."라고 말했다.

여러 번 치른 반면, 네모족은 가난해서 학원은 못 다니고 시험은 한 번만 치렀다고 하자. 그러면 당연히 둥근족 지원자의 평균 점수가 네모족 지원자보다 높겠지만, 이는 사실 환경적인 이유일 뿐이었다. 사실은 두 종족 모두 성공적인 대학 생활을 할 가능성이 동일하며, 특히 합격생 중 성공적인 대학 생활을 한 둥근족의 비율과 네모족의 비율도 동일하다고 하자. 단지 둥근족의 SAT 점수만 부풀려진 상태다.

만약 이런 상황에서 예측 모델이 (특정 커트라인 점수를 넣는 지원자만 합격시키는) 단순 임곗값 방식을 사용한다면, 완벽한 예측을 할 수 없을 뿐만 아니라 설사 가장 정확한 모델이 있다고 해도 공정성 규칙을 심각하게 위반하게 된다. 더 근본적인 문제는 둥근족이 다수다 보니 (집단에서의 실수를 최소화하도록 구현된) 가장 정확한 모델은 둥근족 지원자의 SAT 점수와 대학 생활 성공 가능성에 기초해서 커트라인을 정한다는 것이다. 왜냐하면 정의에 따라 다수 집단의 오류 비율이 소수 집단의 것보다 더 많이 반영되기 때문이다. 결과적으로 네모족에 대한 (오거부율이 높아져서) 차별이 발생한다.

이를 다음 그림으로 살펴보자. 그림 11은 과거 지원자들의 데이터셋을 도식화한 것이다.

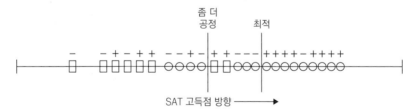

| 그림 11 | 이 그림에서 원형은 둥근족 지원자를 나타내고, 사각형은 네모족 지원자를 나타낸다. 가로선은 SAT 점수를 나타내며 가장 오른쪽이 최고점이다. 각 지원자에 표시된 '+' 기호는 그 사람이 세인트 페어니스 대학 생활을 성공적으로 마쳤다는 것을 의미하며, '−' 기호는 실패했음을 의미한다.

이 데이터에서 정확도 측면만 고려한 최선의 모델은 '최적'이라고 표시된 커트라인에서 자르는 것이다. 이 커트라인을 넘는 지원자만 합격시킨다면, 정확히 7명의 오류가 발생한다. 즉, 커트라인 오른편에 − 둥근족 1명, 커트라인 왼편에 + 둥근족 1명과 + 네모족 5명이다. 그러나 결과적으로 오거부가 발생한 네모족 지원자는 5명이고, 둥근족 지원자는 1명이다. 이 결과는 위음성의 균등 개념을 위반한다. 그리고 이 커트라인을 기준으로 향후 지원자의 입학 여부를 결정한다면, 적어도 앞에서 과거 지원자의 데이터를 시험했을 때 발생한 만큼의 불공정한 상황이 생길 것을 예상할 수 있다.

물론, 다른 식으로 모델을 만들 수도 있다. 예를 들어, '좀 더 공정'이라 표시한 선으로 커트라인으로 낮추면 + 네모족 2명이 더 합격한다. 그러면 위음성의 균등 개념에 따라 공정성은 향상되지만, 오류 개수가 7개에서 8개로 늘어나므로 정확도는 떨어진다. 즉, 이렇게 단순한 데이터셋에서조차 공정성을 개선하면 정확도가 떨어지고, 그 반대도 그렇다는 현상을 확인할 수 있는 것이다.

그렇다면 이 예제의 몇 가지 반대 의견을 검토해보자. 첫 번째 반대 의견은 이 예제는 그냥 도식일 뿐이라는 것이다. 어떤 대학도 SAT 점수만으로 입학 여부를 결정하지 않으며, 다른 많은 요소를 결합한 복잡한 모델을 사용한다. 그러나 일반적으로 과학 분야에서, 특히 알고리즘 설계에서는 더욱 그럴 텐데, 단순한 예제에서 발생한 문제는 좀 더 복잡한 예제에서는 동일하거나 아니면 더 커지는 경향이 있다. 그리고 최근 실증된 머신러닝 문헌들은 예측 정확도를 최적화한 모델이 일부 하위 집단을 명백히 불공정하게 취급하는 문제가 많다는 사실을 보여준다. 따라서 복잡도를 높이는 방법은 이 문제의 해법이 되지 못한다.

두 번째 반대 의견은 둥근족과 네모족의 SAT 점수 차이는 성공적인 대학 생활과는 무관한 환경적인 이유(경제력 차이 등) 때문에 발생했다는 사실을 모델이 고려하지 않아서 문제가 발생한다는 것이다. 만약 둥근족과 네모족의 SAT 점수 분포가 다르다는 것을 통계적으로 알고 있다면, 두 종족을 분리해 모델을 만들지 못할 이유는 무엇인가? 예를 들어, 그림 12는 둥근족과 네모족에 대해 별도의 커트라인을 적용한 데이터를 보여준다. 이 하이브리드형 모델에서는 3개의 오류(둥근족 커트라인에서 2개, 네모족에서 1개)만 발생해, 앞에서 단일 커트라인을 사용했을 때의 오류 개수 7개보다 적고, 오거부율도 둥근족과 네모족 지원자별로 각 1개로 훨씬 공정하다. 즉, 모델은 좀 더 복잡하지만 두 가지 기준이 모두 개선됐다.

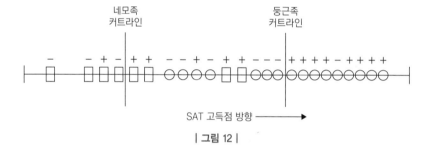

| 그림 12 |

이것은 공정성과 정확도를 동시에 높이기 때문에 바람직한 방향이라 생각된다. 실제로, 이 방식은 사회적 약자 우대 정책의 방식과도 크게 다르지 않다. 그러나 (지원자의 종족 정보를 토대로 하위 모델을 선택하는) 이 모델은 이제 입력값으로 종족 정보를 명시적으로 사용한다. 그러나 앞서 논의했듯이 종족(인종) 정보는 차별을 줄이기보다는 늘리는 데도 사용되기 때문에, 공정성의 개념뿐만 아니라 여러 법률에 따라 사용이 금지된 속성이다. 만약 종족 정보를 제거한다면 하이브리드형 모델은 구현할 수가 없다. 또한 이런 유사한 방식의 모델을 사용한다고 해도 필연적으로 다음과 같은 문제를 해결할 수가 없다. 만약 SAT 점수가 다른 집단보다 특정 집단의 대학 생활 성공 여부를 잘 예측한다면 어떨까? 예를 들어, 둥근족에 대한 최적 예측 모델의 오거부율

이 17%이고, 네모족에 대한 최적 예측 모델의 오거부율이 26%라고 가정해 보자. 그러면 비록 그 수가 종족 정보를 배제한 하나의 공통 모델보다 작을지라도, 네모족은 위음성의 균등에 따라 여전히 차별을 받고 있는 것이다.

2장 앞부분에서 다룬 '워드 임베딩' 모델에서 나타난 성별 편향은 그 원인을 데이터에 내재된 인간의 잠재 편향으로 돌릴 수 있다. 알고리즘은 그저 인간이 언어를 사용하는 방식을 보여줬을 뿐이며, 그렇지 않기를 기대하는 것이 오히려 이상할 것이다. 반면, 방금 전 다룬 대출 및 입학 예측 문제의 경우에는 그 원인을 데이터에 내재된 인간의 편향이라고 쉽게 단정할 수 없다. 왜냐하면 이 경우에는 데이터에 문제가 없다고 가정했기 때문이다. 즉, 실제로 대학 생활을 성공적으로 보낸 사람에게만 성공이라는 표식을 했기 때문이다. 그러므로 합격 여부를 정하는 최종 알고리즘에서 도출된 위음성의 불균등 문제는 예측 정확도를 최적화하려는 알고리즘의 자연적인 결과다. 즉, 모델의 종류나 목적 함수 또는 일부 데이터만을 비난할 수 없는 우발적인 현상인 것이다. 다수의 다른 집단을 대상으로 정확도를 극대화하려 할 때, 알고리즘은 자연스레 소수 집단보다는 다수 집단에 맞춰 최적화를 한다. 이는 다수 집단의 구성원이 더 많고, 모델의 정확도 전반에 더 많이 기여하기 때문이다.

따라서 예측 정확도와 공정성(및 프라이버시, 투명성 등 다른 사회적 가치)의 개념은 양립이 힘든 기준으로서, 하나를 최적화하면 다른 가치는 악화된다는 사실은 피할 수 없다. 이것이 머신러닝의 현실이다. 이에 대한 과학적 또는 법적, 도덕적 관점에서의 합리적 대응을 한다면, 일단 현실을 인정하고 정확도와 공정성 간의 상충 문제를 정확히 측정해 관리하는 것이다.

공정한 점심 따위는 없다

이 상충 문제를 알고리즘적으로, 즉 정량적이고 체계적인 방식으로 '탐험'하려면 어떻게 할 수 있을까? 우린 이미 '들어가며'에서 – 점에서 + 점을 분리하는 직선 또는 곡선을 조금씩 조정하는 과정을 통해, 또한 그보다는 좀 더 복잡하지만 유사한 기법인 신경망 역전파 알고리즘을 다뤄봄으로써, 공정성이라는 제약이 없는 상태에서 어떻게 머신러닝이 데이터셋의 예측 정확도를 최대화하는지를 살펴봤다. 예를 들어, 세인트 페어니스 대학의 사례에서는 (인종과 관계없이 성공할 지원자를 탈락시키고 실패할 지원자를 합격시킨) 오류의 총 개수를 최소화하도록 SAT 커트라인을 조정하는 과정이 바로 그것이다. 따라서 모델이 강화될수록 알고리즘의 복잡도가 높아지겠지만, 기본 개념은 전반적으로 오류가 가장 낮은 모델을 찾는 것이다.

그러나 전반적으로 불공정성을 최소화한 모델도 똑같이 찾아낼 수 있었다. 최종적으로는, 제시된 SAT 커트라인을 기준으로 잘못 거부된 둥근족 지원자의 수와 잘못 거부된 네모족 지원자 수의 차이를 계산해 '불공정 점수'를 간단히 계산해냈다. 그러므로 표준적인 오류 최소화 머신러닝과 동일한 원리를 사용한다면, 대신 불공정 최소화 머신러닝용 알고리즘도 설계할 수 있는 것이다.

더 좋은 것은 두 가지 기준값을 동시에 고려할 수 있다는 점이다. 각 모델은 이제 데이터의 오류 개수와 불공정 점수라는 2개의 값을 취한다. 만약 검토 중인 모든 모델에 대해 이러한 기준값을 취하는 알고리즘이 있다면, 그중에서 상충 문제에서 최선의 결과를 산출하는 알고리즘을 선택할 수 있을 것이다. 그러나 '최선'의 의미는 무엇일까? 이를 알아보기 위해, 종족별 구분 없이 2개의 커트라인을 정했던 첫 번째 그림을 다시 살펴보자.

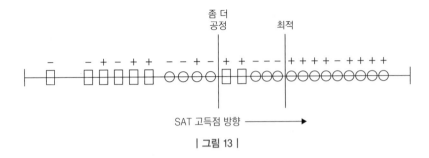

| 그림 13 |

'최적'을 커트라인으로 하면 오류 개수는 7, 불공정 점수는 4다. 그리고 '좀 더 공정'을 커트라인으로 하면 오류 개수는 8, 불공정 점수는 2가 된다. 그렇다면 이 두 커트라인 중 어떤 것이 더 나은 기준일까? 각 모델은 한 기준으로는 낮지만 다른 기준으로는 그렇지 않으므로 보편적인 올바른 답은 없다. 따라서 이를 단순 비교할 수는 없으며 두 가지를 모두 합리적 방안이라 여겨야 한다.

그러나 가끔은 정말로 나쁜 모델이 있다. '최적' 커트라인을 왼쪽으로 이동시켜서 - 둥근족 지원자 3명을 더 받도록 해보자. 그러면 오류 개수는 10, 불공정 점수는 여전히 4다. 이 경우 불공정 점수는 '최적'과 같은데, 오류 개수만 많아진다. 그러므로 다른 종족을 불공정하게 대우하지 않고도 목표를 개선할 수 있는 '최적'의 모델이 있으므로 이런 나쁜 모델이 선택될 가능성은 없다. 이를 머신러닝의 용어로 말하면, 이제 새 **지배**dominated 모델은 오류 최적화 모델이라고 말할 수 있다. 반면, '최적' 모델이나 '좀 더 공정' 모델은 어느 것도 서로에게 지배 모델이 되지 못한다.

이 개념은 전체 모델 공간에 대해 일반화할 수 있다. 예를 들어, 적용 검토 중인 여러 모델(예: SAT 커트라인)에서 얻은 모든 〈오류, 불공정〉 값의 쌍pair을 열거한다고 해보자. 이를 개략적으로 도식화하면, 그림 14처럼 점 구름 분포가 될 것이다.

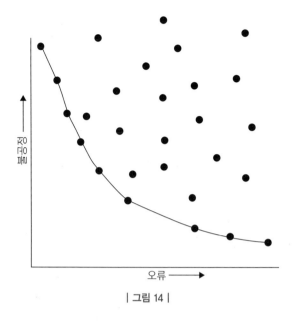

| 그림 14 |

여기서 각 점은 각기 다른 모델이다. 그림에서 x축은 모델의 오류 개수이고, y축은 불공정 점수다(예를 들어, 최적 커트라인은 $x = 7$이고 $y = 4$인 점이 된다). 여기서 분포된 점들의 왼쪽 아래 경계를 이루는 비지배^{undominated} 모델들을 연결하는 곡선을 그릴 수 있다. 여기서 중요한 핵심은 이 경계선 밖에 있는 모델들은 고려 대상에서 제외시켜야 할 '나쁜' 모델이라는 것이다. 왜냐하면 이 모델들은 다른 가치를 희생시키지 않고도 공정성이나 정확도를(또는 둘 다를) 향상할 수 있는 여지가 있기 때문이다.

이 경계선을 일컫는 학술적 명칭은 파레토 경계 또는 파레토 곡선이며, 정확도와 공정성 간의 상충 관계에서 '합리적인' 선택들의 집합이다. 파레토 경계는 19세기 이탈리아 경제학자인 빌프레도 파레토$^{Vilfredo\ Pareto}$의 이름에서 유래됐고, 정확도와 공정성의 상충 관계뿐만 아니라 일반적으로 다양한 경쟁 기준이 있는 분야의 최적화 문제에서 '좋은' 해법을 수량화하는 데 흔히 사용된다. 가장 일반적인 사례로는 주식 투자에서 수익과 위험(또는 변동성) 간의 상충 관계를 수량화하는, 포트폴리오의 '효율 경계선'을 들 수 있다.

그러나 정확도와 공정성 간의 파레토 경계는 경계선상의 점 중에서 어떤 것을 선택해야 하는지까지는 말해주지 않는다. 이는 정확도와 공정성 중 무엇을 더 중시할지를 판단하는 문제이기 때문이다. 그러므로 파레토 경계는 우리가 가진 문제를 최대한 수량화하는 정도의 역할을 한다.

다행스럽게도, 모델의 정확도만 고려하는 방식의 '표준' 머신러닝 알고리즘이 있다면, 또한 파레토 경계를 따르는 실용적인 알고리즘도 있다는 사실이다. 이 알고리즘은 여러 모델이 결합된 집합을 식별해야 하므로 단일 모델보다는 많이는 아니라도 좀 더 복잡할 것이다. 예를 들어, 오류 개수와 불공정 점수의 가중 조합으로 구성된 단일 값을 새로운 목표 수치로 정하는 방식을 고안해보자. 이 경우 오류 개수와 불공정 점수에 각각 1/2배를 해서 합한 값을 해당 모델의 '벌점penalty'으로 간주하면, 오류 최적화 커트라인의 벌점은 (1/2)7 + (1/2)4 = 5 1/2이라고 할 수 있다. 그런 다음, 오류와 불공정성을 균등하게 가중시키는 벌점이 최소가 되는 모델을 찾는다. 가중 벌점을 최소화하는 모델이 파레토 경계에 있는 점 중 하나라는 사실은 이미 밝혀진 사실이다. 만약 가중치를 변경해서 오류 개수에는 1/4배, 불공정 점수에는 3/4배를 하면, 파레토 경계상의 다른 점에서 모델을 찾을 수 있다. 따라서 두 가지 값을 다양하게 조합함으로써, 문제를 하나로 단순화한 후 파레토 경계 전체를 대상으로 목푯값을 찾는 것이 가능하다.

정확도와 공정성 간의 상충 관계를 냉정하게 수치로만 판단하는 방식이 좀 불편할 수는 있겠지만, 여기서 요점은 결괏값이 파레토 경계를 벗어날 수는 없다는 사실이다. 머신러닝 개발자와 정책 입안자들은 이런 방식을 모를 수도 있고, 거부할 수도 있다. 그러나 일단 우리가 의사결정 모델(실제로는 의사결정을 인간이 하는 모델도 가능)을 정한다면, 거기에는 단지 두 가지 가능성만

이 존재한다. 하나는 모델이 파레토 경계에 존재하지 않는 '나쁜' 모델(적어도 한 가지 항목은 다른 항목에 부정적 영향을 주지 않고도 개선할 수 있는 가능성이 있다는 의미)이거나, 다른 하나는 경계에 존재하는 모델로서 오류와 공정성 사이의 중요도를 상대적으로 판단해 암묵적으로 가중치를 부여하는 경우다. 그러므로 냉정하게 수치로 판단하는 방식이 불편하다고 해서 정량적이지 않게 공정성을 판단하는 것은 현실 개선에 아무런 도움이 되지 않으며, 오히려 상황을 모호하게 할 뿐이다.

정확도와 공정성 간의 상충 관계를 정량화한다고 인간의 판단과 정책, 윤리의 중요성이 제거되는 것도 아니다. 이는 단지 파레토 경계상의 어떤 모델이 최선인지(공정성의 개념을 선택하는 것과 어떤 집단이 그 개념하에서 보호받을 가치가 있는지를 말하며, 이에 대해서는 뒤에서 다룬다)를 찾는 과정일 뿐이다. 그런 결정은 특정 집단을 보호하는 사회적 목표가 무엇이고, 무엇이 문제인지를 포함해 정량화할 수 있는 많은 요소를 고려해야 한다. 사람들 대부분은 온라인 광고에서의 인종 편향과 대출 결정에서의 인종 편향이 둘 다 바람직하지 않지만, 후자가 전자보다 개인에게 끼치는 피해가 훨씬 크다는 데 동의할 것이다. 따라서 파레토 경계에서 대출 알고리즘 모델을 선택할 때는 은행의 이익을 일부 희생하더라도 다른 인종 집단 간의 오거부율을 거의 동일하게 유지하는 방식으로 공정성을 높여야 한다고 주장할 수 있다. 이 방식에서는 (상환 가능자에 대해 대출을 거부하거나, 상환 불가능자에 대해 대출을 승인하는 오거부) 오류가 더 많이 발생하지만, 이 오류는 특정 인종 집단에만 불균형하게 집중되지는 않을 것이다. 이는 우리가 공정성을 강력하게 보장하려면 받아들여야만 하는 대가다.

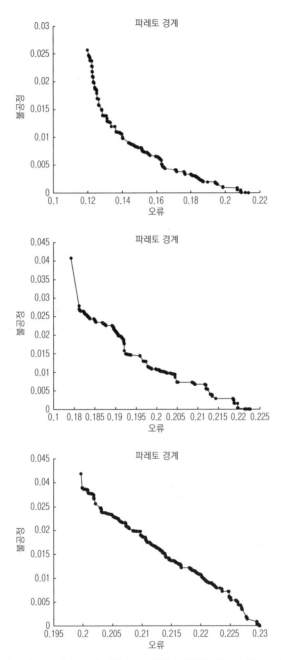

| 그림 15 | 세 가지 실제 데이터셋에 대한 오류(x축)와 불공정(y축)의 파레토 경계 예제. 오류와 불공정 축의 실제 수치와 모양에 따라 곡선이 달라지므로, 각기 다른 상충 관계가 나타난다.

공정성 간의 다툼

파레토 경계상의 어떤 모델을 사용할지를 사람이 직접 선택하는 단계에 이르기 전에, 우리가 채택하려는 공정성 개념은 애초에 무엇인지를 점검할 필요가 있다. 이미 살펴봤듯이 합리적 선택에는 여러 가지 방법이 있기 때문이다. 통계적 동등성 방식은 콘서트 무료 티켓을 배포하는 사례처럼 어떤 기회를 여러 집단에 동등하게 배포하는 경우에 해당하며, 가산점(예: 신용도)의 개념은 적용되지 않는다. 여러 집단 간의 위음성(거부) 건수가 균등하도록 하는 방식은 대출 승인 여부를 결정하는 경우에 적합하다. 반대로, 부정 세금 환급 감사 대상을 선별하는 경우에는 여러 집단 간의 위양성(부정행위를 발견하지 못한 감사) 건수를 맞추는 방식이 더 적합하다. 왜냐하면 피해를 감수하고 감사를 받았지만 법을 지킨 사람들이 피해자에 해당하기 때문이다. 그 외에도 다양한 상황에 따른 합리적인 공정성 정의들이 있다.

머신러닝 모델이 가능하면 정확하고 공정하게 결정하기를 바라는 것은 당연하듯이 공정성 정의도 그렇기를 바랄 것이다. 정확도와 공정성 간의 상충 관계가 불가피하다면, 적어도 공정성의 개념만큼은 가능한 한 강력하게 정의하면 어떨까? 예를 들어, 공정성의 개념을 정의할 때 통계적 동등성과 위음성의 균등, 위양성의 균등 등 모든 관련 요소를 만족하도록 요구하면 안 되는 것일까?

안타깝게도, 모든 요소를 포함하도록 공정성 정의를 시도하면 파레토 경계와 같은 상충 문제의 장벽을 다시 한번 만나게 된다. 즉, 공정성 범주에 속한 요소들이 개별적으로는 합리적이라 하더라도 이를 조합한 결과를 동시에 달성할 수는 없다는 사실이다. 심지어 정확성은 배제한다고 해도 결과는 달라지지 않는다. 이 불가능성을 보여주는 수학적 이론도 여럿 있다. 그중 한 가지 예는 이른바 긍정 예측값의 균등이라 불리는 다른 공정성 개념에다 집단

간 위양성률 및 위음성률의 균등을 조합하는 것이다. 예를 들어 설명하면, 알고리즘이 판단한 대출 승인 대상자 중에서 종족 집단별 상환율이 거의 유사하도록 조정하는 것이다. 이는 예측 알고리즘에 포함되면 좋은 속성이라 할 수 있다. 왜냐하면 이런 속성이 없는 알고리즘이 추천한 둥근족 신청자가 네모족보다 은행의 수익성을 나쁘게 한다면, 대출 결과에 대해 궁극적으로 책임이 있는 인간 의사결정자들이 모델의 추천을 따를지 말지를 결정해야 할 때 종족 정보에 상당히 영향을 받을 수밖에 없기 때문이다. 그리고 인간 의사결정자가 그런 결정(둥근족 지원자의 대출을 거부)을 하는 것이 합리적이다. 왜냐하면 모델이 두 종족에 대해 동일한 긍정 예측값을 가진 것이 아니라면 둥근족 지원자에 대한 예측과 네모족 지원자에 대한 예측은 그 의미가 다르기 때문이다.

이렇게 해서 지금까지 세 종류의 공정성 정의를 다뤘다. 각 정의는 전적으로 합리적이고, 장점이 있으며, (정확도를 일부분 희생해야만) 각각 독립적으로 달성할 수 있다. 그러나 이들을 동시에 달성하는 것은 불가능하다. 따라서 개별 공정성 정의와 정확도 간에 존재하는 상충 관계를 해결해야 하는 문제와는 별도로, 공정성 정의 간의 상충 관계도 해결해야 한다.[3]

이렇게 냉정하게 수학적으로 공정성을 제한하는 현실 때문에 힘이 좀 빠지지만, 아무리 많은 알고리즘과 머신러닝이 채택된다 하더라도 공정한 의사결정을 내리는 중심에는 사람과 사회가 있다는 사실을 확실하게 알 수 있다. 이는 일단 결정한 공정성 정의에 따라 파레토 경계를 계산하는 것은 알고리즘이 훨씬 탁월하겠지만, 알고리즘은 사람에게 어떤 공정성 정의를 사용해

3　이런 상황은 2장의 프라이버시 부분과 대조적이라는 것이 흥미롭다. 2장에서는 합리적인 수준에서 프라이버시 정의를 수용하면서, 머신러닝용으로 데이터를 광범위하게 사용하도록 허용하는 프레임워크(차분 프라이버시)가 존재했다. 그러므로 공정성에 대한 알고리즘 연구가 프라이버시 연구보다 까다롭다는 사실과, 다양하며 양립할 수 없는 공정성 정의를 내려야만 한다는 것을 알 수 있다. 상황이 달라지기를 바라지만, 연구는 계속돼야 할 것이다. 그러나 연구를 하면 할수록 차분 프라이버시가 얼마나 고마운 기법인지 느끼게 될 것이다.

야 하고 파레토 경계상에서 어떤 모델을 선택해야 하는지를 알려주진 못한다는 것을 보여준다. 이런 주관적, 규범적 결정은 과학으로는 정의할 수 없고, 여러 면에서 지금까지 설명한 전체 과정 중에서도 가장 중요한 결정이라할 수 있다.

'공정성 게리맨더링' 방지

이 과정에는 우리가 지금까지 간과했던 주관적이면서 중요한 결정이 하나더 있는데, 그것은 애초에 어떤 집단을 우선적으로 보호하려는가에 대한 것이다. 이와 관련해 성 차별의 문제는 워드 임베딩의 사례로, 인종 차별의 문제는 대학 입학과 대출 승인 사례로 이미 살펴봤다. 그러나 성 차별과 인종차별은 공정성의 많은 속성들 중 일부일 뿐이다. 이 외에도 나이, 장애 여부, 재산, 국적, 성적 취향이나 기타 여러 요인에 따른 차별에 대해서도 광범위한 논의가 있다. 심지어 미국의 고용평등위원회는 인종과 성별뿐만 아니라아직 밝혀지지 않은 유전적 요소까지 포함해 '유전적 정보'에 근거한 어떠한형태의 차별도 금지하는 규정을 갖고 있다. 그러므로 보호가 필요한 집단이나 속성을 정하는 데 있어 어떤 공정성 정의를 선택하든 또는 파레토 경계상의 어떤 모델을 채택하든 '정답'은 없으며, 알고리즘이나 머신러닝에 맞는 합리적 역할도 없다. 이것은 사회가 내려야 하는 결정이다.

이 책 전체를 관통하는 주제 중 하나는 알고리즘, 그중에서 특히 머신러닝이개발자의 최적화 요구를 잘 수용한다고 해서, 요청하지 않은 것을 수행하거나 허용된 것을 수행하지 않기를 기대해서는 안 된다는 것이다. 따라서 정확도와 공정성 중에서 정확도만 요구했다면, 공정성을 얻을 수가 없다. 그리고공정성의 여러 요소 중 1개의 요소만 요구했다면, 그 외 나머지 요소들은 얻을 수가 없는 것이다. 지금까지 봤듯이 이러한 긴장과 상충 관계는 수학적으로 불가피하며, 때로는 원하는 것과 원하지 않는 것을 구체적으로 명시하지 않았다는 이유만으로도 발생한다.

이와 같은 주제는 보호가 필요한 집단을 선택할 때도 적용된다. 특히, 최근에 발견된 현상 중 하나는 '공정성 게리맨더링fairness gerrymandering'이라 부르는 것으로, 여러 개의 중첩된 집단을 보호하는 대가로 교집합에 속한 일부 사람들이 희생되는 현상이다. 예를 들어, 교황 알현 티켓을 무료로 배포하려는데 성별과 인종 차별이 없도록 하고 싶다고 가정하자. 그러면 남녀의 비율이 같아야 하고, 둥근족과 네모족 집단(앞서 사용한 가상의 두 인종 집단 예를 계속 사용함)의 비율도 같아야 할 것이다. 교황 알현 티켓이 총 80장이고 그중 20%의 수량을 이들 보호 집단을 위해 할당한다고 하면, 총 4개의 조합(둥근족 남성, 둥근족 여성, 네모족 남성, 네모족 여성)에게 16장의 티켓을 나눠주면 된다(그림 16 참조).

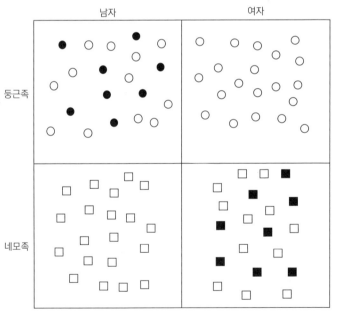

| 그림 16 | 공정성 게리맨더링의 예. 성별 및 인종별로 공정하게 배포했으나, 티켓 확보자(검은색 원과 사각형)가 일부 하위 집단에 불균형하게 배포됐다.

대부분의 독자는 아마도 '가장 공정한' 배포 방법은 둥근족 남성, 둥근족 여성, 네모족 남성, 네모족 여성에게 각각 4장의 티켓을 주는 것이라고 생각할 것이다. 그러나 앞선 요구사항에는 인종과 성별을 구분해서 각 요소별로 공정해야 한다는 말은 없었다. 그런 관점에서 볼 때 똑같이 공정한 해법은 둥근족 남성과 네모족 여성에게 각각 8장의 티켓을 제공하고, 나머지는 집단에는 한 장도 주지 않는 '게리맨더링' 방식이다. 이런 방식으로도 남성과 여성에게 각 8장씩, 둥근족과 네모족에게 각 8장씩 공정하게 배포할 수 있다. 이는 일부 집단(둥근족 여성과 네모족 남성)을 희생해서 좀 더 구별된 하위 집단에게 티켓을 집중한 것이다.

일부는 누가 그렇게 복잡하고 차별적인 해법을 내놓겠느냐고 반문할 수도 있을 것이다. 그러나 머신러닝은 (아주 작은 값이라도) 예측의 정확도를 향상할 수만 있다면, 기꺼이 그렇게 할 것이다. 앞의 요구사항에는 머신러닝이 좀 더 구별된 하위 집단을 보호해야 한다는 내용이 없었고, 단지 인종과 성별이라는 상위 수준의 속성을 보호하라는 요구만 있었다. 그러므로 만약 어떤 하위 집단을 보호하고 싶다면 구체적으로 요구했어야 하는 것이다. 그리고 일단 이런 문제가 있음을 알게 되면, 인종과 성별, 나이와 소득, 장애 여부와 성적 지향에 따른 차별은 피한다 하더라도 잠재적으로 꽤 많은 문제가 발생할 수 있음을 예상할 수 있다. 실제로, 연수입 5만 달러 미만, 나이 55세 이상인 장애인 게이 히스패닉 여성들을 불공정하게 대하는 머신러닝 모델의 사례가 있다.

공정성 게리맨더링에 관련된 연구는 아직 초기 단계이지만, 얼마 전 이를 개선한 알고리즘이 발표됐다. 이 알고리즘은 학습자learner와 규제자regulator가 서로 대전을 하는 방식의 쉽고도 흥미로운 2인용 게임이다. 학습자는 항상 예측 정확도를 최대화해야 하는 동시에, 규제자가 정한 복잡한 하위 집단 (예: 연수입 5만 달러 미만, 나이 55세 이상인 장애인 게이 히스패닉 여성)에 공정해야 한다는 제한 조건을 갖는다. 게임이 시작되면 규제자는 학습자가 만든 모델로 인해 차별을 받는 새로운 하위 집단을 찾아내고, 학습자는 가능한 한 정확도를 유지하면서 규제자가 찾아낸 이 하위 집단에 대한 차별을 해소하는 모델을 다시 만드는 방식으로 게임을 반복한다. 이 과정을 통해 규제자가 보호하려는 모든 하위 집단에 대한 공정한 모델을 신속하게 도출할 수 있다. 이는 심지어 다양한 집단이 중첩되어 생기는 교집합 영역에 속한 하위 집단의 수가 아무리 많더라도 가능하다는 것이다. 그러므로 이 실험 연구는 유용하고 정확한 모델을 제공하면서도, 하위 집단의 공정성 개념을 좀 더 강력하게 충족시킬 수 있음을 알려준다. 실제로 앞에서 살펴본 그림 15에서 보여주는 실제 데이터셋의 오류와 불공정성 간의 파레토 곡선은 게리맨더링이 없는 공정성 방식을 사용한다.

이런 식으로 좀 더 세분화된 하위 집단의 공정성까지 고려하다 보면, 집단별로만 고민할 것이 아니라 개인별로도 고려를 할 수 있는 것이 아니냐는 논리적 결론에 이르게 된다. 왜냐하면 오거부율의 균등 같은 기존의 통계적 공정성 개념 때문에 네모족 대출 신청자가 상환 가능성이 높음에도 불구하고 대출 거부를 당했다고 하면, 이 네모족 신청자에 대한 부당 대우를 (통계적으로) '보정'하기 위해 다른 한 명의 상환 가능성이 높은 둥근족 신청자의 대출도 거부됐다는 사실이 네모족 신청자에게는 전혀 위로가 되지 않기 때문이다.

그렇다고 개인의 공정성까지 지켜주다 보면 또 다른 어려움에 처하게 된다. 특히, 대출 평가 모델이 아예 대출을 안 해주면 모를까 단 한 번이라도 실수를 한다면, 모델이 개인을 불공정하게 대한다고 소송을 당할 수도 있다. 그리고 머신러닝과 통계적 모델을 과거의 데이터에 적용하는 어떤 경우라도 아주 이상적인 환경이 아니라면 실수가 발생할 수밖에 없다. 따라서 개인 수준의 공정성까지 요구할 수는 있지만, 이를 너무 순진하게 받아들이면 지나치게 많은 것을 쉽게 요구하는 결과가 되어, 모델의 적용 가능성이 크게 위축되고 정확도 향상 비용이 받아들이기 힘들 정도로 커질 수도 있다. 아무튼 개인에게까지 공정성을 보장할 수 있는 방안을 찾는 연구는 현재 가장 흥미로운 분야 중 하나다.

알고리즘 이전과 이후

2장에서는 머신러닝 알고리즘, 알고리즘의 예측 및 의사결정 모델, 정확도와 공정성 간의 긴장을 다루는 데 중점을 두었다. 그러나 머신러닝의 일반적인 업무 프로세스를 살펴보면 공정성 문제가 발생할 수 있는 다른 지점들도 있는데, 이는 알고리즘과 모델을 적용하기 전과 후 모두에 존재한다.

그중에서도 '적용 전' 단계, 즉 데이터를 수집하고 머신러닝 알고리즘에 입력하기 전 단계부터 살펴보자. 우선 2장에서는 데이터가 인간에 편향에 의해 손상되지 않고 올바르다고 암묵적으로 가정했다. 그리고 이를 토대로 예측 정확도를 최적화하면서 그 과정에서 차별이라는 부작용 없이 알고리즘을 설계하는 것이 목표였다. 그러나 만약 데이터 자체가 이미 차별적으로 수집됐다면 어떨까? 예를 들어, 범죄 위험 예측을 하려면 범죄자 데이터가 필요한데 실제로는 체포자의 데이터만 갖고 있는 것이 현실이다. 만약 인종 편향이 있는 경찰관이 용의자를 체포한다면, 이런 편향이 데이터에 반영될 수밖에 없다.

또 다른 예, 세인트 페어니스 대학의 입학 시나리오로 돌아가 보자. 이번에는 머신러닝이 아니라 사람이 입학 담당관을 맡고 있고, 수년간 입학 업무를 수행했다고 하자. 지원자의 대부분은 둥근족이었기 때문에 이 담당관은 네모족 지원자보다는 둥근족 지원자에 대한 이해가 높을 수밖에 없다. 즉, 둥근족의 출신 고등학교와 자기 소개서, 교과 외 활동 등에 대해 더 많은 정보를 갖게 된다. 그 결과 입학 담당관은 자연스럽게 둥근족 지원자를 더 잘 파악하게 될 텐데, 이것이 반드시 네모족 지원자를 차별해서 그런 것은 아닐 것이다. 그러므로 입학 담당관이 네모족 지원자보다 둥근족 지원자 중에서 성공적으로 대학 생활을 할 사람을 더 정확히 골라낼 수 있다는 사실은 의심의 여지가 없을 것이다. 그런데 대학은 이렇게 입학 허가된 지원자들의 데이터만으로 성공적인 대학 생활 여부를 판단한다는 것을 고려하면, 이 자료를 토대로 만든 ⟨x, y⟩ 데이터가 네모족에 비해 둥근족이 훨씬 더 좋게 나올 것이 명백하다. 이런 결과는 실제로 둥근족이 더 우수해서가 아니라, 입학 담당관이 가진 정보가 비대칭적이고 그 결과에 의해 생성된 데이터가 왜곡됐기 때문일 것이다.

그리고 기존의 누적된 데이터가 네모족보다 둥근족을 선호하고 있다면, 2장에서 다룬 차별 금지 방법을 아무리 적용하더라도 머신러닝이 그러한 선호를 학습하지 않을 이유가 없다. 문제는 교육용 데이터가 모집단 전체를 대표하는 것이 아니기 때문에 아무리 교육용 데이터를 가지고 둥근족과 네모족 간의 오거부율을 평준화해도 일반 집단에까지 그렇게 적용되진 않는다는 것이다. 여기서 문제는 알고리즘이 아니라, 이미 데이터에 포함된 편향으로 생긴 알고리즘 입력 정보와 실제 세계의 불일치다. 그리고 이 문제를 알고리즘이 스스로 발견해서 해결하리라 기대할 수는 없는 것이다. 컴퓨터 과학 분야에는 '쓰레기가 들어가면 쓰레기가 나온다'라는 말이 있는데, 이를 머신러닝 버전으로 하면 '편향이 들어가면 편향이 나온다'라고 할 수 있다.

문제는 더 악화될 수 있다. 때로는 편향된 데이터나 편향된 알고리즘으로 내린 결정들이 다른 수집 데이터에 포함되며, 시간이 지나면서 차별이 증폭되는 악순환의 고리를 만든다. 이런 현상의 대표적인 예로는 대도시 경찰서가 통계 모델을 활용해 범죄율이 높은 지역을 예측하고 거기에 더 많은 경찰력을 배치하는 '예측 치안' 분야가 있다. 이 분야에서 가장 많이 사용되는 알고리즘은 독점 기업의 소유로 공개되지 않기 때문에, 이들 알고리즘이 어떻게 범죄율을 산정하는지에 대해서는 논란이 있는 상태이며, 일각에서는 경찰서 일부가 체포자의 데이터를 사용하는 것이 아닌가 하는 우려도 하고 있다. 그리고 A와 B 지역의 잠재 범죄율이 같더라도 B보다 A 지역에 더 많은 경찰력을 배치하면 A 지역에서 더 많은 범죄를 발견하게 되는 것은 당연한 결과다. 만약 이 결과가 다시 모델에 입력 데이터로 사용된다면, B보다 A 지역에 더 많은 경찰력을 배치한 것은 옳은 결정임이 '확인'되므로 이제는 더 많은 경찰력이 배치될 것이다. 이런 식으로, 관측된 범죄율 자료에서 생긴 사소한 임의의 변동조차 현실에 근거가 없는 경찰력 배치를 이끌어내는 자기 충족적 예언으로 이어질 수 있다. 그리고 이 과정에서 사용된 초기 교육용 데이터가 의미 없는 임의의 변화 데이터가 아니라 경찰력이 편향되게 배치된 기간 동안 수집된 과거의 범죄율 데이터(예: 소수 인종 주거지에 더 많은 경찰력을 배치한 경우)라면, 부작용이 더 커질 거란 사실은 거의 확실하다. 이는 알고리즘의 입력 데이터와 그 데이터가 보여주는 실제 세상과의 불일치 사례를 보여주는 예로서, 피드백 루프에 의해 가속화된다.

지금까지 살펴봤듯이, 공정한 머신러닝 알고리즘을 설계하는 것은 과학적으로 가능하며 (적어도 이론적으로는) 이를 구현하는 것도 어렵지 않다. 기업과 기관, 개발자는 이런 원리를 인식하고, 진지하고 받아들이고, 이를 코드에 통합하려는 노력이 필요하다. 매우 복잡한 컴퓨터 프로그램과 시스템도 실제로는 소규모 팀에서 구축하는 경우가 많기 때문에, 이런 교육과 훈련을 받아야 하는 필수 인원을 관리하는 것은 가능하다. 그러나 편향된 데이터 수집에서 발생하는 문제는 어떻게 해결해야 할까?

불행히도, 많은 경우에 이들 문제는 알고리즘의 문제라기보다는 오히려 사회적 문제이기 때문에 다루기가 훨씬 어렵다. 다양하게 분산된 대규모 집단에서 수집한 데이터에 불분명한 장단점과 편향까지 들어간 데이터를 바탕으로 대입 사정이나 예측 치안을 시행하는 상황에서 공평하고 원칙적인 관행을 준수해야 한다는 요구는 상당히 부담스러운 것이다. 그리고 많은 경우에 머신러닝에 의해 제안된 과학적 해법(세인트 페어니스 대학의 예를 들면, '탐험' 단계에서는 일절 사람의 개입 없이 무작위로 합격자를 선정한 후 그 데이터로만 머신러닝을 훈련하는 식)은 정책과 법률, 사회적 이유로 인해 그대로 시행하기에는 비현실적이다. 따라서 비록 공정성에 관한 꽤 확실한 과학적 방법을 찾았다 할지라도 알고리즘의 고립되고 좁은 시야를 확대해 현실의 넓은 맥락과 연결하려는 노력이 더 많이 필요하다. 그러나 이 분야의 연구가 재미있는 이유는 바로 우리가 모르는 사실이 많다는 것 때문이기도 하다.

03

알고리즘
게임 이론

데이트 게임

2013년 아만다 루이스^{Amanda Lewis} 기자는 당시 막 출시됐던 '커피가 베이글을 만나다^{Coffee Meets Bagel}'라는 온라인 데이트 앱을 사용해본 경험을 토대로 자세한 분석 기사를 「LA 위클리^{LA Weekly}」에 기고했다. 이 앱의 독창적인 기능은 데이트를 주선하는 과정에서 경제적 희소성이라는 개념을 적용한 것이다. 즉, 사용자가 이성에게 무차별적으로 데이트 요청이나 메시지를 보내는 것이 아니라, 알고리즘으로 선정된 한 명에게 하루에 한 번만 데이트 신청을 할 수 있게 했고, 상대방은 제안을 수락 또는 거절할 수 있게 한 것이다. 아마도 이는 인위적으로 공급을 제한함으로써 데이트 성사에 대한 수요나 가치를 높이려는 의도였을 것이다.

그러나 루이스는 이 앱이 의도한 것은 아니지만 바람직하지도 않은 '경제적' 부작용에 대해 자세하게 설명했다(이 부작용은 이기적 집단의 전략적 상호작용을 다루는 경제학 분야인 게임 이론을 통해 이해할 수 있다). '커피가 베이글을 만나다'

는 인종이나 종교, 또는 기타 선호 항목을 지정해 상대방을 초대하고, 이성을 소개할 때도 알고리즘이 이를 반영하게 했다.

루이스는 특정 인종을 선호하지는 않는다는 옵션(좀 더 정확히는, 서비스에 등록된 모든 인종 집단과의 데이트 가능 옵션)을 선택했는데, 이상하게도 항상 아시아 남성들만 소개받았다. 문제는 아시아 남성과의 데이트를 희망한 여성의 수가 실제 아시아 남성의 수보다 조금이라도 적다면, 앱의 사용자 집단을 기준으로 아시아 남성의 공급 과잉 현상이 나타나는 것이다. 그리고 데이트 알고리즘은 사용자의 선호를 따르기 때문에, 아시아 남성과의 데이트를 명시적으로 배제하지 않은 여성에게 아시아 남성이 자주 소개되는 것이다.

나머지 사용자 집단이 선택한 선호를 고려할 때, 게임 이론에 따른 루이스의 '최선의 대응', 즉 다른 인종과의 데이트도 원할 경우 루이스가 선택할 수 있는 유일한 방법은 아시아 남성과의 데이터를 희망하지 않는다고 선호를 변경하는 것이다. 루이스가 이런 옵션을 원한 것은 아니었지만 어쩔 수 없이 그렇게 변경했다. 이런 행동은 당연히 원래의 공급 과잉 문제를 확대시키고 다른 사용자도 같은 행동을 하도록 부추기는 피드백 루프를 만든다.

루이스는 불가피하게 둘 중 하나를 선택할 수밖에 없는 처지에 놓였다. 이는 다른 사용자들이 선택한 선호도와 그 선호의 거시적 결과를 고려하지 않고 맹목적으로 따르는 알고리즘이 만들어낸 상황 때문이다. 루이스의 관점에서 보자면, 이 시스템은 게임 이론가가 말하는 '나쁜 균형 상태'에 갇힌 것이다. 만약 모든 앱 사용자가 동시에 선호를 변경할 수 있게 했다면 소개 결과가 더 만족스러웠을 텐데, 각 사용자는 개별적으로 이런 상황을 벗어날 수 없었다. 이는 금융 위기 당시의 은행이 처한 상황과 비슷하다. 모두가 돈을 인출한다면 은행은 지불 불능 사태를 맞겠지만, 개인 입장에서는 너무 늦기 전에 돈을 인출하는 것이 이익이다.

문제의 원인은 사람이다

루이스가 '커피가 베이글을 만나다'에서 발견한 딜레마와 2장에서 다룬 공정성과 프라이버시 문제 간에는 몇 가지 중요한 유사점과 차이점이 있다. 세 가지 항목 모두에서 알고리즘이 중심적인 역할, 즉 사람들의 데이터로 예측 모델을 생성하고 이에 근거해 행동한다. 그러나 공정성과 프라이버시를 위반한 알고리즘의 사례에서는 최소한 알고리즘을 '가해자'로, 사람을 '피해자'로 여기는 것이 타당해 보였다. 앞에서 이미 봤듯이 예측 정확도에만 최적화된 머신러닝 알고리즘은 인종이나 성별 집단을 차별할 수 있고, 의료 또는 행동 데이터에서 집계된 통계와 모델을 계산하는 알고리즘은 특정 개인에 대한 정보를 유출할 수도 있다. 그러나 사람들 자체가 이런 사회적 규범 위반의 공모자인 것은 아니다. 사실 사람들은 자신의 데이터가 신용 평가나 질병 예측 모델에 기여하고 있다는 사실조차 모를 수도 있고, 그런 모델을 접한 적도 없을 수 있다. 그리고 지금까지 찾아낸 문제들은 주로 알고리즘과 관련됐기 때문에, 좀 더 개선된 알고리즘을 문제에 대한 해법으로 제안할 수 있을 것이다.

'커피가 베이글을 만나다'의 문제는 좀 더 복잡하다. 왜냐하면 루이스는 항상 아시아인만 소개받는 상황을 피하려고 알고리즘에게 인종 차별적인 선호 값을 표시할 수밖에 없었고, 죄책감을 느꼈다고 했기 때문이다. 이 경우 루이스 역시 피해자라고 주장할 수 있을 것이다. 이는 알고리즘의 차별과 다르지 않은 불공정의 한 유형일 것이다. 그러나 큰 차이가 있다면 다른 사용자와 그들의 선호가 이 문제에 연루되어 있다 보니, 이제는 알고리즘에게 모든(또는 대부분의) 책임을 돌릴 수 없다는 것이다. 어쨌든, 문제는 아시아 남성의 수가 이들과 데이트할 의사가 있는 여성의 수에 비해 지나치게 많다는 것이 원인이며 결코 알고리즘의 문제는 아닌 것이다. 알고리즘은 단지 집단 간의 중재자 역할을 하며, 사람들의 설정 선호 값을 만족시키려고 노력했을 뿐이었다. 오히려 알고리즘은 주어진 데이터를 확실하게 의도한 대로 처리했으며, 진짜 문제는 데이터(사람들의 선호)라 할 수 있다.

그러므로 결과적으로 알 수 있는 사실은 사용자 선호가 아무리 복잡하더라도 알고리즘이 이를 쉽게 반영하면 안 된다는 것이다. 그리고 사용자 선호가 중요한 역할을 하는 환경에서는 루이스가 겪었던 것과 같은 나쁜 균형 상태를 회피할 수 있는 다양한 알고리즘이 존재한다. 특히 때때로 균형 상태가 1개 이상 존재할 수 있기 때문에, 알고리즘은 그중 하나를 선택하거나, 사용자가 더 나은 균형 상태를 선택하도록 유도할 수 있다. '커피가 베이글을 만나다'의 사례에서 대부분의 사용자는 루이스처럼 다양한 인종을 원한다는 선호 값을 선택했을 테고, 그 선택과는 다른 상황에 빠졌다고 느꼈을 것이다. 아마도 다른 알고리즘은 좀 더 나은 방식을 사용했을 수도 있고, 사용자들이 실제 선호를 입력하도록 유도할 수도 있다. 또 다른 상황에서는 어떻게든 균형 상태를 만들려고 하기보다는 전반적인 '사회 복지'를 높이는 해법을 찾는 알고리즘을 선호할 수 있다. 그러나 공정성과 프라이버시를 다룬 이전 장과는 달리, 이들 알고리즘 대안을 논의하려면 사용자 및 선호 값을 중심에 두어야 한다. 그리고 이것은 게임 이론이라는 강력한 개념과 방법으로 연결된다.

점프볼과 폭탄

게임 이론에 대해서는 이미 많이 들어봤을 것이다. 아마도 이는 게임 이론이 실생활에서 상당히 많이 사용되기 때문이기도 하지만, 때때로는 일상적인 상식에 반하는 놀랄 만한 사실을 알려주기도 하기 때문일 것이다. 게임 이론 용어인 '균형 상태'를 간단히 정의하면, 게임의 참여자들이 다른 참여자의 행동을 예측하며 자신에게 유리하게 이기적으로 행동하는 상황을 말한다. 이 정의에서의 핵심 요소는 이기적이고 일방적이라는 안정성 개념이다. 즉, 게임 이론에서 '참가자'(예: '커피가 베이글을 만나다'를 이용하는 사용자)는 다른 참가자들의 이기적인 행동에 대응해, 자신의 목표를 이루고자 이기적으로 행동(예: 희망 데이트 상대에 대한 선호도 변경)하고, 다른 참가자나 전반적인 결과에 대해서는 고려하지 않는다고 가정한다.

따라서 균형 상태는 일종의 이기적 대치 상태로, 모든 참가자가 자신의 상태를 동시에 최적화하고 있으므로 참가자 스스로는 상황을 개선할 수 없다. 이를 수학적 개념으로 말하면 내시 균형Nash equilibrium이라고 하며, 이 용어는 노벨상을 수상한 수학자이자 경제학자인 존 포브스 내시John Forbes Nash의 이름을 딴 것이다. 그는 이러한 균형이 매우 일반적인 조건에서 항상 존재한다는 사실을 증명했다. 이제 우리는 곧 협력적 평형 상태라는 대안적 개념과 게임 이론의 상호작용에 대한 비평형 상태의 해법을 고려해볼 것이다.

이기적 대치 상태로 설명한 균형 상태가 때때로 특정 개인(예: 아만다 루이스)이나 전체 참가자에게 바람직하지 않을 수 있다는 사실은 별로 놀라운 일이 아니다. 균형 상태를 분석해 거주지 선택과 교통 정체, 명절 인사 카드 보내기와 공연장의 자리 선택 등 다양한 분야에 적용해 노벨상을 수상한 경제학자 고(故) 토머스 셸링Thomas Schelling은 "교수형에 처해진 죄수가 균형 상태가 됐다고 해서 그가 바람직한 상태에 있다고 말할 수는 없다."라고 말했다.

모든 사람이 타인의 탐욕적 행동을 예상해 자신의 선택과 행동을 최적화한다는 균형 상태는 그 개념이 갖는 이기적이고 경쟁적인 본성 때문에 부정적인 느낌을 주지만, 사람들의 선호가 상충하는 분야(예: 데이트 앱에서의 인종 선호)에서는 왜 또는 어떻게 일이 잘못되는지에 대한 귀중한 단서를 제공하기도 한다. 그리고 협력하는 것이 개인의 이익을 위해서도 좋은 경우라면 협력하는 것도 마다하지 않는다. 개인의 이익을 극단적으로 추구함으로써, 때때로 게임 이론은 균형 상태에서 무엇이 잘못될 수 있는지를 설명할 뿐만 아니라 결과를 개선하는 알고리즘 처방도 제공한다는 사실이 밝혀졌다.

일부 이견이 있지만 게임 이론 분야는 적어도 1930년대부터 시작된 것으로 추정된다. 그 이후 긴 세월 동안 주로 현실 세계의 문제를 한눈에 알 수 있는 표준 기법으로 단순화해 이해하려고 했다. 표준 기법에서는 2명의 게임 참가자 및 그들의 선호에 따른 보상(참가자는 상대방의 선택에 대응해, 자신이 보상이 가장 높은 선택을 항상 한다고 가정)을 표에 기록해서 설명한다. 표준 기법의 대표적인 예로는 가위바위보 게임이 있다. 농구 게임에서 점프볼 방식으로 공격권을 갖듯이 실생활에서는 가위바위보 게임으로 공격자를 정하는 경우가 많다. 예를 들어 두 참가자가 한 명은 바위, 한 명은 가위를 냈다면, 바위는 보상값 +1, 가위는 −1로 표시하는 것이다. 이 게임의 균형 상태는 두 참가자 모두가 가위, 바위, 보 중 하나를 1/3의 확률로 균일하게 무작위로 내는 것이다. 이것이 앞에서 언급한 일방적 안정성 개념에 대한 유일한 해법이다. 그 이유는 만약 내가 균일하게 무작위로 낸다면 상대방도 그렇게 하는 것이 최적의 대응이기 때문이며, 상대방이 그렇게 하지 않을 경우(예: 보를 가위나 바위보다 더 많이 내는 경우) 나는 그걸 악용(예: 항상 가위만 내는 식)해서 이길 수 있기 때문이다.

어떤 독자들은 '죄수의 딜레마'라는 게임이 더 익숙할 것이다. 여기서는 협력적 불균형 상태가 서로에게 가장 큰 이익이 됨에도 불구하고, 서로를 불신함으로써 모두가 피해를 받는 파괴적 균형 상태를 이룬다. 이 게임은 다음과 같이 진행된다. 2명의 공범이 체포되어 별도의 방에서 조사를 받는다. 그들은 서로 '협력'하여 둘 다 무죄라고 주장하거나 또는 상대방을 '배신'하고 그에게 불리한 증언을 할 수도 있다. 만약 상대방이 배신을 하고 당신에게 불리한 증언을 하면 당신은 장기형을 받지만, 만약 상대방이 당신과 협력한다면 당신은 단기형만을 받게 된다. 그리고 만약 당신이 배신하면, 검사는 당신의 형량을 낮춰준다고 제안한다. 여기서 문제는 당신이 협력을 하면 상대방 입장에서는 배신을 하는 것이 유리하다는 점이다. 물론, 둘 다 배신을 하면 모두가 최악의 결과를 얻는다. 그러나 서로 협력하는 것은 일방적 안정성 상태가 아니므로, 서로를 배신하는 균형 상태를 이루게 된다. 그래서 이를 죄수의 딜레마라고 하는 것이다.

게임 이론의 이런 단순성에도 불구하고 위험성이 높은 중요한 문제에도 종종 적용되곤 했다. 특히 냉전 기간 동안 랜드 코퍼레이션RAND Corporation(미국의 정치 및 전략 컨설팅을 하는 연구소) 같은 기관의 연구자들은 게임 이론 모델을 가지고 미국과 소련 간 핵전쟁 또는 긴장 완화의 결과를 추정했다. 이러한 노력이 빛을 발한 이유는 그렇지 않았다면 1964년 스탠리 큐브릭Stanley Kubrick의 영화 〈닥터 스트레인지러브〉에서처럼 전 세계가 핵으로 전멸하며 암울하게 끝날 수도 있었기 때문이다. 게임 이론은 진화 생물학 및 많은 관련 분야에도 널리 적용됐고, 복잡한 문제를 '단순화'해 깊이 이해하는 데 큰 가치가 있음을 증명했다. 또한 핵전쟁 같은 전략적 긴장 상황을 단순한 행렬표로 분산시킴으로써 게임 이론가는 정확한 균형 상태를 알아내고, 일반적으로는 상당히 부정확하고 복잡하게 얽혀 있는 실제 문제와 그 결과가 어떨지를 이해할 수 있었다.

앞으로 살펴보겠지만 지난 이십 년간의 기술 혁명은 게임 이론을 이용한 추론의 범위와 적용 가능성을 상당히 확대시켰다. 또한 수백만 또는 수십억 명의 사용자가 생성한 대량의 데이터셋에서 운영되는 고수준 알고리즘 문제처럼 전례 없는 규모와 복잡성의 문제를 다루는 분야에 도전했다. 그런 문제를 가위바위보 게임이나 죄수의 딜레마처럼 간단한 모델로 단순화하는 것은 불가능하며, 중요한 세부사항을 너무 많이 제외한 까닭에 약간의 도움을 얻기도 힘들 것이다. '커피가 베이글을 만나다'의 사용자가 설정한 선호에 따라 정해지는 데이트의 균형 상태는 단순히 몇 개의 숫자를 손으로 계산해서 이해할 수 있는 수준이 아니다. 이를 위해서는 연산 알고리즘이 필요하며, 비록 드러내지는 않지만 바로 이 기능을 앱이 제공하는 것이다.

이런 과제를 해결하기 위해, 새로운 알고리즘 게임 이론이 등장해 빠르게 발전했다. 이 분야에서는 전통 게임 이론 및 미시경제학의 개념과 방법에다 현대 알고리즘 설계와 계산 복잡성, 그리고 머신러닝을 결합해, 매우 많은 참가자 간의 복잡한 전략적 상호작용을 위한 효율적 해법을 개발하는 것이 목표다. 그중 최소의 목표는 '커피가 베이글을 만나다'와 같은 시스템에서 발생할 수 있는 일을 광범위하게 이해하려는 것이다. 반대로 최선의 목표는 단지 서술만 하는 것이 아니라 처방까지 하는 것이다. 즉, 공정성과 프라이버시 부분에서 다뤘듯 사회적으로 더 나은 알고리즘이 무엇인지를 알려주는 것을 말한다. 그러나 지금은 사용자의 선호와 사용 동기 부여 제도가 존재하는 환경에서 어떻게 그것들을 실제로 조사할 것인지를 먼저 고려해보자. 바로 이것이 3장에서 다룰 주제다.

출퇴근 게임

현대 기술의 규모와 역량이 알고리즘 게임 이론에 끼친 의미를 살펴보기 위해, 많은 사람들이 매일 참여하지만 결코 '게임'이라고 생각하지 않았을 활동인 자가용 출퇴근의 사례를 다뤄보자. 항상 교통 정체가 발생하는 대도시 외곽에 사는 철수라는 직장인이 매일 아침마다 집에서 시내의 사무실까지 차를 운전해서 출근한다고 가정해보자. 출근 경로는 주택가 도로와 간선도로, 고속도로 등의 복잡한 도로망을 거치므로, 조합 가능한 출근 경로의 수는 상당히 많으며, 그중에서도 가장 단순한 경로는 바로 집에서 가까운 고속도로 입구까지는 시내도로를 이용하고, 고속도로를 타고 가다가, 사무실에 가까운 출구에서 나온 후, 다시 시내 도로를 이용해 사무실에 도착하는 것이다. 그러나 고속도로에는 출퇴근길 상습 정체 구간이 있기 마련이므로, 정체 구간 전에 미리 고속도로를 나와 주택가로 우회하는 편이 나을 수도 있다. 그리고 어떤 날에는 교통 사고나 도로 공사, 각종 대회 등으로 인해 때때로 평소 이용하던 경로가 다른 경로보다 훨씬 오래 걸릴 수도 있을 것이다.

생각해보면 대도시에서 어느 정도 되는 거리를 차로 출퇴근한다면 가능한 경로는 수십, 심지어 수백 개에 달할 수도 있다. 물론 이들 경로 중 상당 구간은 겹칠 수도 있다. 아마 고속도로 구간이 중복되거나, 집에서 큰 길까지 가는 도로가 중복되는 경우도 있을 것이다. 그러나 각 경로의 전체 구간을 기준으로는 모든 경로가 고유하다고 할 수 있다. 게임 이론에서는 이렇게 사람들이 선택할 수 있는 모든 경우의 수를 '전략 공간'이라고 부른다. 가위바위보 게임에서 참가자가 선택할 수 있는 전략 공간은 3개뿐이지만, 출퇴근 게임의 경우에는 그 수가 훨씬 많다.

출퇴근 경로가 많다는 것은 알겠는데, 그러면 어떤 요소가 이런 상황을 출퇴근 '게임'으로 만드는 것일까? 그것은 철수의 목표가 바로 다른 대부분의 통근자들처럼 운전 시간을 최소화하는 것이란 사실이다. 그러나 각 경로별 운전 시간은 철수의 선택뿐만 아니라 다른 통근자들의 선택에도 영향을 받는다. 운전 시간을 결정하는 요소에는 주행 거리나 신호등 개수, 제한 속도 등의 고정 요소도 영향을 끼치지만, 그중 가장 크게 영향을 끼치는 요인은 바로 도로 혼잡도다. 그러므로 어떤 특정 경로를 선택한 운전자가 많을수록 운전 시간이 늘어나므로, 그 경로는 철수에게 매력적이지 않다. 반대로 (교통 혼잡을 유발하는 다른 요인이 많지 않다는 전제하에) 운전자가 적은 경로일수록 철수가 그 경로를 선택할 가능성이 높을 것이다.

이제 철수가 선택할 수 있는 수백 개의 경로와 수만 명의 다른 통근자들이 선택한 경로를 조합하면 비록 어마어마하게 많은 경로가 생성되긴 하지만, 어쨌든 잘 정의된 최적화 문제, 즉 다른 모든 통근자의 선택을 고려해 운전 시간이 가장 짧은 경로를 선택하시오라는 문제를 만들 수 있다. 그리고 이 선택이 바로 출퇴근 게임에서 철수의 '최적 반응'이다. 또한 철수가 최적 반응을 선택하는 데 있어 가능한 한 자신에게 이기적으로 행동할 것이라고(아만다 루이스도 '커피가 베이글을 만나다'에서 마지못해 설정값을 바꿨듯이) 가정하는 것이 합리적일 것이다. 출퇴근 시간을 낭비하고 싶은 사람은 아무도 없을 테니까 말이다.

출퇴근 게임은 기존의 가위바위보 게임보다는 훨씬 복잡하지만, 한 참가자의 행동 선택에 따른 보상이나 비용이 다른 모든 참가자의 행동 선택에 따라 달라진다는 것은 기본적으로 동일하다. 물론 큰 차이점도 있다. 가위바위보 게임에서는 2명의 참가자가 동일한 보상 구조를 갖는 데 반해, 출퇴근 게임에서는 참가자의 집과 사무실의 위치가 각기 다를 경우에는 (출퇴근 시간을 최소화한다는 목표가 같더라도) 각기 다른 비용 구조를 갖는다. 게다가 만약 두 참가자의 출퇴근 시간대가 다르다면 이들은 같은 게임을 하는 것도 아니다. 그러나 이런 차이점이 출퇴근 게임에 대한 기본 관점을 바꾸지는 않는다. 이것이 뜻하는 바는 가위바위보 게임이나 '커피가 베이글을 만나다'와 마찬가지로, 질적 측면과 알고리즘 관점 모두에서 균형 상태가 '좋은지' 또는 '나쁜지', 아니면 더 나은 결과가 있을 수 있는지를 합리적으로 논의할 수 있다는 것이다.

이기적 웨이즈

지금까지 다른 운전자의 선택이 나에게 영향을 줄 정도로 도로가 혼잡한 상황이 되면 출퇴근도 게임처럼 다룰 수 있다는 사실을 살펴봤다. 그러나 과거에는 운전자들이 실시간 교통량을 판단해 경로를 최적화할 수 있는 방법이 없었기 때문에 이 게임은 실제로는 별 의미가 없었다. 즉, 출퇴근 게임을 제대로 할 수 없었던 것이다. 그런데 새로 등장한 기술이 모든 문제를 바꿔버렸다. 그리고 앞으로 살펴보겠지만 이 변화가 꼭 공공 이익에 부합하는 것은 아니다.

출퇴근 게임을 할 때 첫 번째 어려움은 정보가 부족하다는 것이다. 지난 수십 년간 사람들은 출퇴근 경로를 정할 때 라디오나 텔레비전에서 알려주는 교통 정보를 사용했다. 그러나 이 정보는 불완전(고속도로나 간선도로 상황만 알려주고 대부분의 도로 정보는 미제공)하고, 부정확(실시간 정보가 아나라 30분이나 1시간 간격으로 제공)했다. 그러나 만약 운전자가 마법을 부려 모든 도로에 대한 실시간 교통 정보를 입수한다고 해도 두 번째 어려움을 만난다. 즉, 운행 시간이 실시간으로 반영된 각 도로로 이뤄진 방대한 도로망 내에서 두 지점 사이의 최단 시간 경로를 계산하는 알고리즘을 제공하기가 어려웠다는 문제다.

그런데 비교적 빠른 기간에 웨이즈Waze나 구글맵Google Maps 같은 내비게이션 앱이 이러한 문제를 효과적으로 해결했다. 사실 알고리즘의 어려움은 비교적 쉬운 편에 속한다. 교통량 정보를 가지고 가장 빠른 경로(전산 분야에서는 '최단 경로'라고 함)를 계산하는 확장 알고리즘은 이미 오래전부터 존재했다. 그중 가장 대표적인 것은 1950년대 네덜란드 컴퓨터 과학자의 이름을 딴 다익스트라 알고리즘Dijkstra's algorithm이다. 이 알고리즘을 이용하면 크라우드소싱crowdsourcing에 기반해 정보 처리를 할 수 있다. 크라우드소싱에 기반한 앱은 출시 초기에는 인터넷 이전 시대의 내비게이션 앱보다 그리 좋은 평을 받지 못했지만, 그래도 낯선 도시의 복잡한 도로에서 나름 그럴듯하게 안내 임무를 수행했다. 이는 큰 사이즈의 두꺼운 종이 지도책을 자동차 수납박스에 넣고 다니던 시절에 비하면 크게 개선된 것이었다. 그리고 이후 내비게이션 앱에서 자신의 위치 정보 공유를 허용하는 운전자가 점차 늘어났고, 이는 도로 위에 수천 개의 실시간 교통 센서를 설치한 결과를 낳았다.

이렇게 크라우드소싱은 진정한 게임 체인저(상황을 완전히 바꿔놓는 사건)가 됐다. 자기가 사는 동네의 교통 상황은 누구보다 잘 안다고 자부하는 사람들조차도 매우 정확하고 세분화된 도로 정보를 바탕으로 실시간으로 운전 시간을 최적화해 자동으로 알려주는 앱을 사용하지 않을 이유가 없었다. 앱 가입자는 점점 늘어 수억 명이 됐고, 이는 더 넓은 지역의 교통 상황을 더욱 정확히 알려주는 결과를 낳았다.

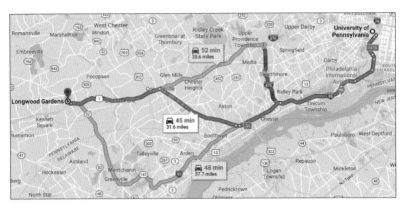

| 그림 17 | 구글맵의 전형적인 화면. 필라델피아의 두 지점 사이의 경로는 수백, 수천 개가 있지만 그중에서 예상 운전 시간이 가장 짧은 경로를 몇 개만 순서대로 보여준다.

게임 이론의 관점에서 보면, 현대의 내비게이션 앱은 출퇴근 게임에 참여한 사용자들이 다른 모든 도로 위의 '경쟁자'에 대해 언제 어디서든 자신의 최적 반응을 계산할 수 있게 했다. 그리고 이들 앱이 방대한 실시간 교통 데이터를 자유롭게 사용함으로써 개별 사용자의 최대 이익을 찾는 데 있어 매우 유용하고 효율적인 기능을 제공한다는 사실은 의심의 여지가 거의 없다.

맥스웰 해법

그러나 이와는 다르게 고려해야 할 관점이 있는데, 그것은 내비게이션 앱이 참여자의 최적 반응을 개별적으로 계산함으로써 발생하는 문제다. 즉, '커피가 베이글을 만나다'나 죄수의 딜레마, 가위바위보 게임에서 논의했듯이 참여자들은 균형 상태를 이루고자 집합적으로 행동하는데, 내비게이션 앱은 참여자들이 이기적으로 행동하도록 돕는다. 그러나 '커피가 베이글을 만나다'와 죄수의 딜레마 사례에서 경쟁의 결과로 조성된 균형 상태가 특정 개인에게는 좋지 않을 수도 있다는 사실을 확인했다. 대도시에서 운전을 해본 사람이라면 개인의 이기적인 행동이 다른 모든 사람의 상황을 악화시킨 경험이 있을 것이다. 예를 들어, 뉴욕시의 링컨 터널 입구에서 차선이 줄어들 때 서로 먼저 가려고 끼어들면서 난장판이 되는 사례처럼 말이다.

그렇다면 이기적인 개인들이 집단으로 경쟁하는 운전의 대안이 될 수 있는 것은 무엇일까? 일단 확실한 것은 교통 방송과 지도책을 사용하던 예전 시절이 (적어도 운전 시간을 줄이는 측면에서) 더 낫다고 생각하는 사람은 없을 거라는 사실이다. 그러나 이제 우리는 세분화된 교통량 데이터를 계산해 운전자에게 경로를 알려주는 대규모 시스템과 앱이 있으므로, 이기적 연산만 수행하는 알고리즘을 넘어서는 대안을 고려해볼 가치가 있을 것이다.

그러면 간단한 사고 실험을 해보자. 여기 맥스웰Maxwell이라는 이름의 새 내비게이션 앱이 있다. 사용자 입장에서 보면 맥스웰은 구글맵이나 웨이즈와 크게 다르지 않다. 맥스웰은 GPS와 사용자의 위치 데이터를 수집해 실시간으로 상세 교통 지도를 생성하며, 출발지와 목적지, 교통량에 기반해 운전 경로를 계산해서 사용자에게 알려준다. 그러나 맥스웰은 기존과는 다른 알고리즘을 사용해서 경로를 계산한다. 즉, 다른 내비게이션 앱이 경쟁적 균형 상태를 목표로 하는 것과 달리, 사회 전체적으로 더 나은 결과를 도출하는 것을 목표로 한다.

맥스웰은 각 사용자에게만 이익이 되는 최적 반응 경로를 언제나 독립적으로 산출하는 것이 아니라, 시스템 내 모든 사용자로부터 수집한 출발지와 목적지 정보를 토대로 조정된 경로를 산출한다. 게임 이론에서는 이를 최대 사회 복지maximum social welfare 해법이라고 하며, 맥스웰이라는 가상의 앱도 이 개념에서 이름을 딴 것이다. 출퇴근 게임에서의 최대 사회 복지 해법은 현재 교통량에 따라 각 사용자의 운전 시간을 개별적으로 최소화하는 것이 아니라, 시스템 내 전체 운전자의 평균 운행 시간을 최소화하는 것이다. 이렇게 평균 운행 시간을 최소화함으로써 맥스웰은 사람들이 다른 일에 쓸 수 있는 시간을 최대화하며 이는 사회적 측면에서 좋은 방향이라고 할 수 있다.

그러므로 이 두 가지 해법 간에는 차이가 없어야 할 것 같지만, 차이가 있다. 단순하지만 구체적인 사례를 가지고 차이를 이해해보자. 예를 들어, 한 도시에 운전자 N명이 있고, 이들 모두가 A 지역에서 B 지역으로 동시에 이동한다고 가정해보자. A에서 B로 가는 경로는 두 가지뿐이며, 이를 느린 길과 빠른 길이라고 부르자.

느린 길은 학교와 병원, 도서관과 식당, 상점 등 보행자가 많은 장소를 통과한다. 그러므로 도중에는 신호등과 횡단보도, 과속방지턱이 많고, 법규 위반을 단속하는 교통 경찰도 있다. 이런 이유로 느린 길에서는 운전자 수가 중요하지 않다. 대부분의 병목 현상의 원인은 신호등과 횡단보도, 과속방지턱과 교통 경찰이기 때문이다. 즉, 느린 길에서 A에서 B로 이동하는 데 걸리는 시간은 그 경로를 이용하는 운전자 수와는 무관하다고 가정한다. 그 결과 느린 길로 가면 정확히 1시간이 걸린다고 하자.

한편, 빠른 길의 경우 속도 제한과 교통 단속이 없는 대신 수용 교통량 한계가 있다. 즉, 이 도로를 단 1명만 이용한다면 상당히 빨리(거의 순간적으로) A에서 B까지 이동할 수 있다. 그러나 빠른 길을 선택하는 운전자가 늘어날수록 속도는 점점 줄어든다. 구체적으로 말하자면, N명의 운전자 중 M명이 빠른 길을 택하는 경우 운전자당 운행 시간은 M/N시간이다. M은 N보다 작거나 같은 정수이므로 빠른 길로 이동할 때의 운행 시간은 $1/N$(단 1명만 도로를 이용하는 경우이며, N이 커질수록 운행 시간은 0에 근접함)에서 N/N(모든 운전자가 도로를 이용하는 경우이며, 운행 시간은 1시간이 됨) 사이에 있다. 그러므로 M의 크기에 따라 운행 시간은 달라지지만, 최악의 경우에 빠른 길은 느린 길보다 전혀 빠르지 않을 수도 있다. 개인의 관점에서만 보면 자기 혼자 빠른 길을 선택하고 다른 모든 운전자(N − 1)들은 느린 길을 선택하는 것이 가장 좋은 시나리오다. 그러면 자신은 거의 순식간에 목적지까지 갈 수 있다. 그러나 다른 모든 운전자들이 이 해법을 좋아할 리는 없을 것이다.

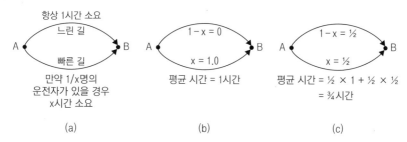

| **그림 18** | 2개의 길이 있는 내비게이션 문제의 개념도. (a) 항상 일정한 시간이 걸리는 느린 길과 교통량에 따라 달라지는 빠른 길이 있다. (b) 균형 상태 또는 웨이즈의 해법 (c) 맥스웰 해법

이번에는 기존 내비게이션 앱이 추천하고 심지어 장려하는 이기적 방식의 결과를 분석해보자. 잠깐만 생각해봐도 기존 내비게이션 앱은 운전자 N명 모두에게 빠른 길을 추천할 것이라는 사실을 알 수 있다. 왜냐하면 만약 앱이 아주 일부 사람들(예: 5명)에게 느린 길을 추천했다고 가정해보자. 그러면 이들은 당연히 느린 길을 따라 1시간 걸려서 목적지에 도착할 것이다. 그러나 이들 외에 나머지 운전자들은 빠른 길을 이용하므로 운전 시간은 (N − 5)/N = 1 − 5/N 시간이 되어, 비록 미미하지만 운전 시간이 1시간보다는 짧아진다. 그러므로 이기적 경로 선택의 경쟁적 균형 상태는 모든 운전자가 빠른 길을 선택하는 것이고, 결과적으로 빠른 길 이용자도 느린 길 이용자와 다를 바 없이 모든 사람은 1시간이 걸려 목적에 도착한다. 이 균형 상태가 되면 각 운전자들은 어떤 길을 선택할 것인지에 무관심할 것이다. 그러나 단 한 명의 운전자라도 느린 길을 택하는 순간 빠른 길을 선택한 운전자가 유리해진다.

같은 상황에서 맥스웰이라면 어떻게 동작할까? 맥스웰은 임의의 운전자 절반에게는 느린 길로 안내하고, 나머지 절반에게는 빠른 길로 안내할 것이다. 왜 누군가는 느린 길로 가야만 하는지에 관한 논의는 뒤에서 다루기로 하고, 우선은 이 방식의 평균 운행 시간을 분석해보자. 느린 길을 이용한 운전자 $N/2$명의 운행 시간은 모두 1시간이다. 그리고 빠른 길을 이용한 나머지 운전자 $N/2$명의 운행 시간은 $(N/2)/N = 1/2$시간이 된다. 따라서 전체 운전자의 평균 운행 시간은 $(1/2 × 1) + (1/2 × 1/2) = 3/4$시간, 즉 45분이다. 이렇게 전체 운전자를 느린 길과 빠른 길로 분리하면 평균 운행 시간이 최소화된다는 사실을 알 수 있다(미적분을 할 수 있는 독자라면, 빠른 길을 선택한 운전자를 x로 할 때 평균 운행 시간은 $1 - x + x^2$으로 표현되므로, 이 방정식에서는 $x = 1/2$에서 평균 3/4시간으로 최소가 된다는 사실을 알 수 있을 것이다).

다시 말해, (개인의 이익보다는 집단 편익을 우선시한다는 식의) 기존과 다른 목표에 따라 고안된 경로를 안내함으로써 전체 운행 시간을 25%나 획기적으로 단축할 수 있다. 게다가 이는 경쟁적 균형 상태와 비교할 때 어느 누구도 희생하지 않고 나온 결과다. 그러므로 이 예제처럼 경쟁적 균형 상태에 대한 더 나은 대안이 있다는 사실에 비추어볼 때, 현실 세계의 복잡한 도로망에서는 일반적으로 더 큰 편익을 얻을 수 있을 것이다[1](2018년 UC 버클리의 한 연구 팀은 내비게이션 앱이 실제로 교통 혼잡과 도로 정체를 증대시킨다는 실증적 증거를 제시했다). 문제는 집단적 운행 시간의 절감 효과를 '실제 현장'에서 실현할 수 있는지 여부와 그 방법인 것이다.

---

1 출퇴근 길에서의 이기적 행동의 결과는 브라에스의 역설(Braess's paradox)로도 잘 알려져 있는데, 도로를 넓히면 오히려 교통 체증이 증가하고, 반대로 도로를 폐쇄하면 혼잡이 줄어든다는 이론이다. 이는 서울이나 슈투트가르트, 뉴욕 같은 대도시에서 발생하는 것으로 알려져 있다. 그러나 맥스웰 방식에서는 이런 현상이 발생할 수 없다.

맥스웰 방정식

맥스웰을 구현할 때 접하는 어려운 점 중 첫 번째는 알고리즘이다. 2개의 길만 있는 예제에서는 비교적 간단한 미적분을 이용해서 사회적 최적화 해법을 찾았지만, 출발지와 목적지가 각기 다른 수천 명의 운전자들이 현실 세계의 복잡하고 거대한 도로망을 이용할 때 맥스웰은 어떻게 동작해야 할까? 구글맵이나 웨이즈가 추천하는 이기적 경로의 경우, 기본적으로 다익스트라 알고리즘을 사용하면 대규모 도로망에서도 비교적 재빠르게 계산을 끝낼 수 있다.

다행히 각 도로별 운행 시간이 운전자 수나 비율의 선형 함수(비례 함수, 즉 앞의 예제처럼 도로 또는 좀 더 현실적으로는 전체 운전자 중 운전자 비율을 x라고 할 때 운행 시간을 $1/4 + 2x$처럼 표현할 수 있는 도로)가 되는 경우에는 대규모 도로망에서 집단 평균 운행 시간을 최소화하는 해법을 빠르게 도출하는 알고리즘이 존재한다. 이런 비례 모델은 실제 교통 상황에 적용하기에 합리적으로 보이고, 웨이즈 같은 서비스들이 이미 주기적으로 수집하는 방대한 실증 데이터에서 쉽게 구상할 수 있는 모델로서, 교통량에 따라 달라지는 운행 소요 시간 정보도 제공할 수 있을 것이다. 이러한 도로의 경우 평균 운행 시간은 간단히 2차 함수로 표현할 수 있다(예: 운전자의 비율 x가 $1/4 + 2x$ 시간이 걸리는 도로를 선택하면, 이 도로에서의 전체 평균 운행 시간 기여도는 $(1/4 + 2x)x = 1/4x + 2x^2$이 된다).

맥스웰은 운전자 전체의 출발지 및 목적지 정보를 바탕으로, 사회적 최적화를 유지한 상태에서 모든 도로마다 정확한 비율의 운전자를 배치하는 상당히 고차원의 문제를 풀어야 하지만, 이런 유형의 문제는 이미 연구가 상당히 진행되어 있어 실용적인 알고리즘이 존재한다. 즉, 이 문제는 컨벡스^{convex} 최적화라는 유형의 문제로서 경사(기울기)가 낮은 쪽으로 계속 이동하며 최첫값을 찾아내는 경사하강법으로 풀 수 있다. 이를 앞 예제에 적용한다면, 처음에는 임의의 값을 주행 경로에 할당하고 집단 평균 운행 시간이 최소화될 때까지 반복적으로 개선하는 방식으로 접근하는 것이다.

만약 도로에서 운행 시간이 교통량에 비례하지 않고 좀 더 복잡한 함수로 표현된다면 어떨까? 예를 들어, 운행 시간이 $x < 0.1$인 경우에는 $x/2$ 시간이나, $x \geq 0.1$인 경우에는 $10x + 2$ 시간이 되는 가상의 도로를 생각해보자. 이 도로의 특징은 전체 운전자의 10% 이상이 이 도로를 이용하면 소요 시간이 불연속적으로 갑자기 증가하는 것이다. 이처럼 복잡한 도로에서도 항상 사회적 최적화 해법을 신속히 찾아내는 알고리즘이 있는지는 모르겠지만, 적어도 현실에서 잘 동작하는 유용한 기법은 존재한다. 그리고 이처럼 복잡한 도로 환경의 개선 효과는 이기적 균형 상태 방식보다 사회적 최적화 방식에서 훨씬 더 크다고 할 수 있다. 따라서 적어도 맥스웰을 구현할 때의 알고리즘 문제는 충분히 극복할 수 있을 것이다.

맥스웰 속이기

그러나 실제 현실에서는 개인의 선호와 게임 이론이 얽히는 상황이 종종 발생하는데, 이런 경우에는 문제의 원인이 알고리즘이 아닌 동기 부여에 있다. 구체적인 예를 들면, 왜 운전자들은 어떤 시점에서 가장 빠른 길이 있는데도 종종 느린 길을 추천하는 앱의 안내를 따라야 하는가의 문제다. 즉, 앞의 예제에서 느린 길을 안내받은 운전자를 생각해보자. 운전자는 안내를 무시하고 빠른 길을 이용하면 주행 시간을 단축할 수 있을 텐데 그렇게 하지 않을 이유가 있을까? 물론 모든 운전자가 그런 식으로 행동하면, 맥스웰도 기존 앱의 경쟁적 균형 상태와 다를 바 없는 상황이 될 것이다.

그러나 조금만 더 생각해보면 구글맵이나 웨이즈 같은 내비게이션 앱도 다양한 속임수나 조작에 취약하기는 마찬가지다. 예를 들어, 일부러 출발지와 목적지 정보를 다르게 웨이즈에 입력해 웨이즈가 다른 운전자에게 안내하는 경로에 영향을 미칠 수도 있다. 즉, 허위 교통량을 발생시켜서 웨이즈가 다른 운전자에게 내가 갈 경로가 아닌 도로를 안내하게 할 수 있다. 2015년 「월스트리트저널Wall Street Journal」의 보도에 따르면 이런 웨이즈 앱 조작으로 인해 어떤 로스앤젤레스 주거지역에 엄청난 양의 교통량이 발생했고, 주민들이 큰 불편을 겪은 사건이 있었다.

> 일부 사람들은 교통 정체 및 사고와 관련된 허위 정보를 웨이즈에 보내서, 웨이즈가 사람들을 다른 도로로 안내하도록 조작을 시도한다. 아무것도 모르는 나머지 사람들은 웨이즈에 로그인한 채로 앱이 교통 정체를 알아서 분석해서 다른 경로를 추천하리라 기대하고 있다.

그러나 맥스웰이 직면하는 동기 부여의 문제가 더 심각하다는 사실은 논란의 여지가 없다. 왜냐하면 단순히 운전자의 거짓말 때문이 아니라, 추천된 경로가 최적 반응에 해당하지 않으면 운전자들이 아예 추천을 무시한다는 것 때문이다.

다행히 이런 문제를 해소하는 합리적인 해법들도 존재한다. 첫 번째는 (아마도 조만간) 대부분 자동차가 부분 또는 완전 자율주행을 하는 시대가 될 것이라는 사실인데, 이 경우 관리 센터의 명령 하나로 간단히 맥스웰 방식으로 적용할 수도 있다는 것이다. 사실 대중 교통 시스템은 일반적으로 개인 최적화보다는 집단 최적화에 맞춰 이미 설계 및 운영된다. 예를 들어, 뉴욕의 이타카 지역에서 이탈리아 리파리 지역의 섬 마을까지 상용 항공편으로 가려고 할 때 두 지점 사이를 직항으로 왕복하는 항공편은 없을 것이다. 개인의 시간과 편리함은 조금 희생하더라도 거시적 효율성에 따라 설계된 경로에 따라 여러 번 환승을 해야 한다. 이와 비슷한 맥락에서 자율주행 자동차도 개별적인 이익보다는 집단 평균 운행 시간(또는 연비 등 다른 고려사항)을 최적화하도록 통제하는 것은 당연할 것이다.

그러나 자율주행 자동차가 대중화되기 전에도 맥스웰을 효과적으로 적용할 수 있는 방안을 생각해볼 수 있다. 그중 하나는 앞의 2개 도로 예제에서 그랬듯이 느린 길로 갈 운전자를 맥스웰이 무작위로 선택하는 것이다. 그러면 일정 기간이 경과된 후에는 운전자 간 느린 길 할당 횟수가 균형을 찾아가고, 각 개인의 평균 운행 시간도 줄어들기 때문에 운전자들은 자연스레 맥스웰을 선호하게 될 것이기 때문이다. 따라서 맥스웰이 안내한 느린 경로(느린 경로 여부는 반대로 '최적 반응' 경로를 알려주는 구글맵을 사용해 알아낼 수 있음)를 무시하는 식으로 이익을 볼 수는 있겠지만, 일정 기간이 지나면서 (다른 사람들도 그러는 한) 맥스웰의 안내를 따르는 게 이익이라는 사실을 알게 된다. 이런 현상을 평균화를 통한 협력이라 부르는데, 이는 죄수의 딜레마를 여러 번 반복해서 수행할 때 참여자 사이에서 발생하는 현상으로 알려져 있다. 그러나 이러한 동기 부여 문제에 대해서는 더 나은 일반 해법이 있다.

상관관계를 통한 협력

이제 지금까지 다룬 내용을 정리해보자. 맥스웰은 집단에 좀 더 유리한 해법을 제공하지만 참여자들의 배신 행위에 취약하며, 이기적 방식의 내비게이션 앱도 쉽게 인위적 조작이 가능하다는 문제가 있다. 두 가지 접근법 모두 좋은 알고리즘이지만, 문제는 인간의 본성 때문에 목표가 훼손될 수 있다는 점이다.

다행히 이러한 문제점은 게임 이론의 세 번째 접근법(첫 번째는 이기적 균형 상태, 두 번째는 균형 상태는 아니지만 최선의 사회 복지를 추구하는 맥스웰)으로 해결할 수 있다는 사실이 밝혀졌다. 이 접근법은 상관 균형 상태라고 하며, 이 방법 역시 운전처럼 단순한 상황으로 설명할 수 있다. 예를 들어, 혼잡한 2개의 도로가 교차하는 사거리를 떠올려보자. 그중 1개의 도로에만 양보 표지판이 설치되어 있다. 이 경우 교통 법규와 이기적 균형 상태 모두에서 요구하는 행동은 우선 도로에서 진입하는 사용자는 사거리에서 멈추지 않고 그대로 지나가는 것이고, 양보 도로에서 진입하는 운전자는 일단 정지를 한 다음 지나가는 것이다. 그러므로 운전자가 어떤 도로에서 진입하든 간에 모두 최적 반응을 따른다. 그러나 양보 도로에서 진입하는 운전자는 항상 일단 정지를 함으로써 대기 시간이 발생하므로 불공정한 상황이라고 느낄 수도 있다. 이런 문제점을 해소하는 방법으로 신호등을 사용해서 상관 평형 상태를 구현하는 방법이 있다. 예를 들어, '초록불이 보이면 통과, 빨간불이 보이면 정지'와 같은 식이다. 모든 운전자가 이 전략을 따른다면 모두가 최적 반응을 하는 것이며, 결과적으로 대기 시간은 이제 2개의 도로로 골고루 분산된다. 앞의 양보 표지판만으로는 이렇게 공정한 결과를 낼 수 없었다. 여기서 협력의 균형이 일어나도록 조정(상관)하는 장치는 바로 교통 신호등이다.

조정을 통한 협력이 맥스웰의 동기 부여 문제를 해결할 수 있을까? 이에 대한 대답은 '원칙적으로는 그렇다'이다. 가장 최근의 연구를 보면, 빠르게 상관 균형 상태를 도출해 다음과 같은 세 가지의 매력적인 사용 동기를 제공하는 변형 알고리즘(맥스웰 2.0이라고 가정하자)을 설계할 수가 있다. 첫째, 모든 운전자는 맥스웰 2.0을 사용하는 것이 실제로도 본인에게 가장 이익이 된다. 즉, (맥스웰 1.0과 달리) 어떤 운전자도 맥스웰 2.0 대신 다른 앱을 쓰겠다는 필요성을 느끼지 않는다. 둘째, 모든 운전자는 출발지와 목적지를 사실대로 입력하는 것이 자신에게 가장 이익이 된다. 즉, 거짓 정보를 넣어서 맥스웰 2.0의 경로 안내를 본인에게만 유리하도록 조작할 수 없다(이는 게임 이론에서 '진실성'이라 부르는 속성이다). 셋째, 모든 운전자는 맥스웰 2.0의 추천 경로를 실제로 따르는 것이 자신에게 가장 이익이 된다. 따라서 모든 운전자는 맥스웰 2.0을 사용할 뿐만 아니라 거짓 없이 정보를 입력하고 안내를 따를 것이다.

그렇다면 맥스웰 2.0은 어떻게 마술처럼 이런 속성을 얻을 수 있었을까? 그 것은 바로 1장에서 다뤘던 차분 프라이버시 기법을 상관 균형 상태를 이루 도록 경로 추천에 적용했기 때문이다. 앞에서 이미 차분 프라이버시 기법에 서는 개별 사용자 데이터가 결과 계산에 큰 영향을 줄 수 없다는 사실을 확 인했다. 이를 맥스웰 2.0에 적용하면, 개별 사용자 데이터에 해당하는 입력 정보는 운전자가 입력한 출발지 및 목적지, 그리고 운전자의 위치 주변의 교 통량 정보이고, 계산 결과에 해당하는 출력 정보는 (상관관계가 있는 균형 상태 를 유지한) 운전 경로라 할 수 있다. 여기서 운전자 한 명의 데이터는 결과에 거의 영향을 주지 않기 때문에, 목적지를 속이거나 주차된 차에 앱을 켜놓고 가는 등의 조작은 다른 사람에게 영향을 줄 수 없다. 그리고 상관관계가 있 는 균형 상태도 유지되고 있기 때문에 운전자가 선택할 수 있는 최적 반응은 제안된 경로를 그대로 따르는 것이다.

그런데 이 과정에서는 프라이버시를 명시적으로 요구한 적이 없다는 사실에 주목할 필요가 있다. 오히려 우리가 원한 것은 프라이버시 기법 도입의 부산 물로 얻어지는 동기 부여 효과였다. 즉, 자신이 맥스웰 2.0에 입력한 정보나 행동이 다른 운전자들에게 전혀 영향을 끼치지 못하는데, 굳이 입력을 조작 할 이유가 없을 것이다. 이처럼 특정 목적을 위해 개발된 기법(예: 프라이버시 기법)이 다른 분야에도 효과(조작 시도 방지)를 발휘하는 일은 알고리즘에서 일반적인 현상이다. 실제로 차분 프라이버시는 프라이버시와 관련 없는 다 른 많은 분야에서도 사용되며, 이에 대해서는 4장에서 살펴볼 것이다.

모든 것이 게임이다

지금까지 맥스웰이라는 이름의 가상의 앱을 가지고, 출퇴근 상황에서 발생 하는 게임 요소와 그 해법을 알아보는 시간을 가졌다. 출퇴근을 사례로 든 이유는 많은 사람들이 일상에서 실제로 경험하는 상황인 동시에, 다른 여러 보편적 주제들의 생생한 느낌을 전달해주기 때문이다. 이 사례에서 다룬 주제들은 다음과 같다.

- 다른 사람의 선호(예: 선호 교통 상황)와 충돌하는 개인의 선호(예: 선호 출발지/목적지)가 있다는 사실
- 경쟁적 또는 '이기적' 균형 상태의 개념과 (웨이즈처럼) 편리한 기술이 사용자를 이기적 균형 상태로 유도하는 현상
- 빠른 알고리즘(맥스웰)에 더해 긍정적인 동기 부여(맥스웰 2.0)까지 제공하는 공익적 결과 도출이 가능하다는 사실
- 데이터로 (예측 모델을 구축하는 것처럼 특정 목적으로 사용하는 것이 아니라) 사용자 간의 선호를 중재 및 조정하는 경우에는 반드시 사용자가 알고리즘의 추천에 대해 (조작이나 불이행, 속임 행위 등을 포함해) 어떻게 반응할지를 구체적으로 고려하면서 알고리즘을 설계해야 한다는 교훈

3장의 나머지 부분에서는 쇼핑과 뉴스 읽기 같은 일상적 활동에서부터, 의대 졸업생을 수련병원에 배치하거나 신장 이식 대상자를 선택하는 특수한 상황에 이르기까지 이런 동일한 주제가 최신 기술이 매개하는 다양한 상호작용에 적용되는 사례를 살펴보려고 한다. 어떤 경우에는 알고리즘이 나쁜 균형 상태로 몰아넣기도 하고, 어떤 경우에는 공익에 부합하도록 유도하기도 한다. 그러나 이 모든 경우에 공통된 사실은 사용자의 선호 및 욕구와 알고리즘의 설계는 불가분의 관계라는 것이다.

3억 명의 친구와 쇼핑하기

앞에서 다룬 출퇴근 운전의 경우처럼 쇼핑도 많은 사람들이 매일 참여하는 활동 중 하나이며, 최신 기술 덕분에 좀 더 집단적이고 게임 이론에 적합하게 변모했다. 인터넷이 대중화되지 않았던 시절에는 소비자들이 식료품이나

비행기표, 자가용 등을 구입하는 쇼핑 행위는 기본적으로 혼자서 하는 활동이었다. 소비자는 물리적으로 존재하는 집 근처 상점에서 자신의 경험과 (광고 등을 통한 얻은) 지식을 근거로 상품 구입 여부를 결정했다. 자동차나 텔레비전처럼 값비싼 상품을 살 때는 「컨슈머 리포트Consumer Reports」 같은 잡지도 참고했지만, 대부분의 경우 거의 혼자서 구매 결정을 했다. 출퇴근 게임과 마찬가지로 쇼핑에도 소비자 선호도가 있을 텐데, 출퇴근이 단순히 A 지점에서 B 지점으로 이동하는 행위임에 반해 쇼핑에서의 선호도는 더 복잡하고, 다각적이며, 표현하기도 어렵다. 게다가 결정을 최적화하는 데 도움을 주는 기기도 없었다. 즉, 이 시대의 쇼핑은 지도책과 교통 방송에 의존해 운전하는 것과 다를 바 없었다.

그러나 이후 온라인 쇼핑의 폭발적 성장으로 상황이 완전히 바뀌었다는 사실은 모두가 경험했을 것이다. 이제 소비자들은 인터넷에서 대부분의 정보를 알아본 후에 상품을 구입하기 시작했고, 그 과정에서 아마존 같은 쇼핑몰에게 자신의 선호, 취향, 희망 물품 같은 세세한 데이터를 제공하게 됐다. 그리고 이미 2장에서 설명했듯이 머신러닝은 이러한 데이터를 가져다가 보편적으로 적용 가능한 상세 예측 모델을 구축하며, 소비자의 과거 선호를 토대로 제품이나 서비스를 추천한다. 컴퓨터 과학 분야에서는 이런 기술을 **협업 필터링**collaborative filtering이라고 부른다(이 기법은 1장에서 프라이버시 침해 사례로 언급했던 넷플릭스 경연대회에서 널리 사용됐다). 지금부터는 간략하게 협업 필터링과 관련된 알고리즘과 모델을 좀 더 깊이 이해하고, 이 기법이 어떻게 시간이 지나면서 더 정교해지고 강력해졌는지를 알아보자.

우선, 협업 필터링에서의 '협업'은 나 자신의 데이터가 나뿐만 아니라 다른 사람들에게 추천을 하는 데도 사용된다는 사실을 뜻한다. 그중 가장 기초적인 기법은 판매량을 단순히 집계하는 방식으로서, 아마존의 서비스에서는 '이 상품을 산 고객이 구매한 다른 상품'이라는 형태로 나타난다. 아마존은 소비자들이 동시에 구입하거나 연속해서 구입하는 상품의 통계를 근거로, 어떤 소비자가 하나의 상품을 구매하려고 할 때 관련 상품을 추천할 수 있는 것이다. 이러한 집계 추천 방식은 단순히 과거의 구매 통계 자료만 활용하기 때문에 실제로 어떤 의미를 제공하는 보편적인 기법으로 일반화할 수가 없다. 그러므로 테니스 라켓 구매자에게 테니스 공을 추천하고, 토머스 핀천 Thomas Pynchon의 『그래비티 레인보우Gravity's Rainbow』 구매자에게 데이비드 포스터 월리스David Foster Wallace의 소설을 추천하는 것처럼 비교적 서로 관련성이 명확한 상품만을 추천하게 된다.

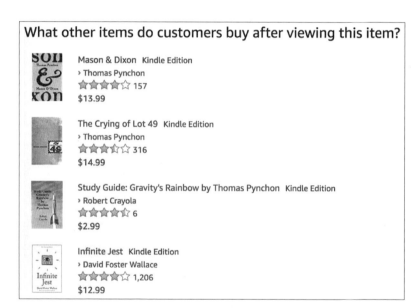

| 그림 19 | 아마존이 고객의 간단한 구매 통계를 기반으로 토마스 핀천의 소설 『그래비티 레인보우』와 관련된 상품을 추천한다.

이런 기초 수준의 협업 필터링은 유사 상품이나 관련 상품을 감지할 수는 있지만, 고객 간 유사성의 개념은 존재하지 않는다. 즉, 테니스 라켓 구매자에게 테니스 공을 사라는 추천을 할 수는 있겠지만, 온라인에서는 오로지 책만 구매하는 고객에게 적당한 휴가지를 추천해야 하는 것처럼 훨씬 어려운 문

제에는 대응이 힘들다는 것이다. 그러나 만약 고객의 독서 취향을 판단해 고객의 유형을 충분히 밝혀낼 수 있다면, 비슷한 유형의 고객들이 다녀왔던 휴가지를 추천할 수 있을 것이다.

쇼핑과 시각화

그러면 이제 사용자의 쇼핑 내역을 바탕으로 '유형'을 분류하는 원칙과 알고리즘은 무엇인지와, 분류에 앞서 유형을 어떻게 정의할 수 있는지를 알아보자. 설명을 위해 아마존에서 단지 3개의 제품만을 판매하며, 사용자는 1,000명만 있다고 가정해보자. 여기서 3개의 제품은 모두 책으로, 토마스 핀천의 『그래비티 레인보우』, 데이비드 포스터 월리스의 『인피니트 제스트Infinite Jest』, 스티븐 킹Stephen King의 『샤이닝The Shining』이다. 그리고 사용자들은 3개의 책에 대해 각자 1점에서 5점 사이의 평점을 주었다(여기서는 시각화를 좀 더 쉽게 하기 위해 3.729 같은 평점도 허용하는 연속 척도를 사용한다. 아마존은 현재 불연속 평가 척도를 사용하지만 원리는 동일하다). 그러면 이제 각 사용자를 3차원 공간에 점으로 표시할 수 있다. 예를 들어, 『그래비티 레인보우』에 1.5점, 『인피니트 제스트』에 2.1점, 『샤이닝』에 5점을 준 사용자는 $x = 1.5$, $y = 2.1$, $z = 5$가 된다. 이런 식으로 사용자 천 명의 점을 찍으면 3차원 공간의 점 구름처럼 표현된다.

이 구름의 모양은 어떻게 생겼을까? 만약 사용자들 평점 간 상관관계가 전혀 없는 경우, 즉 어떤 사용자가 책 하나에 준 평점을 안다고 해도 나머지 두 책에 대한 그 사용자의 평점을 추정할 정보나 근거를 찾을 수 없는 경우에는 구름의 모양이 넓게 퍼져 있는 모양으로 보일 것이다. 이처럼 상관관계가 전혀 없고, 각 책에 대해 사용자의 평점이 1점에서 5점까지 골고루 분포된다면, 구름의 모양은 그림 20의 위쪽 그래프처럼 나타날 것이다.

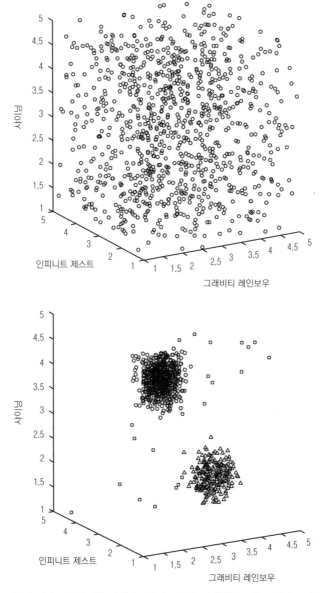

| 그림 20 | 세 가지 제품에 대한 가상의 사용자 평가를 시각화한 그래프. 위쪽 그림은 제품 간의 연관성이 없으며, 각 제품의 평점도 1에서 5 사이에 고르게 분포한다. 아래쪽 그림은 제품 간의 상관관계가 확실하며, 일부 제품의 평균 평점은 다른 제품보다 높다.

그러나 실제로는 구름의 모양이 이렇게 고르게 분포하지는 않을 거라고 예상할 수 있다. 그러므로 『그래비티 레인보우』의 독자는 보통 『샤이닝』보다는 『인피니트 제스트』를 훨씬 더 좋아하고, 반대로 『샤이닝』의 팬들은 보통 『그래비티 레인보우』와 『인피티트 제스트』를 별로 좋아하지 않는다고 해보자. 이 경우 평점들은 2개의 분리된 구름(또는 점 집단)으로 표시된다. 즉, 한쪽 구름은 『샤이닝』에 높은 평점을 주고, 나머지 책에는 낮은 평점을 준 경우(그림 20의 아래쪽 그림에서 원으로 표시)이고, 다른쪽 구름은 반대로 『그래비티 레인보우』와 『인피니트 제스트』에 높은 평점을 주고 『샤이닝』에 낮은 평점을 준 경우(삼각형으로 표시)다. 이 사례에서는 2개의 구름이 바로 눈에 들어오지만, 구름 중 어디에도 속하지 않은 일부 사용자(사각형으로 표시)가 있으며 이들은 분류가 쉽지 않은 특잇값을 의미한다.

어쩌면 당연하게도, 현실 세계는 위쪽보다는 아래쪽 그래프에 좀 더 가까워 보일 것이다. 앞에서도 언급했듯이 사람들이 구매하거나 평가하는 제품들 간에는 강한 상관관계가 있다(이는 정치 신념, 인종, 종교 활동, 성적 지향 등의 추상적인 개념에서도 마찬가지다). 알고리즘을 사용해 이런 구름을 분류하는 방법을 다루기에 앞서, 이를 통해 얻게 되는 두 가지 유용한 속성을 살펴보자.

첫 번째로 『인피니트 제스트』에만 4.5점을, 나머지 두 책에는 평가를 하지 않은 사용자가 있다고 해보자. 이 경우에는 사용자를 3차원 공간에 매핑할 수가 없을 것이다. 그러나 그래도 이 사용자에게 새 책을 추천하려고 한다면, 데이터를 살펴보기만 하면 직관적으로 알 수 있다. 즉, 데이터를 『인피니트 제스트』 축에 투영하면, 이 사용자는 원 구름보다는 삼각형 구름에 가까우므로 『샤이닝』보다는 『그래비티 레인보우』를 더 좋아할 거라고 추정할 수 있다. 즉, 2개의 구름을 알고 있다면 이 사용자가 좋아할 만한 신제품이 무엇인지를 유추하고 일반화할 수 있다(만약 이 사용자가 『샤이닝』을 좋아한다는 정보만 있다면 추천할 만한 책이 없겠지만, 적어도 나머지 두 책을 추천하면 안 된다는 사실은 알 수 있다).

두 번째로 유용한 속성은 데이터 자체가 자동으로 사용자 '유형'을 알려준다는 점이다. 이번 사례를 보면 분류를 위해 '포스트모던 소설 애호가'나 '호러 팬' 같은 장르를 추측하고, 여기에 맞춰 책을 식별하는 작업을 하지 않았다. 심지어는 분류된 그룹에 별도의 이름을 붙이지도 않았다. 이 데이터들은 그저 제품의 취향이 비슷한 사용자 그룹일 뿐이다.

그런데 여기서 주의력이 좋은 독자라면 책 3권의 사례를 보고 다음과 같은 의문이 들 것이다. 즉, 앞에서 다룬 제품의 상관관계에 따른 추천(예: 『그래비티 레인보우』를 구입한 사람들은 대부분 『인피니트 제스트』를 구입한다)을 하는 대신, 사용자를 유형과 집단으로 구분할 때의 유용성이 분명치 않다는 것이다. 그런데 이는 사용자 유형을 식별하는 것의 이점은 책 3권보다 훨씬 많은 제품을 다룰 때 비로소 드러난다. 예를 들어, 지금까지 아마존에서 100개의 제품을 구입하고 평점을 매겼다고 가정해보자. 이때 소비자가 구입한 제품의 연관 제품을 단순히 추천하기보다는, 우선 100개의 데이터를 사용해 소비자의 유형을 식별한 후 식별된 유형에 해당하는 제품을 모든 상품 카테고리에서 추천할 수 있게 된다. 바로 이 기법이 오로지 책만 구입한 소비자에게도 적절한 휴가 여행지를 추천할 수 있게 하는 방법이다.

다른 종류의 클라우드 컴퓨팅

앞의 사례에서는 데이터를 단순히 2개의 구름(또는 유형)으로 시각화했기 때문에 자세하게 분석할 수 있었다. 그러나 분석 대상이 3개가 아니라 (아마존에서 팔리는 제품의 대략적인 개수에 해당하는) 5억 개라면, 앞의 방식을 그대로 확장하거나 정의하기란 불가능할 것이다. 그러므로 이 문제에 대한 알고리즘 측면의 해법이 필요하다.

이번에는 앞의 사례처럼 제품 평점 공간에다가 사용자를 점으로 표시하되,

5억 개의 아마존 제품은 아니지만 매우 다양하고 대표적인 제품의 샘플로 구성된 훨씬 고차원의 공간을 가정해보자. 이 경우 사용자 평점 구름을 만드는 데 있어 자연스런 해법 중 하나는 다음과 같다.

> 동일 그룹 내의 사용자 간 평균 거리가 다른 그룹에 있는 사용자와의 평균 거리보다 훨씬 작아지도록 사용자를 K 그룹으로 나눈다.

앞의 책 3권 사례에서는 $K = 2$로 하는 것이 원과 삼각형 그룹을 식별하는 가장 최적화된 범주임을 알 수 있다. 물론, 누락 없이 완벽하게 구분하려면 그룹에 속하지 않은 사각형의 특잇값도 모두 근처의 원형이나 삼각형 그룹에 할당해야 한다. 그러나 특잇값이 드물다면 최적 해법에 큰 영향을 끼치지는 않을 것이다. 게다가 이런 극단적인 예제를 통해 '올바른' K 값이 무엇인지를 알 수 있다. 만약 $K = 3$으로 한다면 사각형 특이점을 별도의 그룹으로 분류하거나 원이나 삼각형 구름을 반으로 나눌 수 있을 테지만, 결과적으로는 더 나은 해법이라고 할 수 없기 때문에 $K = 2$에서 끝내는 것이 좋다.

제품의 공간이 매우 크고 사용자 수도 상당히 많을 경우에는 앞에서 문제를 식별하듯이 최적의 해나 정확한 해를 계산하기가 상당히 어려울 수 있다. 그러나 훌륭한 근사해를 찾아내는 매우 효율적인 발견적 방법이 존재한다. 아주 단순한 방법은 제품 평점 공간에서 임의의 중심점 K를 선택하고, 모든 사용자를 이 K에 가장 가까운 점에 할당하는 것이다. 이렇게 초기에 사용자를 분할해 그룹을 나누면 (그룹 간 거리 대비 그룹 내 거리가 작도록 만드는 것 등) 처음에는 엉망으로 분류가 될 것이다. 그러나 K 중심을 반복해서 조금씩 조정하다 보면 더 이상 개선을 할 수 없을 정도로 최적화된다. 알고리즘 분야에서는 이런 방식으로 부분 최적화를 이룰 수 있지만, 이것이 반드시 전체 최적화인 것은 아니다. 이런 식으로 일단 그룹 또는 클러스터를 생성하고 나면, 해당 그룹 내 사용자의 평균 등급을 산출해 각 그룹별 표준 사용자나 유형을 생성할 수 있다.

실제로는 이러한 단순한 방법보다 훨씬 더 빠르고 잘 동작하는 머신러닝 알고리즘이 많으며, K 평균$^{K\text{-}means}$, 기대 최대화$^{expectation\text{-}maximization}$, 로우 랭크 매트릭스 근사$^{low\text{-}rank\ matrix\ approximation}$처럼 기술적인 명칭을 갖고 있다. 그러나 이 모든 기법은 궁극적으로 같은 목표를 갖고 있다. 그것은 사용자의 제품 평점이나 구매 기록 데이터가 비록 불완전하지만(대부분의 사용자는 아마존의 제품 중 극히 일부만 구입한다는 측면에서) 대량으로 존재할 때, 이들을 소수의 표준 사용자 유형으로 분류하고 각 유형별로 새로운 제품을 정확하게 추천하는 것이다.

에코 챔버 평형

따라서 아마존도 웨이즈처럼 사용자 집단의 행동 데이터인 구매 내역(웨이즈의 경우에는 운전 정보 및 교통량)을 수집하며, 수집한 데이터를 바탕으로 개인별로 제품 추천(웨이즈의 경우에는 경로 추천) 최적화를 수행한다고 할 수 있다. 그런데 웨이즈를 이용한 출퇴근과 아마존을 통한 쇼핑 비교에서 알아내기 힘든 부분은 쇼핑이 '게임'이 되는 지점은 어디인지와 과연 아마존은 사용자들을 나쁜 이기적 균형 상태로 이끄는가 하는 것이다. 도로에 운전자가 많아지면 교통량이 증가하기 때문에 실제로 나에게 부정적인 영향을 준다고 할 수 있다. 그러나 온라인 쇼핑을 하는 다른 사용자들은 내게 어떤 부정적인 (또는 긍정적인) 영향을 주는 것일까?

협업 필터링의 정의에 따르면 어떤 식으로든 영향을 주는 것은 확실하다. 집단 데이터를 분석해 사용자 유형을 도출한 후 사용자를 그중 한 유형으로 분류하면, 그 사용자에게 추천되는 제품들은 해당 유형 사람들의 쇼핑 내역을 바탕으로 만들어진 모델이 지정하는 제품들로 좁혀진다. 만약 이 머신러닝 모델이 미국산 자동차를 몰고 사냥이 취미인 사람들은 포스트 모더니즘 소설보다는 스티븐 킹의 소설을 읽을 가능성이 높다고 암묵적으로 학습한다면, 실제로는 그들이 토마스 핀천의 소설을 좋아한다고 해도 일단 학습한 방향대로 추천을 진행한다. 물론 사람들은 누구나 자유 의지가 있기 때문에 아마존의 추천을 무시하고 자신의 판단과 기분을 따를 수도 있다. 그러나 이것은 구글맵과 웨이즈에도 해당된다. 즉, 사람들은 언제든 빠른 길보다는 비록 느리지만 경치가 훨씬 더 좋은 길을 선택할 수도 있고, 아니면 아예 그 앱을 삭제해버릴 수도 있다. 그러나 모델의 추천에 따르는 사람들이 많아질수록, 더 많은 집합 행동들이 모델의 영향을 받는다.

쇼핑의 경우 전체 사용자들의 구매 내역에서 머신러닝이 도출한 통찰력을 바탕으로 개별화된 제품 추천을 받는 혜택을 누린다. 그러므로 아마도 머신러닝 모델로 인한 좋은 균형 상태나 최소한 중립적인 균형 상태를 추구한다고 말할 수 있을 것이다. 즉, 출퇴근 상황처럼 도로 수용량이라는 제한된 자원을 놓고 경쟁하는 것이 아니기 때문에, 피해를 보는 사람 없이 모든 참여자를 동시에 최적화할 수 있다는 것이다.

그러나 쇼핑과 매우 유사한 사례인 뉴스 분야에 협업 필터링이 적용되는 경우에는 상황이 다르다. 예를 들어, 페이스북 같은 플랫폼에서는 강력한 머신러닝 기법을 적용해 전체 사용자의 데이터를 수집하고, 개별 사용자의 관심사를 분석해 모델을 생성하고, 생성된 모델을 가지고 사용자의 뉴스피드에 표시할 내용을 선택한다. 이 과정에서 정보를 거르는 현상이 발생하는데 이를 '에코 챔버echo chamber'(또는 필터 버블filter bubble) 효과라고 한다. 즉, 사용자의 기존 신념이나 성향에 부합하는 정보와 기사들만 표시되는 현상이다. 그리고 사용자의 뉴스피드에 표시되는 글은 알고리즘의 기존 행동을 더욱 강화하는 피드백 루프를 형성한다.

게임 이론의 관점에서 보면 이러한 서비스들은 나와는 다른 관점을 가진 여론이나 정치적 견해에 대해서는 알아보지도 않을뿐더러, 무조건 반대하는 식의 양극화를 만드는 나쁜 균형 상태를 초래한다. 사용자들은 모두 (자신이 선호하는 글만 찾아 읽는 식의) 최적 반응을 하고 있지만, 사회는 기술 때문에 오히려 병들어가는 셈이다. 이러한 양극화로 인해 온라인 커뮤니티들이 자신과 다른 의견에 거의 노출되지 않다 보니, 커뮤니티 내 '가짜 뉴스'가 쉽게 퍼질 수 있는 상황이 만들어졌다. 게다가 특정 온라인 커뮤니티에 가짜 뉴스를 올리려고 의도적으로 생성한 허위 페이스북 계정(심지어 진짜 같은 프로필 정보도 존재)처럼 고의적인 조작 시도들이 만연하고 있다.

여기서 아마존과 페이스북의 균형 상태 유도 방식은 거의 동일할뿐더러, 두 서비스 모두 전체 참여자의 선택을 동시에 최적화하는 알고리즘 및 모델 기반 시스템의 직접적인 결과라는 사실에 주목할 필요가 있다. 동일한 이기적 균형 상태라도 어떤 소설을 읽을지 또는 어떤 휴가지로 여행을 갈지를 선택하는 경우와는 달리, 여론 및 숙의 민주주의를 위협하는 경우에는 더욱 나쁘게 느껴진다. 2장의 공정성 문제처럼, 이 문제도 이해관계가 중요하다.

정량화와 다양성 주입

만약 뉴스 필터링이나 쇼핑에서의 에코 챔버 효과가 마음에 들지 않는다면, 그래서 페이스북이나 아마존에서 사용하는 알고리즘을 개선하고 싶다면 어떻게 해야 할까? 무난한 방법 중 하나는 사용자의 기존 선호와 다른 제품이나 뉴스 기사를 의도적으로 보여주는 방식을 사용해 추천 항목의 다양성을 높이는 것이다. 또한 이 방식을 사용하면 (사용자를 짜증 나게 만들 수 있는) 무작위 방식이 아니라 알고리즘에 의해 계획적으로 수행할 수 있다.

즉, 협업 필터링 같은 방법으로 도출한 유형에 사용자를 매핑하는 것이 가능하다. 왜냐하면 이 모델들은 유형과 사용자를 공간에 배치하기 때문에 이들 간의 거리를 정량적으로 측정할 수 있기 때문이다. 따라서 모델로 유형을 추정할 수 있을 뿐만 아니라 다른 유형들과의 유사성이나 차이점도 알 수 있다. 예를 들어, 앞서 다룬 3권의 책 사례의 경우 『샤이닝』을 좋아하는 원 구름 영역에서 포스트 모더니즘 소설을 좋아하는 삼각형 구름 영역까지의 거리를 측정하는 식이다.

만약 정말로 사용자의 견해와 상반되는 뉴스를 제시하는 필터링 알고리즘을 원한다면, 사용자의 (공간에서 가장 먼 곳에 위치하는) 반대 유형에 해당하는 뉴스 기사만 의도적으로 골라 제시할 수도 있다. 물론 이런 급진적 접근 방식은 사용자를 당황시키거나, 때로는 불쾌하게 할 가능성도 있다. 그러나 여기서 말하고자 하는 핵심은 이런 방식의 알고리즘이 (2장에서 논의했던 공정성과 프라이버시 매개변수에 영향을 주는) '조절기' 역할을 할 수 있다는 것이다. 이를 통해 전적으로 이기심만 추구하는 에코 챔버 상태에서부터, 안전지대를 약간 벗어난 정도의 추천 상태, 아니면 아예 극단적으로 반대편에 있는 사람들의 관점을 보여주는 상태까지 조절할 수 있다(그리고 플랫폼이 허용하는 이러한 조절을 개인이 직접 설정할 수도 있다). 게다가, 알고리즘 측면에서 투명성을 높이는 방법으로 아예 '반대 의견'이라는 버튼을 명확히 표시해서 사람들이 다른 의견을 탐색해볼 수 있도록 추천하는 방법도 가능할 것이다.

따라서 사회적으로 좀 더 나은 해법을 추구하려는 목적으로 이기적 알고리즘에 비하면 꽤 급진적인 알고리즘(예: 맥스웰 2.0)을 제안했던 출퇴근 게임에서와 달리, 현재 사용 중인 알고리즘과 모델을 약간만 변경해 에코 챔버 효과를 해결할 수 있다. 이는 기존 코드에서 단지 몇 줄만 바꾸는 정도일 것이다.

대학병원과 레지던트의 매칭 문제

지금까지 우리는 출퇴근, 쇼핑, 뉴스 읽기 등 사람들이 일상적으로 경험하는 것을 사례로 삼아, 개인의 선호와 집단 복지, 게임 이론과 알고리즘 간의 상호작용을 설명했다. 그러나 알고리즘 게임 이론은 사실 좀 더 전문적인 분야에서 매우 중요한 결정을 하는 데 핵심적으로 사용됐다.

그러한 분야 중 하나로 잘 알려진 것이 바로 경제학에서 말하는 이른바 **매칭 시장**matching market이다. 매칭이라는 용어를 들으면 '커피가 베이글을 만나다' 부류의 데이트 앱이 먼저 생각나겠지만, 사실 매칭 시장은 공적 분야에서 개인을 서로 연결하거나 기관과 개인을 연결하는 경우에 훨씬 일반적으로 사용된다. 그중 오래되고 대표적인 적용 사례 중 하나는 레지던트(전공의) 채용 분야이며, 여기서는 국립 레지던트 매칭 프로그램NRMP, National Resident Matching Program('더 매치The Match'라는 이름으로 유명하다)을 다뤄보자.

우선 기본적인 문제 정의를 하면 다음과 같다. 레지던트 지원자들은 희망하는 대학병원에 대한 잠재적인 지원 순위표를 갖고 있다. 예를 들어, 지원자 중 일레인과 새드의 희망 병원 지원 순위표는 다음과 같다고 하자(이름 뒤에 붙은 부호는 뒤에서 설명하며, 지금은 무시한다).

일레인	새드
하버드	코넬
존스홉킨스	UC샌디에이고@
UC샌디에이고&	하버드#
베일러	존스홉킨스

반대로 지원자의 제출 서류와 인터뷰 결과를 토대로, 대학병원도 역시 자체적으로 만든 지원자들의 순위표를 갖고 있으며 다음과 같다.

하버드	UC샌디에이고
새드#	로저
일레인	새드@
로저	일레인&
기네스	메리

따라서 이것은 지원자와 대학병원으로 이뤄지는 양면 시장이다. 그리고 각 지원자는 단 1개의 병원만 선택할 수 있고, 각 병원은 소수의 지원자만(이번 사례에서는 단 1명만 가능하다고 가정) 받을 수 있다는 제한 조건도 있다. 따라서 데이트나 출퇴근의 사례처럼, (수천 명의 지원자와 수백 개의 대학병원으로 구성된) 거대한 시스템에서 상호작용과 선호에 따른 경쟁이 발생하는 조건에서 바람직한 해법을 최대한 빠른 알고리즘으로 찾아내는 문제가 된다.

이 문제에서 바람직한 해법을 찾는 방식으로서 우선은 발생하지 않았으면 하는 상황을 먼저 분석해보자. 이를 위해 앞에서 언급한 지원자인 일레인과 새드의 순위표를 다시 살펴보자. 여기서 일레인은 UC샌디에이고와 매칭되고(둘 다 이름 옆에 '&' 표시가 있음), 새드는 하버드(둘 다 '#' 표시가 있음)와 매칭된다고 가정하자. 그런데 다른 매칭의 결과와 관계없이, 이 해법은 불안정하다고 할 수 있다. 왜냐하면 새드는 하버드보다 UC샌디에이고를 선호하고, UC샌디에이고 역시 일레인보다 새드를 선호하기 때문이다. 즉, '@'로 표시된 매칭이 '&'와 '#'의 매칭보다 새드나 UC샌디에이고 모두에게는 더 좋은 결과다. 따라서 일레인과 하버드는 매칭 결과에 만족할 수도 있지만, 새드와 UC샌디에이고는 지정된 매칭에서 이탈해 서로 직접 연결하려는 동기를 부여받게 된다. 이러한 상황이 반복되다가 더 이상의 잠재적 이탈 가능성이 없는 상태가 되면 이를 안정 매칭이라 부른다.

안전 매칭은 개념적으로는 내시 균형과 매우 비슷하지만, 이번 사례의 경우에는 양면 시장의 본성 때문에 두 당사자(지원자와 병원)는 상호 선호하는 결과로 이탈할 경우 같이 이동해야 한다. 그리고 내시 균형과 마찬가지로 안정 매칭은 모두가 결과에 만족할 것을 보장하지 않는다. 예를 들어, 한 지원자가 자신이 제출한 순위표에서 117번째에 해당하는 병원과 매칭됐다면 그리 기분이 좋지는 않을 것이다. 그러나 116번째까지의 병원은 이미 더 나은 지원자를 받았기 때문에 이 지원자가 취할 수 있는 다른 방법은 없다. 안정 매칭 상태에서 매칭된 지원자와 병원들은 서로를 떼어낼 방법이 없는 것이다. 그럼에도 불구하고 안정 매칭이 아닌 해법의 경우 이탈 문제가 확실히 발생한다는 점을 고려하면, 안정 매칭은 짝짓기나 할당 문제의 직관적 해법이라고 할 수 있다. 그리고 누군가에게 이익을 주려면 다른 사람의 피해를 감수할 수밖에 없기에 이는 파레토 최적해이기도 하다(이는 2장에서 다룬 정확도-공정성 파레토 곡선과 유사하다).

안정 매칭도 꽤 오래된 역사를 가지고 있으며, 이를 처리하는 빠른 알고리즘의 경우 적어도 1962년 데이비드 게일David Gale과 로이드 섀플리Lloyd Shapley의 연구까지 거슬러 올라간다. 게일-섀플리 알고리즘은 위키피디아에도 쉽게 기술될 정도로 간단하며, 과거 빅토리아 시대의 남녀 간 구혼 과정을 통해 재미있게 설명할 수 있다.

- 첫 번째 라운드에서 a) 짝이 없는 남성들은 가장 선호하는 여성에게 구혼을 한다. 그러면 b) 여성은 가장 맘에 드는 구혼자에게는 '예'라고 대답하고, 그 외 구혼자들에게는 '아니요'라고 한다. 그 결과 이 여성과 남성은 잠정적으로 약혼 상태가 된다.
- 이어지는 후속 라운드에서 a) 짝이 없는 남성들은 역시 가장 선호하는 여성에게 구혼을 한다. 단, 이때 여성이 이미 약혼 상태인지는 관계없다. 그러면 b) 여성은 현재 짝이 없을 수도 있고 이미 약혼 상태일 수도 있지만, 이번 구혼자가 맘에 드는 경우라면 '예'라고 대답한다(이 경우, 잠정적으로 약혼 상태였던 구혼자는 짝이 없는 상태가 된다). 잠정적 매칭의 속성은 이미 약혼한 여성이라도 짝을 '바꿀 수 있는' 권리를 갖는다는 것이다.
- 이 과정을 모든 참여자가 약혼 상태가 될 때까지 반복한다.

게일-섀플리 알고리즘에는 두 가지 특장점이 있다. 첫째, 선호도에 상관없이 모든 참여자가 매칭된다(즉, 남녀가 동수일 경우 매칭에서 이탈하는 상황은 없을 거라고 가정한다. 이를 의대생과 병원 매칭에 적용한다면 의대생의 경우 어떤 병원이라도 합격하길 바란다). 둘째, 알고리즘이 계산한 매칭 결과가 안정적이다. 한편, 남녀(또는 의대생과 병원)가 동수가 아닌 경우 또는 시장의 한쪽(예: 대학병원)이 2명 이상의 참가자를 수용할 수 있는 상황에서도 일반적으로 적용할 수 있는 알고리즘 또한 존재한다. 이러한 알고리즘은 실제 현장에서도 많이 사용되는데, 대표적인 사용 사례는 대학병원과 레지던트 매칭이나 공립고교나 대학 클럽에서의 학생 배치 등이다(이와는 반대로, 미국의 대입 전형은 좀 더 무모한 방식으로 이뤄진다. 대학 입학처는 수시 전형(조기 전형), 정시 전형(표준 학력시험 채택 여부), 추가 에세이 등과 같이 판단에 유리한 모든 전형을 시도함으로써 학생 지원자와 부모들은 힘들더라도 자신들에게 유리한 방식을 사용한다).

실생활에서 접할 수 있는 가장 중요한 알고리즘 매칭 분야 중 하나가 바로 신장 기증자와 수혜자를 연결하는 분야다. 여기서의 의사결정은 한 사람의 목숨과 바로 직결되는데, 이는 신장 질환 환자의 많은 수가 기증자를 기다리다 사망하며, 기증자와 수혜자의 혈액형이 일치해야만 신장 이식이 가능하다는 제약 때문이기도 하다(이식을 하려면 이 외에도 많은 의학적 호환성이 충족돼야 한다). 여기서 기증자의 혈액형과 생물학적 속성을 수혜자에 대한 '선호도'의 방식으로 표현할 수 있다. 즉, 기증자는 장기 호환의 문제가 있는 수혜자보다는 이식이 가능한 수혜자에게 기증하기를 '선호'한다고 표현할 수 있다. 마찬가지로, 수혜자도 장기 호환이 가능한 기증자에게 이식받는 것을 선호한다.

이 문제는 병원-레지던트 매칭보다 복잡한 세부사항들이 많지만, 그럼에도 효율성과 확장성을 높인 실용적인 알고리즘이 존재한다. 여기서 말하는 효율성이란 전 세계 병원에서 발생하는 총 호환 이식 수를 최대화하는 것을 의미한다. 이 알고리즘을 도출한 앨빈 로스Alvin Roth는 알고리즘과 게임 이론에 기반한 통찰력을 가지고 문제에 접근했을 뿐만 아니라, 의료계와 병원이 기증자와 수혜자의 데이터를 확보하는 것이 가치 있다는 사실을 확신시키려고 노력한 점을 인정받아 2012년 로이드 섀플리와 공동으로 노벨 경제학상을 수상했다.

알고리즘의 심리 게임

지금까지 우리는 개인이나 조직 내에서 선호가 서로 상충하는 복잡한 문제에 대해 알고리즘적 해법을 제공할 수 있는 다양한 환경(및 자율주행차 같은 미래 환경)을 알아봤다. 여기서 제안된 알고리즘들은 비록 완벽하진 않으나 효율성(예: 총 출퇴근 시간 감소)과 다양성(예: 다양한 뉴스 노출), 안정성(예: 안정적 매칭 중재)처럼 사회적으로 바람직한 속성을 중재하려고 시도한다는 측면에서 사회적 인식을 한다고 말할 수 있다.

그러나 최근 변화된 게임 이론 활용 방법은 외부 사용자 집단보다는 알고리즘 내부를 설계하는 데 사용하는 것이다. 이런 환경에서는 알고리즘이 해결해야 하는 인간의 활동(예: 출퇴근 게임)이 없으며, 오히려 알고리즘 '내부'에서 자체적 목적으로 수행된다.

이런 개념을 구현한 초기 사례 중 하나가 바로 보드 게임용 머신러닝의 자가 대전self-play이다. 예를 들어, 최고의 실력을 갖춘 백개먼 게임backgammon (서양식 전략 보드 게임) 프로그램을 구현한다고 가정해보자. 가장 직관적인 구현 방법은 백개먼 게임의 전략과 확률, 특정 상황에서 어떻게 이동할지에 대한 규칙을 일일이 분석하고, 그 결과를 가지고 코딩을 하는 것이다.

이와는 다른 구현 방식은 백개먼 게임의 규칙(말이 이동할 수 있는 위치)만 알려주고, 전략(시합을 잘하는 방법)은 입력하지 않은 프로그램으로 시작하는 것이다. 아마도 이 프로그램의 최초 버전은 자기 순서에서 (전략과 상관없이) 아무 말이나 골라 움직일 것이고, 비록 초보자와 게임을 하더라도 이기기 힘들 것이다. 그러나 이 프로그램을 처음 구현할 때 적응형(게임을 반복하면서 경험이 누적되며 개선되는 방식)으로 설계했다면, 프로그램을 한 벌 더 생성하고 이 둘이 서로 대전을 하는 방식으로 실력을 향상시킬 수 있다. 즉, 백개먼 게임을 머신러닝 문제로 치환한 다음, 필요한 데이터는 자가 대전 시뮬레이션을 통해 제공하는 것이 가능하다.

이렇게 단순하면서도 특출난 아이디어는 1992년 IBM 연구소의 게리 테사우로Gerry Tesauro가 처음 적용했는데, 그가 만든 자기 학습형 TD-Gammon 프로그램은 세계 최고 수준의 인간의 실력과 버금가는 수준에 도달했다(여기서 TD는 '시간 차이temporal difference'를 나타내는 기술 용어로, 피드백을 받을 때까지 지연이 발생한다는 것을 의미한다. 즉, 백개먼 같은 게임에서는 말을 놓을 때는 이것이 좋은 수인지 나쁜 수인지에 대해 즉시 결과를 알 수 없고, 나중에 게임에서 이기거나 진 후에야 알 수 있다). 지난 수십 년간 이러한 자가 대전 시뮬레이션은 아타리Atari사의 비디오 게임뿐만 아니라, 예전부터 가장 복잡하다고 알려진 바둑에 이르기까지 다양한 게임에서 최고 수준의 프로그램을 설계할 수 있는 강력한 알고리즘 기법임이 증명됐다.

만약 목표가 단지 게임을 잘하는 프로그램을 개발하는 것이라면 내부적으로 자가 대전을 하는 것이 효과적인 설계 원칙이라는 데는 이견이 없을 것이다. 그러나 최근에는 놀랍게도 게임과는 전혀 관련 없는 분야에도 자가 대전 알고리즘을 사용한다. 예를 들어, 진짜 같은 고양이 합성 이미지를 생성하는 컴퓨터 프로그램을 설계하는 문제를 생각해보자(고양이 마니아도 아니면서 왜 이런 문제를 다루는지에 대해서는 뒤에서 다룬다). 백개먼 게임에서 살펴봤듯이 첫 번째 구현 방법은 지식 집약적인 방식이다. 즉, 고양이 전문가를 모시고, 고양이 이미지를 생성하는 데 필요한 색상과 생리학, 자세 등을 연구하고, 이렇게 수집한 전문지식을 코딩해서, 임의의 진짜 같은 고양이 이미지를 생성하는 프로그램을 만드는 방식이다. 그러나 이 방식은 어떻게 작업을 시작할 것인지를 정하는 것도 쉽지가 않다.

또 다른 방법으로는 자가 대전 시뮬레이션 방식이 있다. 이 방식은 생성자와 판별자라는 2명의 참가자가 대전하는 게임을 만드는 것이다. 생성자의 역할은 가능한 한 진짜처럼 보이는 가짜 고양이 이미지를 생성하는 것이다. 반대로, 판별자의 역할은 생성자가 만든 가짜 이미지와 방대한 양의 진짜 고양이 이미지를 가지고 가짜와 진짜를 확실하게 구별하는 것이다. 판별자는 표준형 머신러닝 알고리즘이며, 진짜 고양이에는 양숫값을, 가짜 고양이에는 음숫값을 표시한 데이터 레이블을 가지고 학습을 수행한다. 여기서 핵심은 앞의 TD-Gammon에서처럼 두 참가자 모두를 적응형으로 설계해야 한다는 것이다.

게임이 시작되면, 생성자는 무작위로 픽셀을 선택해서 (누가 봐도 단번에 가짜임을 알 수 있을 정도로) 엉망인 고양이 이미지를 생성한다. 그러면 판별자는 너무도 쉽게 고양이 그림의 진위 여부를 판별할 수 있을 것이다. 이렇게 첫 번째 라운드가 끝나고 판별자가 판별 모델을 생성하고 나면, 생성자는 그 판별 모델을 사용해서 판별자가 약간 혼란스러워할 정도의 가짜 고양이 그림을 만들어낸다. 그러면 판별자 역시 좀 더 어려워진 문제를 해결하기 위해 모델을 개선할 것이다. 이후에도 이런 식으로 속이고 찾는 과정을 반복해서 수행한다. 그러면 양측 참가자 모두가 각자의 역할에서 상당히 전문적인 수준이 될 것이다. 즉, 생성자는 놀랄 만큼 정교한 고양이 이미지를 생성할 것이고, 판별자 역시 사람의 진위 판별 능력을 넘어서는 수준이 될 것이다. 그러나 이 게임은 생성자에게 충분한 학습 기회를 제공하면, 결과적으로 판별자가 질 수밖에 없는 게임이다.

지금까지 설명한 알고리즘 프레임워크를 지칭하는 기술 용어는 GAN^{generative adversarial network}(생성적 적대 신경망)이다. 이 기법은 실제로도 꽤 효과적이기 때문에 특히 딥러닝 분야에서 매우 중요한 요소 기술이며, 이미지 분류와 음성 인식, 자연어 자동 번역과 그 외의 근원적인 문제를 해결하는 데 있어 머신러닝의 질적 수준을 한 단계 올려놓았다(이 기법을 연구한 요슈아 벤지오[Yoshua Bengio]), 제프리 힌튼[Geoffrey Hinton], 얀 르쿤[Yann LeCun]은 딥러닝 분야에서의 선구적 공헌을 인정받아 컴퓨터 과학 분야의 노벨상이라고 알려진 튜링상을 수상했다).

| 그림 21 | GAN으로 만들어낸 고양이 합성 이미지
출처: https://ajolicoeur.wordpress.com/cats

그러나 지금까지 다룬 자가 대전 시뮬레이션과 가짜 고양이에 대한 논의는 이 책의 핵심 주제인 사회 규범과 알고리즘 기반 의사결정의 상호작용과는 동떨어진 것처럼 보인다. 그러나 알고 보니 이런 기법들이 행동 개선 알고리즘을 설계하는 데 있어 핵심 역할을 할 수 있는 것으로 최근의 연구에서 밝혀졌다.

예를 들어, 2장에서 다룬 '공정성 게리맨더링'을 떠올려보자. 성별과 인종, 나이와 장애, 성적 지향 등에 따라 차별하지 않는 모델을 만들었음에도 불구하고, 이 모델은 연소득이 5만 달러 이하이면서 55세가 넘는 장애인 게이 히스패닉 여성들에게는 불공정한 것으로 나타났다. 이는 명시적으로 요구하지 않는 기능을 '저절로' 제공하지는 못하는 머신러닝의 또 다른 사례일 뿐이다. 2장에서는 이 문제의 해법으로 학습자와 규제자 간의 시뮬레이션 게임을 하는 알고리즘에 대해 짧게 언급했었다. 여기서 학습자는 오류를 최소화하려고 시도하고, 규제자는 학습자가 만든 모델로 인해 차별받는 하위 집단을 찾아내는 역할을 하는데, 규제자는 백개먼 프로그램이나 생성자에 해당하기 때문에 설계 원칙에 따라 이 알고리즘 역시 시뮬레이션 게임 대전의 한 형태라 할 수 있다. 그러므로 공정성을 추구하려는 규제자의 목표와 정확도를 높이려는 학습자의 목표는 상충될 수 있으며, 그 결과는 두 참여자 간의 절충안(내시 평형)이 될 것이다.

유사하게, 게임 이론 기반의 알고리즘 설계는 차분 프라이버시에서도 유용하다는 사실이 입증됐다. 예를 들어 고양이는 진짜 사진들이 워낙 많아 굳이 가짜 사진을 만들어낼 필요가 없겠지만, 의료 기록을 진짜처럼 보이도록 위조하려는 시도는 매우 많다. 그러나 진짜 의료 기록은 개인 정보 보호 때문에 공유되지 않으며, 이는 종종 과학 연구에 지장을 초래한다. 그래서 최근의 GAN 응용 사례를 보면, 환자의 진짜 기록을 가지고 GAN을 학습시킴으로써 환자의 개인 정보도 보호하면서 누구나 활용할 수 있는 실제와 다를 바 없는 의료 기록을 생성하고 있다. 이 사례 역시 최대한 진짜처럼 합성 데이터를 만들어내는 생성자와 거기서 문제점을 분간해내는 판별자 사이의 게임이 되도록 알고리즘을 설계함으로써 가능했다. 판별자에다 차분 프라이버시를 적용하면, 생성자가 만든 합성 데이터에도 차분 프라이버시가 적용되는 것이다. 이런 이유로 GAN 기법이 등장한 지 얼마 되지 않았음에도 불구하고, 과학자들이 이를 (고양이 외에) 다른 분야에도 도입하기 시작한 것이다.

데이터 과학 분야의 게임

3장의 대부분은 사람들의 선호가 서로 상충되는 상황과 이를 관리하고 (좋게 또는 나쁘게) 중재하는 역할을 하는 알고리즘을 다뤘다. 이렇게 '게임'이 적용되는 상황은 출퇴근이나 쇼핑처럼 일상적인 활동도 있고, 레지던트와 병원의 매칭 사례처럼 전문 분야도 있음을 살펴봤다.

마지막으로 살펴볼 사례 연구는 흥미롭게도 (비록 일부이긴 하지만) 참여자들이 스스로가 복잡한 게임의 일부라는 사실을 깨닫지 못하고 있는 분야다. 그곳은 바로 현대의 과학 연구 분야, 특히 (머신러닝을 포함해) 데이터 분석 및 예측 모델링 생성을 핵심으로 하여 급속히 성장하는 분야다. 이 게임의 참가자는 데이터 분야의 교수와 대학원생, 기업 연구원들이다. 이들은 기존의 실험과 분석에서 문제점을 찾아내거나, 기존 데이터셋의 오류율을 획기적으로 개선하는 등의 결과를 영향력 있는 논문으로 출간해 보상을 받는다. 이렇게 발행된 논문들은 이후 해당 과학계가 선택하는 후속 데이터의 수집과 모델링 작업에 영향을 끼친다. 결과적으로 이 게임은 개인적으로는 매우 신중한 과학자들조차도 지나치게 조작된 데이터셋을 집단적으로 사용하는 나쁜 균형 상태에 빠질 수 있다. 그리고 이렇게 발표된 논문은 비논리적이고 거짓된 '과학적' 발견이라 할 수 있다.

4장에서는 이 사례를 다뤄보려고 한다. 이 게임은 그럴 만한 가치가 있다고 생각한다.

04

(데이터에 미혹되어)
정원에서 길을 잃다

과거의 실적이 미래의 성과를 보장하지는 않는다

어떤 사람이 회사에 출근해서 이메일을 확인하는 상황을 떠올려보자. 받은 편지함을 보니 '중요 주식 정보!'라는 제목의 이메일이 있다. 메일을 읽어 보니 최근 상장된 차량 공유 기업인 리프트사(나스닥:LYFT)의 오늘 주가가 상승할 예정이니 매수를 하라는 내용이다. 물론, 그는 이런 엉터리 메일이 어떻게 스팸 필터에서 걸러지지 않았는지 의아해하며 무시해버린다. 메일을 무시하긴 했지만 혹시나 하는 생각에 증권 시장이 마감된 후 증권 사이트에 들어가서 리프트사의 종목을 확인해본다. 그런데 우연히도 그날 리프트사의 주가가 오른 것을 발견한다. 그러나 주가의 등락은 단순히 동전 던지기만 해도 누구나 반쯤은 맞출 수 있기 때문에 별로 놀라지는 않을 것이다.

그런데 다음 날 같은 사람에게서 또 메일이 도착한다. 오늘은 리프트사의 주가가 떨어질 테니 공매도를 하라는 내용이다. 물론, 이번에도 메일 내용은 무시하겠지만 그럼에도 불구하고 등락 결과는 확인해볼 것이다. 그런데 장

마감 후에 리프트사의 주가가 5%가 넘게 빠졌다는 사실을 확인하면서 이메일 정보가 맞았다는 사실에 깜짝 놀랄 것이다. 다음 날 또 다시 리프트사의 주가가 떨어질 것이라는 이메일을 받고 그다음 날에는 오를 것이라는 이메일을 받는다. 이렇게 10일간 아침마다 도착한 이메일은 그날의 주가의 등락을 정확하게 예측한다.

처음에는 그냥 궁금했을 뿐이지만, 이제는 정말 관심을 갖게 된다. 메일을 받기 시작한 며칠 후부터는 혹시 메일을 보내는 사람이 리프트사의 직원이어서 내부 정보로 불법적인 팁을 주는 것이 아닐까 의심도 한다. 그러나 이런 생각을 뒷받침하는 어떤 뉴스나 사건도 없는데다, 리프트사 주가의 무작위적인 등락을 설명하기는 힘들 거라고 생각한다. 마지막으로, 11일째 되는 날 도착한 이메일에는 앞으로도 주식 매매 추천을 받으려면 송금을 하라는 내용이 적혀 있다. 비록 수수료가 저렴하지는 않지만 그만한 가치가 있다는 문구도 적혀 있다. 이메일을 보내는 사람이 상당히 정확하게 주가를 예측한다는 사실은 이미 지난 열흘간 무료로 증명했기 때문이다.

그는 아마 잠깐 고민을 할 것이다. 이메일 발신자가 10일 동안 제대로 예측했다는 사실을 믿어야 할까? 당신이 통계학의 가설 검정을 알고 있다면 귀무가설을 세우고 이를 기각함으로써 확인을 하고 싶을 것이다. 이 경우 귀무가설은 발신자가 주가 예측을 하는 것이 동전 던지기보다 나을 게 없다는 것이다. 즉, 특정 날짜에 리프트사의 주가 등락을 정확하게 맞출 확률은 50%다. 그런 다음 귀무가설에 해당하는 p 값을 계산한다. 귀무가설이 사실이라면 연속으로 정확하게 10번을 맞추는 아주 드문 경우를 관찰할 수 있어야 한다. 만약 발신자가 특정 날짜에 정확한 예측을 할 확률이 50%에 불과하다면 10일 연속으로 정확하게 답을 맞출 가능성, 즉 p 값은 동전을 던졌을 때 10번 연속해서 앞이 나오는 경우의 확률값과 같은 0.0009가 된다. 이는 매우 작은 값이며, 통상 과학 분야에서 통계적으로 의미 있다고 판단하는 p 값의 기준인 0.05보다 훨씬 작다. 그러므로 과학적 기준에 따라 귀무가설을 기각하며, 상대방(메일 발신자)은 실제로 상당히 정확하게 주가를 예측하는 것이라고 결론을 낸다. 그리고 그에게 돈을 송금한 후 약속대로 매일매일 주가 정보 팁을 받는다. 그러나 갑자기 다른 상황이 발생한다. 이제는 발신자가 보내주는 주가 예측이 맞는 날도 있고 틀리는 날도 있는 것이다. 그래서 결과적으로는 동전 던지기와 다를 바가 없는 상태가 된 것이다.

그렇다면 무엇이 잘못된 것일까? 가설 검정이라는 과학적 방법은 왜 실패한 것일까? 그것은 바로 이메일 사기의 핵심이 **규모**scale와 **적응성**adaptivity이기 때문이다. 앞의 사례에서 피해자가 간과한 것은 사기꾼이 이메일을 보낸 대상이 자신 외에도 아주 많다는 사실이다. 즉, 사기가 이뤄지는 방식은 다음과 같다. 우선 첫째 날에 사기꾼은 백만 명에 달하는 사람들에게 이메일을 보낸다. 이 거대한 숫자가 이메일 사기의 '규모' 부분인데, 사기꾼이 보낸 이메일 중 절반은 주가 상승을 예측하고 나머지는 하락을 예측한다. 그러면 주가가 오르든 내리든 대상 중 절반은 정확할 것이다. 그리고 잘못된 예측을 보낸 대상자 그룹에게는 신뢰를 잃었기 때문에 미련 없이 버린다. 둘째 날에 사기꾼은 정확한 내용을 보냈던 50만 명을 대상으로 또 다시 이메일을 보낸다. 그중 절반은 주가 상승을 예측하고 나머지는 하락을 예측하는 방식은 동일하다. 이런 식으로 사기꾼은 이메일을 송신을 반복하면서 정확한 예측을 보낸 대상자만 선정하는데, 이것이 이메일 사기의 '적응성' 부분이다.

이런 식으로 열흘이 지나면 10번의 정확한 예측을 받은 사람들이 대략 천 명 정도 남는다. 그러면 이제 이들에게만 입금 요청을 하는 것이다. 이들 대부분은 아마도 이처럼 정확한 주가 예측이 연속해서 이뤄질 가능성은 매우 적다고 생각하겠지만, 사실은 주식 시장에서 어떤 등락이 발생하든 관계없이 적어도 약 천 명의 사람들에게는 족집게 같은 예측 결과를 제공할 수 있었다. 그러므로 그들이 입금 요청을 받고 이를 수락할지 여부를 결정하는 데 있어

10번의 정확한 '예측' 경험이 중요한 역할을 하리라는 사실은 명확하다.

이런 이메일 사기는 뒤집힌 나무 모양의 '트리 구조'로 시각화하면 쉽게 이해할 수 있다. 나무의 맨 위(루트)에는 백만 명의 잠재적 사기 피해자들이 있다. 이들 중 임의로 분류된 50만 명은 첫날 주가 '상승'을 예상하는 이메일을 받고(루트의 왼쪽 가지), 다른 50만 명은 주가 '하락'을 예상하는 이메일을 받는다(루트의 오른쪽 가지). 첫째 날의 결과에 따라 두 가지 중 하나는 제외되고, 남은 가지는 최종 피해자 그룹에 도달할 때까지 계속 나뉜다. 따라서 사기 행위는 그날그날의 주가 움직임에 따라, 매일 큰 나무의 한 가지를 지나간다.

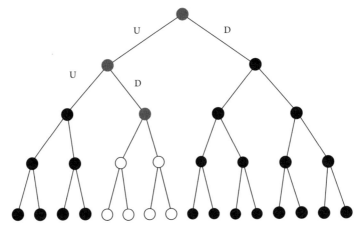

| 그림 22 | 주식 시장을 대상으로 한 이메일 사기 기법의 트리 구조. 나무의 각 단계는 하루를 나타낸다. 회색선을 따라가는 경로가 리프트 주가의 실제 움직임이다. 나뭇잎은 사기꾼의 표적이 되는 사람들이다. 검정색 나뭇잎은 틀린 예측을 받은 사람들이고, 흰색 나뭇잎은 현재까지 정확한 예측을 받은 사람들이다.

결함이 있는 통계적 추론이 규모와 적응성으로 인해 합리적으로 둔갑하는 함정에 빠지는 일은 생각보다 자주 발생한다. 헤지 펀드의 경우도 의도하지는 않았겠지만 집합적으로는 이메일 사기에서의 발신자 전략과 매우 유사한 방식을 따른다. 미국에서 헤지 펀드는 투자 은행이나 뮤추얼 펀드에 비해 아주 가벼운 규제만 받고 있다. 특히, 정부 기관이나 공공 데이터베이스 어디

에도 펀드의 운용 성과를 보고할 의무가 없다. 그러나 자신들이 원하면 제출은 가능한 시스템이다. 그러므로 운용 성과가 좋을 때만 자발적으로 제출을 하는 방식으로 신규 투자자 유치에 활용한다. 그러나 펀드의 실적이 나쁠 때는 굳이 성과를 보고하지 않는다. 그 결과 외부에 공개되는 헤지 펀드의 성과는 좋은 결과만 나타나며, 마치 이메일 사기에서처럼 수익성이 높게 과장되는 경향이 있다(2012년 연구에 의하면 자발적으로 공개된 헤지 펀드의 경우 수익율이 전체 헤지 펀드 대비 60%까지 과장되는 경향이 있다고 한다).

그리고 이러한 함정은 이메일 사기와 헤지 펀드, 그 외 영리를 추구하는 벤처기업들에만 국한되는 것이 아니다. 4장에서 자세히 살펴볼 텐데, 이런 류의 문제는 현대의 과학 연구 분야에 만연한 현상이기도 하다.

파워 포즈와 프라이밍, 그리고 포도주

비록 p 값이나 헤지 펀드가 낯선 사람이라도, 인간의 삶을 바꿀 엄청난 과학적 발견을 했다고 주장하는 소셜 미디어의 글을 봤거나, 그런 류의 글을 이메일로 보내주는 귀가 얇은 친구들이 하나쯤은 있을 것이다. 예를 들어, "무병장수를 원하세요? 그렇다면 포도주를 규칙적으로 드세요. 또는 초콜릿을 좀 더 많이(또는 적게) 드세요. 석류나 녹차, 퀴노아나 아사이 베리 등 슈퍼푸드를 섭취하세요"와 같은 주장들을 말한다.

이런 류의 사례 중 하나를 들어보자. 잠시 후 취업 면접을 앞둔 사람이 스스로에게 자신감을 불어넣고 싶다면 어떻게 하는 것이 좋을까? 이와 관련된 아주 유명한 SNS 게시물 중 하나가 바로 에이미 커디Amy Cuddy의 2012년 테드TED 강연 영상인 '당신의 보디 랭귀지가 당신의 모습을 결정한다'라는 것인데, 무려 5천만이 넘는 조회수를 기록한 영상이다. 여기서 커디는 스스로에게 자신감을 불어넣기 위해서 2분간 '파워 포즈' 자세를 취할 것을 추천한다.

대표적인 파워 포즈는 '원더우먼' 자세로서, 허리에 손을 얹고 턱을 치켜드는 것이다. 이 자세를 취하면 스스로에 대한 확신감이 들 뿐만 아니라 테스토스테론이 증가하고 코르티솔은 감소하는 등의 생리학적 변화가 확연하다고 주장한다. '2분간의 호르몬 변화가 뇌에 영향을 주어 자신감을 높이면서 편안한 감정을 느낀다'고 주장하는 강연은 꽤나 설득력이 있다.

| 그림 23 | 팝테크(PopTech) 2011 행사에서 에이미 커디가 원더우먼 영상을 배경으로 파워 포즈를 선보이고 있다. 출처: 위키피디아

이 글을 읽는 독자라면, 이렇게 사소한 자세를 취하는 것이 뇌에 심오한 영향을 준다는 말을 들어도 별로 놀라지 않을 수 있다. 아마도 이런 류의 주장을 예전부터 많이 들어봤을 것이기 때문이다. 예를 들어 1996년에 실시된 최초의 프라이밍(점화 효과) 연구에 따르면, 사람들이 노인과 관련된 단어인

주름살, 플로리다, 빙고 같은 단어를 읽은 다음 바로 걸어보면 약간 느리게 걷는다고 한다. 후속 연구에서는 미국 국기를 쳐다보면 공화당을 더 지지하게 된다거나, 영화 화면의 중간 중간에 사람이 알아채지 못할 정도로 빠르게 지나가는 맥도널드 로고를 삽입하면 사람들이 맥도널드 햄버거를 먹고 싶어 조바심을 낸다는 주장도 있다.

이러한 주장을 들으면 언뜻 믿기 어려울 것 같지만, 각 사례는 그 주장을 뒷받침하는 과학 연구가 있다. 그러니 많은 사람들이 이런 주장을 믿을 수밖에 없지 않겠는가?

과학이라는 게임

이메일 사기 피해자의 발생 원인이라 할 수 있는 결함이 있는 추론은 과학 논문에서도 문제가 된다. 2005년 스탠퍼드 대학교의 의약 및 통계학 교수인 존 이오아니디스^{John Ioannidis}는 그의 논문을 통해 '출판된 연구 성과들의 대부분은 거짓'이라고 주장했다. 그러면 알고리즘 해법으로 다시 돌아가기에 앞서 과학적 발견의 알고리즘화로 인해 악화되는 이런 문제의 몇 가지 원인을 살펴보자.

이메일 사기에서와 마찬가지로, 과학 분야에서의 가짜 발견도 규모와 적응성을 결합하는 방식으로 이뤄진다. 규모를 키우는 것은 동일 데이터를 가지고 실험을 계속 반복함으로써 단순히 연구량을 늘리는 식으로 가능하다. 이는 매우 일반화된 문제로서, 머신러닝에 영향을 끼치는 만큼 의학 연구에도 해를 끼친다. 이에 관한 구체적인 사례로서 아사이 베리가 많은 든 음식을 먹은 실험쥐가 더 오래 사는지에 대한 연구를 살펴보자. 실제로는 수명에 어떤 영향도 끼치지 못하는 '슈퍼푸드' 실험은 마치 동전 던지기를 반복하는 것과 다를 바 없다. 따라서 실험쥐의 평균 수명은 다른 쥐들과 비슷하지만, 실험 도중에 우연히 더 오래 사는 사례가 발생할 수는 있다. 이 상황을 동전 던지기에 비유하면, 동전을 10번 던지면 평균적으로 앞면이 5번 나오겠지만 앞면이 훨씬 더 많이 나오는 경우도 있다는 것이다. 앞면이 우연히 많이 나오는 경우가 있듯이 평균 기대 수명보다 오래 사는 실험쥐가 우연히 많이 생기는 경우만 보고, 상당한 효과를 내는 슈퍼푸드를 발견했다고 잘못 발표할 수도 있는 것이다. 그러나 동전을 다시 10번 던져보면 알 수 있듯이, 해당 실험도 재시행하면 슈퍼푸드가 실험쥐의 수명에 거의 영향을 주지 않는다는 사실이 드러날 것이다.

아무리 운이 좋다고 해도 동전을 10번 던졌는데 10번 모두 앞면이 나오는 경우는 거의 없을 것이다. 그렇기 때문에 비록 예측하지 못한 변이로 인한 위험이 일부 있음에도 불구하고, 과거의 결과를 미래 예측의 근거로 삼는 것이다. 그러나 이메일 사기 사례에서 볼 수 있듯이 이런 실험을 백만 번 정도 반복 시행하면, 앞에서 언급한 희귀한 사건이 거의 천 번쯤 발생한다. 그러나 백만 번의 실험 결과를 모두 알고 있다면 대부분은 임의의 순서대로 나오고, 연속해서 앞면이 10번 나오는 경우는 드물다는 사실을 알 수 있기 때문에 천 번 발생한 사건이 별문제가 되지 않는다. 그러나 전체가 아닌 일부의 결과만 공개하는 경우라면 문제가 발생한다. 이것이 적응성 부분이다.

같은 실험을 반복 수행하거나, 같은 데이터를 대상으로 다른 통계 테스트를 반복 실행하면서 그중 가장 흥미로운 결과만 보고하는 것을 p 해킹p-hacking이라 한다. 앞에서 언급했듯이 p 값은 통계적 유의성을 판단할 때 일반적으로 사용하는 값인데, 과학자들은 (의도했거나 또는 무의식적으로) p 해킹 기법으로 실험 결과를 더 두드러지게 만든다. 이 기법은 통계적으로 유효한 방식은 아니지만, 현대 과학 출판계의 구조로 인해 많은 연구자들이 시도할 수밖에 없는 상황이다. 이런 현상이 발생하는 원인은 과학 학술지마다 등급이 다르기 때문이다. 다른 분야와 마찬가지로 과학 학술지에도 높고 낮은 등급이 존재하며, 연구자들은 가능하면 높은 평가를 받는 권위 있고 유명한 학술지에 논문을 발표하고 싶어 한다. 그래야만 향후 취업이나 승진에서 유리하기 때문이다. 과학 학술지의 입장에서도 가능한 한 높은 명성과 권위를 지키고자, 가능하면 많은 연구자들이 인용할 만한 흥미롭고 획기적인 논문을 게재하려고 한다. 이런 경향을 꼭 부정적으로 볼 필요는 없을 것이다. 만약 구기자 열매가 마라톤 기록을 향상한다는 연구 결과가 나오면 전 세계 매체에 대서특필될 테지만, 별로 효과가 없다는 연구 결과를 헤드라인에 올리는 매체는 거의 없을 테니 말이다.

3장에서 다룬 게임 이론에 따르면 이런 상황도 게임의 한 종류이며, 유명 학술지들은 아주 까다로운 심사를 통해 대부분의 논문을 탈락시키는 방식으로 균형 상태를 유지한다. 이 게임의 참여자들은 통계적으로 유의미한 결과만을 추구하려는 강한 동기를 부여받는 동시에, 유명 학술지에 실리지 않을 것 같은 연구 과제에는 시간과 노력을 투자하지 않을 것이다. 예를 들어, 어떤 치료법은 효과가 없다는 부정적 결과를 도출한 논문은 권위 있고 유명한 학술지에 실리는 부류의 논문이 아니다. 결과적으로 연구자 개인이나 연구 팀이 p 해킹을 하지 않았다 하더라도, 출간된 논문을 살펴보면 전체 연구 결과 중 왜곡된 일부분만을 다룬다는 사실을 알 수 있다. 즉, 상식을 깨는 놀라운 발견을 다루는 보고서들은 볼 수 있지만, 상식에 정확히 부합하는 결과를 도출한 실험 보고서는 볼 수가 없는 것이다. 그렇기 때문에 출간된 논문에서 주장하는 발견이 진짜인지 아니면 우연의 결과인지를 정확히 판단하기가 어렵다.

게다가 이 과정에서 적절한 통계 처리 규정을 따른다면, 연구자는 어떤 불법적인 행위에 개입하지도 않는다는 점에 주목해야 한다. 즉, 한 연구자가 천 번의 실험을 하고 그중 한 번의 특이한 경우만 보고하라고 요구하는 것이 아니다. 그러나 천 명의 연구자가 (선의를 가지고) 한 번씩 실험을 하되, 그중 1개의 특이한 결과를 얻은 연구자의 논문만 출간되기 때문에 결국은 앞의 사례와 다를 바가 없게 되는 것이다.

머신러닝이라는 경쟁 스포츠

p 해킹의 문제가 기존의 과학 분야에만 국한되는 것은 아니며, 머신러닝 분야까지도 확장되어 영향을 끼친다. 「이코노미스트The Economist」는 "머신러닝 분야에서 발표된 논문 중 4분의 3가량은 지나치게 과장됐다"며 MIT의 샌디 펜트랜드Sandy Pentland 교수의 말을 인용했다. 그중 특히 심각한 사례는 2015년 머신러닝 분야의 구인 경쟁이 과열되던 시기에서 발생했다. (앞에서 이미 언급했듯이) 과거에는 신경망의 역전파라고 불리던 딥러닝은 잘 알려져 있지 않았는데, 어느 날 갑자기 혜성처럼 등장해서 컴퓨터 비전과 이미지 인식 분야에서 상당한 성과를 내기 시작했다. 그러나 이 알고리즘을 능숙하게 다루는 전문가가 드물다 보니, 딥러닝 전문가는 과학자라기보다는 예술가 또는 마법사처럼 대접받았다. 그 결과 월스트리트 수준의 입사 보너스와 월급을 제공해야만 이들을 채용할 수 있게 됐다. 게다가 돈으로만 채용할 수 있는 것도 아니었다. 일류 연구자들은 우수한 동료들과 일하고 싶어 했기 때문에 인재를 영입하려는 AI 연구소는 자신들이 최고 수준의 연구소임을 증명해야 했다. 미국의 경우 구글이나 페이스북의 연구소들이 이에 해당한다.

기술을 증명하는 방법 중 하나는 세계적으로 알려진 대회에서 경쟁자들을 압도하는 것인데, 이에 가장 적합한 대회는 이미지넷ImageNet 경진대회였다. 이 대회는 각 팀의 컴퓨터 프로그램이 참가해 이미지 속의 객체를 인식한 후 이를 '목도리 도마뱀', '줄무늬 도마뱀붙이', '오실로스코프', '리플렉스 카메라'처럼 수천 개의 매우 구체적인 범주로 분류하는 것이다. 참가팀들은 주최 측이 제공한 150만 개의 교육용 이미지 세트로 알고리즘을 훈련시킬 수 있다. 교육용 이미지에는 이미 레이블이 붙어 있기 때문에 학습 알고리즘은 각 이미지에 어떤 종류의 객체가 있는지를 알 수 있다. 이러한 경진대회들은 최근 몇 년간 급증했는데, 이 책에서 이미 두어 번 언급했던 넷플릭스 대회는 초창기의 대회 중 하나다. (현재 이미지넷 대회를 주최하는) 캐글Kaggle 같은 상용 플랫폼은 수천 가지의 다양하고 복잡한 예측 문제에 적합한 데이터를 제공하고 경진대회를 주최한다(일부 과제는 우승팀에게 10만 달러의 상금을 제공하기도 한다). 이제 머신러닝은 진짜로 경쟁 스포츠가 된 것이다.

| 그림 24 | 상용 캐글 플랫폼에서 호스팅되는 머신러닝 대회의 목록 일부. 대회 우승팀에게 포상을 하는 사례도 많다.

교육용 이미지를 얼마나 잘 분류하는지로 점수는 내는 방법은 현실적이지 않다. 왜냐하면 알고리즘이 교육용 이미지 전부를 다 외워버리면 일반 규칙을 전혀 생성하지 않고도 맞출 수 있기 때문이다. 따라서 실제 평가에서는 새로운 이미지를 얼마나 잘 분류하는지를 기준으로 삼는다. 그래서 이미지

넷 대회에서는 별도의 '검증' 이미지를 10만 개 갖고 있었다. 한편 주최 측은 참가자들의 준비 상태를 점검할 수 있는 수단도 제공하고 싶었기에, 각 팀이 자신의 모델을 제공하면 그 모델이 몇 개의 이미지를 제대로 '검증'하는지 알려주기로 했다. 이 방식의 경우 테스트 과정에서 검증 이미지가 유출되는 문제가 있다는 사실을 주최 측도 알고 있었다. 그래서 위험을 완화하고자 각 팀은 1주일에 최대 두 번까지만 모델 점검이 가능하도록 제한했다.

대회 참여업체 중에는 AI 선두주자를 희망하는 중국의 검색엔진 바이두^{Baidu}가 있었다. 경진대회가 진행되는 중반에 바이두는 현재 인공지능 분야에서 선두를 달리는 구글보다도 앞선 새로운 이미지 인식 기술을 개발했다고 발표했다. 당시 팀장이던 바이두 소속 과학자는 "우리는 인공지능 분야에서 선두가 됐다. 이제는 경쟁사보다 훨씬 큰 역량을 가지고 있다."라고 말했다.

그러나 대회 종료 후 바이두 팀이 부정행위를 했다는 사실이 들통났다. 그들은 1주일에 최대 두 번만 테스트를 할 수 있다는 제한 규칙을 우회하고자 30개가 넘는 가짜 계정을 만들었다. 바이두 팀은 2015년 3월 15일에서 3월 19일까지 5일간 수행한 40번의 테스트를 포함해서, 총 200번이 넘게 테스트를 수행했다. 이러한 반복 시험 덕분에 검증 이미지에 맞게 모델을 개선하고 정확도를 향상한 것이다. 그러나 바이두 팀의 부정행위로 인해 개선된 결과가 실제로 과학적 진보의 결과인지 아니면 검증 이미지에서 정보를 빼낼 수 있는 허점을 찾아낸 것인지를 알 수 없게 됐다.

부정행위가 적발되자 대회 주최 측은 바이두의 다음 이미지넷 대회 출전 자격을 박탈했고, 바이두 역시 자신들이 제출한 논문을 철회했다. 팀장은 해고됐으며, 바이두는 AI 분야에서 인재 확보 돌풍을 일으키기는커녕 머신러닝 계에서 오명만을 입게 됐다. 그런데 많은 모델을 시험하는 것은 왜 부정행위일까? 가짜 계정을 만든 것이 바이두가 학습 알고리즘을 개선하는 데 어떤 도움을 준 것일까?

본페로니와 바이두

1950년대 이후로 실험을 많이 하지 않으면서 '흥미로운' 결과만 보고하는, 이른바 다중 비교라는 문제가 발생했다. 간단한 예를 들면 다음과 같다. 만약 어떤 사건(예: 동전 던지기에서 20번 연속으로 앞면이 나오는 경우)이 한 번의 실험에서는 발생할 확률이 매우 적다고 하자(예: 백만 분의 일). 실험을 한 번 할 때 이 사건이 발생할 확률이 p라면, 이 실험을 k번 수행했을 때의 사건 발생 확률은 $k \times p$다. 즉, 확률 p를 실험 횟수인 k번만큼 합산하는 것이다. 그러므로 실험을 백만 번 수행한다면 $k \times p = 1.0$이 되므로, 최소 한 번은 20번 연속으로 앞면이 나오는 문제가 발생하는 셈이다. 따라서 다중 비교 문제의 해법 중 하나는 실험을 1회 수행했을 때의 낮은 확률의 결과가 아니라 k를 곱한 값을 보고하는 것이다. 이는 어떤 사건을 보고한다면 (속임수 없이) k번 시도하는 동안 적어도 한 번은 발생한 사건이었을 것이다.

이 방법은 이탈리아 수학자인 카를로 에밀리오 본페로니Carlo Emilio Bonferroni의 이름을 따서 본페로니 교정이라고 한다. 이는 $k \times p$가 작으면 비교적 안전하게 통계적 유의성을 주장할 수 있지만, (앞의 예에서처럼) $k \times p$가 크면 결과가 유의미하더라도 교정을 거치면 그렇지 않을 수 있다는 것이다. 그러므로 이 방법은 연구자가 가장 잘못된 결과를 선택하더라도, 통계적으로 유효한 추론 단계를 적용하기 때문에 '안전'하다고 할 수 있다.[1]

---

1 현실은 이와 상당히 다를 수 있다. 예를 들어, 젊은 연구자들은 (결과 중 어느 것도 쓸 만한 것이 없다면) 가장 잘못된 결과라 하더라도 자신이 발견한 방법을 그대로 제시하려고 할 것이다.

| 그림 25 | 본페르니 교정을 사용했다면 피할 수도 있었을 비논리적 발견들
출처: XKCD, https://xkcd.com/882

여러 번 교정을 거친 모델이 이미지넷 대회에서 구글을 넘어서는 정확도를 달성했다는 바이두의 주장에 본페로니 교정을 적용해서 계산을 해보면, 여전히 바이두의 주장이 옳다고 할 만한 증거가 충분히 있다. 그렇다면 도대체 무엇이 문제가 되는 것인가? 그것은 테스트할 가설(앞의 사례에서는 바이두의 모델이 구글 모델의 정확도를 넘어섰는지 여부)을 먼저 선택한 후, 데이터를 사용해야만 본페로니 교정이 적용된다는 것이다. 만약 이를 지키지 않는다면 결과는 엉망이 될 수 있다.

적응성의 위험

본페로니 교정에서는 데이터에 맞춰 적응형으로 모델을 선택하는 것이 아니라, 데이터 입력 전에 이미 시험할 모델을 선택했다고 가정한다. 적응형의 경우 (기술적으로 정확한 관점에서 보면) 기하급수적으로 커지는 방법론적 위험성이 있는데, 이것이 현재 머신러닝 분야의 표준 방식이다.

그러면 적응형 방식이 어떻게 문제를 일으키는지를 살펴보자. 예를 들어, 머신러닝 알고리즘을 훈련시켜서 어떤 종류의 독자가 『윤리 알고리즘』이란 책을 구입할지를 예측한다고 가정해보자. 현재 가진 데이터셋에는 책 구입을 시도했던 사람들의 구매 기록 1,000건이 담겨 있다. 그중 일부는 실제로 구매를 했고, 일부는 구매하지 않았다. 이러한 구매 여부도 레이블로 기록되어 데이터에 담긴다. 또한 각 기록에는 각 개인에 대한 다양한 정보가 특성 feature 정보로서 함께 저장되며, 이 정보는 편의상 '예/아니요'로 답변이 가능한 정보로만 구성된다. 머신러닝 문제에 제공할 특성 정보를 많이 수집하는 것은 별로 어렵지 않기 때문에 가능한 한 많은 특성 정보를 수집한다고 가정하자. 물론, 그중 대부분은 별로 유용하지 않을 것이다. 특성 정보의 한 가지 예를 들면, 잠재 구매자가 소유한 차량의 연료주입구 위치(왼쪽 또는 오른쪽)

정보다. 또 다른 특성은 생일이 1월에서 6월 사이에 있는지 없는지, 또는 본인 이름의 글자 수가 짝수인지 아닌지 여부다. 이런 방식으로 수천 개의 특성 정보를 데이터에 담을 수 있다.

여기서 기억해둬야 할 사실은 이러한 무의미한 특성 정보들은 레이블을 예측하는 데 불필요한 정보라는 것이다. 실제로 지금 시도해보려는 것은 불필요한 정보만 있을 때 어떤 일이 일어나는지를 알려는 것이다. 예를 들어, 이 모든 특성 정보가 균일하게 임의의 예/아니요 값을 갖고, 특성들 간의 상관관계도 전혀 없다고 가정해보자. 그리고 레이블에 대해서도 동일한 가정, 즉 사람들은 동전 던지기를 해서 나온 결과를 기준으로 책을 사거나 사지 않는다고 가정해보자. 따라서 실제로 이 특성 정보에는 어떠한 예측값도 없을 것이다. 만약 이 상황에서 어떤 분류 알고리즘이 동전 던지기의 확률보다 높은 수준의 예측 성능을 보인다면, 그 분류 알고리즘은 오히려 문제가 있다고 할 수 있을 것이다.

그렇다면 이 데이터셋을 분석하려면 어떻게 시작해야 할까? 먼저 당연히 시도해봐야 할 것은 각 특성들이 도서 구매 행태와 상관관계가 있는지를 확인하는 것이다. 예를 들어, 어떤 구매자 이름의 글자 수가 홀수일 경우 『윤리 알고리즘』이란 책을 구매할 가능성을 확인해보는 것이다. 또한 자신의 생일이 1월에서 6월 사이에 속한 사람의 도서 구매 가능성이 얼마나 되는지도 점검해봐야 한다.

우리가 가진 데이터셋에는 수천 명의 사람들이 들어 있기 때문에, 이런 간단한 방식으로 데이터를 추출(슬라이싱)해도 약 500명의 사람들이 포함되고 그중에서 책을 구입한 사람이 대략 반 정도는 될 것이다. 그러나 물론 동전 던지기를 500번 했다고 앞면이 꼭 250번 나오는 건 아닐 것이다. 데이터셋 내의 어떤 특성 정보(예: 영문 이름의 글자 수가 홀수)는 도서 구매 결정과 약하게나마 상관관계가 있어서 273명이 책을 샀을 수도 있다. 반대로 생일이 1월에서 6월 사이에 속한 사람들은 도서 구매와 음(−)의 상관관계가 있어서 250명보다 적은 사람이 책을 샀을 수도 있다. 이런 식으로 계속 하다 보면, 모든 특성이 각각 레이블과 양(+) 또는 음(−)의 상관관계를 갖는지를 확인할 수 있다.

그렇다면 이 상관관계 정보로 무엇을 해야 할까? 당연히 이 결과를 다음 모델과 결합해야 할 것이다. 즉, 각 사람이 갖는 특성 중 도서 구매를 하는 데 긍정적으로 작용하는 특성의 개수와 부정적으로 작용하는 특성의 개수를 모두 계산하는 것이다. 만약 부정적 특성보다 긍정적 특성이 많다면 그 사람은 책을 살 거라고 예상하고, 그 반대라면 책을 사지 않을 거라고 예상하는 것이다.

그리고 여기에 적응성이 슬쩍 개입된다. 왜냐하면 모델이 '구매함' 또는 '구매 안 함'을 계산할 때, 어떤 특성값을 방정식의 포함시킬지 여부는 데이터셋에 묻는 질문(특히, 동일 데이터셋에서 각 특성별 하나씩 측정한 상관관계)에 달려 있기 때문이다. 이런 지극히 당연한 개념은 약한 상관관계를 강력한 예측 모델에 결합할 때 실제로 사용하는 머신러닝 알고리즘인 '배깅bagging' 및 '부스팅boosting'과 다를 바 없다.

그러나 이 방식은 꽤 그럴듯해 보이지만 안타깝게도 완전히 잘못된 방향으로 빠질 수도 있다. 즉, 충분히 많은 특성값을 사용해서, 분류 알고리즘을 훈련할 때 사용했던 데이터에 적용한다면 누가 책을 살지를 확실히 알 수 있을 정도로 거의 완벽에 가까운 정확도를 갖는 분류 알고리즘을 얻을 수 있다. 그러나 우리는 물론 (동전 던지기로 구매를 결정한) 새로운 고객 데이터를 사용할 경우에는 이 분류 알고리즘의 성능은 무작위 추측과 다를 바가 없다는 사실을 알고 있다. 게다가 더 나쁜 사실은 만약 본페로니 교정을 실제 질문했던 항목(예: 이 특성은 레이블과 상관관계가 있는지 없는지)들에 적용하더라도, 이는 단지 분류 알고리즘의 정확성이 높다는 사실을 확인할 뿐이라는 것이다.

가지 않은 경로

이런 현상이 발생한 이유는 분류 규칙을 만들 때, 질문을 기반으로 저장한 특성 데이터셋에서 가져온 정보를 사용했기 때문이다. 즉, 테스트를 진행한 특성 중 어떤 것도 예측 레이블과의 상관관계가 없음에도 불구하고, 특정 데이터셋과 레이블 간의 우연히 생긴 미세한 연관성을 학습해버린 것이다. 따라서 데이터셋 내 임의의 사람의 특성값이 도서 구매와 조금이라도 상관관계가 있다면, 이 사람의 구매 확률은 아무렇게나 찍는 경우에 비해 조금은 높을 것이다. 이러한 특성을 대량으로 결합하면, 각 특성들이 갖는 미세한 이점들도 복합적으로 커져 결국 완벽에 가까운 분류 알고리즘이 탄생한다. 그러나 궁극적으로 볼 때 이 과정은 단지 데이터에 들어간 노이즈를 완벽하게 맞춘 것뿐이다. 게다가 지금까지 설명한 절차를 보면 악의적인 과정은 없었다는 점에 주목할 필요가 있다. 레이블 예측이 가능한 미세한 개별적 특성을 찾아낸 후, 이를 적절하게 결합하는 방법은 오히려 데이터를 학습하는 데 있어 지극히 합리적인 과정처럼 보인다. 그렇기 때문에 머신러닝 경진 대회에서 검증용 데이터를 반복적으로 질의할 수 없도록 제한하는 것이며, 경험 과학에서 가설을 세울 때 비록 스스로는 합리적으로 행동한다고 믿더라도, 데이터에 너무 많이 접근하지 않도록 금지하는 것이다. 즉, 의도치 않게 p 해킹을 하기가 쉽기 때문이다.

이러한 문제는 사실 4장의 앞부분에서 다뤘던 이메일 사기 사건과도 매우 밀접하게 관련되어 있다. 자세한 설명을 위해 이메일 사건 사건에서 봤던 의사결정 트리 그림을 다시 떠올려보자(그림 26). 그림에는 '정점vertex'이라고 부르는 여러 개의 원이 있으며, 꼭대기에 있는 원을 나무의 '루트'라고 부르고, 제일 아래의 원은 '리프'라고 한다.

나무의 각 단계가 데이터셋의 특성들 중 하나에 대응한다고 가정하면, 각 특성들은 레이블과의 양의 상관관계를 갖거나 음의 상관관계를 갖게 된다. 만약 양의 상관관계를 갖는다면 나무의 왼쪽 가지로, 음의 상관관계라면 나무의 오른쪽 가지로 분기한다. 이런 과정을 거쳐 경로의 끝(리프)에 도달하면 비로소 분류 알고리즘을 생성하기에 충분한 정보를 수집한 것이다. 여기서 분류 알고리즘은 각 단계가 특성값과 어떤 상관관계(양 또는 음)를 갖는지를 판단하는 다수결 투표라 할 수 있다. 모든 리프는 다른 경로를 통해 나무 하단에 도달하기 때문에, 각 리프마다 각기 다른 분류 알고리즘을 따른다.

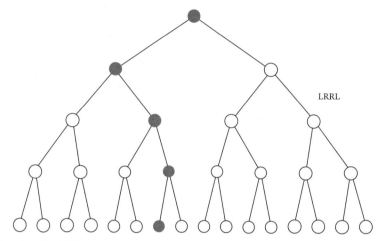

| 그림 26 | 적응형 데이터 분석과 p 해킹의 위험을 보여주는 트리 구조. 나무의 각 단계는 레이블과 양의 상관관계(좌)를 갖거나, 음의 상관관계(우)를 갖게 된다. 회색 경로(LRRL)는 상관관계 테스트의 결과를 보여준다. 각 리프는 상관관계 테스트를 순차적으로 거쳐 생성된 분류 알고리즘을 따른다.

만약 데이터셋에 존재하는 특성이 d개라면, 나무를 따라 내려가는 경로도 d번의 질문만큼 존재하며, 이는 그림에서 회색 원들로 표현된다. 그러나 거쳐갈 가능성이 있는 분류 항목의 개수, 즉 리프의 총 개수는 이보다 훨씬 많은 2^d개다. 만약 $d = 30$ 정도만 돼도, 무려 10억 개 이상의 분류 항목이 존재하는 것이다. 이렇게 많은 분류 항목 중에서 거쳐가는 항목만 체크하는 일반적

인 방법이 있다. 그것은 나무의 맨 아래에 도달할 때까지, 각 단계에서 왼쪽(L)이나 오른쪽(R)으로 이동한 순서를 레이블로 삼는 것이다. 만약 첫 번째로 테스트를 진행한 특성이 레이블과 상관관계가 있다면 왼쪽 경로를 취한다. 이어서 두 번째로 테스트한 특성이 레이블과 상관관계가 없다면 오른쪽 경로를 취한다. 이렇게 왼쪽/오른쪽을 d번 선택해 마지막 리프에 도달하면(예: LRRL), 이 순서를 고유의 레이블로 삼을 수 있다.

여기서 본페로니 교정이 효과가 없는 이유를 알 수 있는데, 그것은 실제로 질문이 이뤄진 d개(나무의 회색 원을 따라 내려가는 경로)만 교정해서는 충분치 않기 때문이다. 즉, 비록 실제로 질문을 하지 않았지만 가능성이 있던 2^d개의 다른 모든 질문에 대해서도 교정해야 한다는 뜻이다. 이렇게 예제에서도 볼 수 있듯이 겉으로 평가한 개수보다 훨씬 많은, 거의 기하급수적으로 커지는 모델 집합에 대해 교정을 할 가능성이 존재한다. 이는 앞의 이메일 사기에서 피해자를 속일 때의 상황과 같다. 피해자는 오직 자신만의 피해 확률을 계산하는 것이 아니라, 사기꾼의 목표가 된 100만 명에 달하는 피해자를 모두 고려해야 했던 것이다.

데이터를 고문하다 보면

그러나 고려 가능한 모든 문제를 수정하는 것은 일반적으로 불가능한 방법이다. 앞의 예제는 매우 단순하기 때문에 테스트하며 거쳐간 경로 외의 결과에 대해서도 세어볼 수 있을 것이다. 그러나 좀 더 일반적인 상황에서, 그리고 순차적인 결정 과정에 사람도 일부 개입하는 상황에서 무수한 반증을 검토하기란 불가능하다. 게다가 각 검토 단계의 결과가 분석과 다르게 나온다면 어떤 결정을 내려야 할지도 난감할 것이다. 바로 이런 문제 때문에 데이터 기반 의사결정은 예전부터 부정적으로 취급받았고, '데이터 스누핑data snooping'이나 '데이터 드레징data dredging', 'p 해킹' 등의 비판적인 용어로 불리기도 했다.

이렇게 알고리즘과 인간이 공모한 p 해킹 방법의 문제로 인해 현실을 제대로 반영하지 못한 과학적 발견들에 대해 신랄한 비판과 논쟁이 이어졌다. 이 문제는 과학계의 이른바 '재현성 위기reproducibility crisis'의 핵심 사안으로서, 이 문제에 대해 위키피디아에서는 이렇게 시작하고 있다.

> 재현성 위기는 과학 분야에서 행해지는 방법론의 위기를 말한다. 즉, 많은 기존 과학 연구의 결과들이 연구자 본인 또는 독립 연구가에 의해 진행되는 후속 연구에서 복제나 재현이 어렵거나 불가능하다는 사실이 밝혀졌다. 이런 문제점은 꽤 오래전부터 존재했으나, 2010년대 초 이 문제에 대한 위기의식이 점점 늘어가면서 현재의 용어로 사용되기 시작했다.

p 해킹만이 문제의 전부인 것은 아니며, 형편없는 연구 설계, 허술한 실험 기술, 종종 발생하는 사기와 속임수 같은 문제가 원인인 경우도 있다. 그러나 우려되는 것은 좋은 의도로 시작한 데이터 기반의 과학 연구조차 새로운 데이터에서는 재현이 안 되는 기만적인 발견이 될 수 있다는 점이다. p 해킹과 관련된 눈에 띄는 사례가 바로 앞에서 다룬 '파워 포즈' 연구에 대한 논란이다. 이와 관련해 2017년 말 「뉴욕타임스 매거진New York Times Magazine」에는 다음과 같은 내용이 실렸다.

> 이 연구에서는 다리를 벌리고 서 있거나 앉아서 책상 위에 다리를 올리는 등의 특정 자세를 취하도록 지시받은 피실험자는 그렇지 않을 때보다 더 강한 '힘이 나는 느낌'을 받는다는 사실을 발견했다. 이 연구가 설득력을 갖게 된 이유는 이러한 자세를 취한 결과로 발생한 생리학적 변화(테스토스테론 수치 증가 및 스트레스와 관련된 코르티솔 수치 감소)를 실제로 측정했다는 사실 때문이다.

그러나 이 연구는 재현하는 데 실패했고, 결국 재현성 위기와 p 해킹의 위험성을 상징하는 대표 사례가 되고 말았다.

> 대표적인 p 해킹 비판론자인 조 시먼스Joe Simmons는 "우리는 발표된 논문 모두가 잘못된 것일 수도 있다는 사실을 깨달았다."고 말했다. 또한 "이러한 방식이 만연해 있다는 사실과 스스로도 이건 문제라는 것을 인식하는 충분히 많은 수의 연구자들과 협력해오고 있다."고 했다.

앞에서 다뤘던 유명한 프라이밍 연구도 집중 조사에서 문제가 발견됐으며, 식품 과학계 역시도 수년간 의혹의 대상이었다. 2017년에는 눈에 띄는 p 해킹 스캔들이 식품 과학계를 흔들었다. 이 사례에서 문제의 수석 연구원은 브라이언 완싱크Brian Wansink라는 코넬 대학교의 저명한 교수로, 의미 있는 결과를 도출하기 위해 p 해킹을 적극적으로 수용한 것으로 판단된다. 다음은 그가 함께 연구하는 학생에게 보낸 업무 지시인데, 무한 리필 뷔페에서 뭔가 흥미로운 사실을 찾아오라는 내용이다.

> 먼저, 그는 학생들에게 손님들을 모든 종류의 세부 그룹으로 분류하라고 지시한다. "남자, 여자, 점심 또는 저녁 주문 여부, 1인, 2인, 또는 2인 이상 여부, 술 주문 손님과 음료 주문 손님, 뷔페 음식 근처에 앉은 사람 또는 멀리 앉은 사람 등…"
>
> 다음으로, 그는 학생들에게 분류된 그룹들과 다른 데이터와의 통계적 관계를 심층 분석하라고 지시한다. "먹은 피자조각의 수, 음식을 가져온 횟수, 접시에 담은 음식량, 디저트 섭취 여부, 음료수 주문 여부 등…"
>
> 완싱크 교수는 [학생들에게] "연구실에 오기 전에 가능한 한 많은 것을 시도하고 찾아내는 것이 중요하다."고 썼다. 이렇게 해야 다음번 연구실에 방문할 때 연구원들에게 깊은 인상을 심어줄 수 있고, "논문으로 출간할 만한 주제를 찾을 가능성도 아주 높아진다."고 말했다.

그는 다음과 같은 격려의 말도 업무 지시서에 적었다. "마른 수건을 짜내는 각오로 노력해주십시오. 곧 또 봅시다."

학생들은 당연히 지도 교수의 지시를 따를 수밖에 없었다. "교수님 지시대로 데이터를 좀 더 파내보겠습니다."[2]

이는 사실상 허위 상관관계 트리를 만들어내는 연구 방법이다. 즉, (성별, 점심/저녁 손님, 단체 수, 식당 위치 등) 매우 넓은 특성 공간을 만든 다음, 데이터에 질의를 던져 결과를 잡아 올리는 낚시질을 하는 것이다. 이러한 관행이 밝혀지자, 코넬 대학교는 완싱크의 과거 연구에 대해 철저한 조사를 진행했다. 그 결과 17건의 논문이 철회되고, 15건의 '오류 정정'이 이뤄졌으며, 그 외의 연구 부정행위도 밝혀냈다. 그는 결국 2019년 6월에 사직했다.

그러나 이러한 사례는 오래 누적된 문제가 일부 드러난 현상일 뿐이다. 노벨상을 수상한 영국의 경제학자인 로널드 코스Ronald Coase는 1960년대에 이미 "데이터를 계속 고문하다 보면 뭐든지 자백할 것"이라는 말로 이런 문제를 지적한 바 있다.

'갈림길이 있는 정원' 가꾸기

사회과학 분야에서 허위 발견으로 출간된 논문이 확산되는 과정을 연구했던 통계학자 앤드루 젤만Andrew Gelman과 에릭 로켄Eric Loken은 적응성 문제를 지칭할 때 '갈림길이 있는 정원'이라는 문학적 표현을 인용했다. 젤만과 로켄이 말한 갈림길은 앞에서 다룬 트리 구조의 나뭇가지와 정확히 일치한다. 즉, 분석 과정에서 결정된 선택 항목들로 구성한 정원의 지도와 트리 다이어그램은 동일한 개념이다. '갈림길이 있는 정원'이란 용어를 사용한 이유는 적응형 질문으로부터 빚어지는 오버피팅overfitting(과적응) 문제가 의도적이거나 악

---

2 출처: 버즈피드 뉴스(Buzzfeed News), 2018년 2월

의적인 것은 아님을 보여주고자 함이다. 아무리 정직한 연구자라도 정원에서 길을 잃고 헤맬 수 있다는 뜻이다.

그러나 의도했든 아니든, 허위 발견으로 인한 피해는 막대하다. 2015년 한 연구에서는, 재현이 불가능한 임상 전 의학 연구의 금전 손실 비용이 연간 280억 달러(약 31조 원)가 넘는다고 추정했다. 과학 연구 비용 외에 이러한 손실 비용까지 발생함으로써 의학 연구자들의 시간을 낭비하고, 혁신적인 치료법을 기다리는 환자들에게 헛된 희망을 주며, 궁극적으로는 생명을 구하는 치료법 연구를 더디게 만든다. 갈림길이 있는 정원에서 길을 잃는 것은 단지 연구의 문제가 아니라 윤리의 문제이기도 하다. 데이터 분석의 규모와 복잡도가 엄청나게 증가하고 있기 때문에, 알고리즘 기반의 해법을 찾아야 하는 것이다.

앞의 트리 다이어그램은 특정 머신러닝 절차에서 도출된 정원의 지도라 할 수 있다. 그러므로 우리가 실행하는 다른 모든 절차마다 각기 다른 트리 구조, 즉 각기 다른 정원이 존재한다. 게다가 만약 (인간이나 전체 과학계가 의사 결정 과정에 연관되어 있는 경우처럼) 절차가 복잡하고 부정확한 상황이라면, 트리 구조나 정원 지도를 정확하게 기록할 만큼의 여유를 부릴 수도 없을 것이다. 그러므로 우리에게 필요한 것은 지도가 없는 경우에도 허위 발견의 위험을 낮출 수 있는 방법과 알고리즘이다.

최근 사회과학 분야에서는 극단적일 수 있으나 그 대신 안전한 방법 중 하나로 연구 사전등록제가 인기를 얻고 있다. '사전등록 레볼루션The Preregistration Revolution'이라는 논문에서는 "분석 계획을 사전등록한다는 것은 연구 성과에 대한 사전지식 없이 분석 단계에 전념하는 것이다."라고 설명한다. 다시 말하면, 사전등록의 목표는 분석이 끝날 때까지는 데이터 분석가가 어떤 결정도 하지 못하게 하는 것이다. 이는 과학자가 데이터를 입수하기에 앞서 상세한 분석 계획을 공개적으로 알리도록 강제하는 식으로 이뤄진다. 이 제도가 제대로 주의 깊게 시행된다면, 갈림길이 있는 정원으로 들어가는 출입구를 봉쇄해 연구원이 절대로 들어가지 못하게 할 수 있다. 그러나 사전등록제를 충실히 따른다는 것의 의미는 데이터로부터의 영향을 완전히 받지 않고 계획을 수립하는 것으로, 데이터를 입수하기 전에 계획을 미리 등록해두는 것이 이상적인 절차다.

(원칙도, 규제도 없는 데이터 분석을 크게 개선했다는 점에서) 사전등록제는 안전하지만 상당히 보수적인 방법이다. 과학적 깨달음은 고대 아르키메데스의 일화에서처럼 무에서 번쩍하면서 깨닫는 것이 아니다.[3] 오히려, 과학적 진보는 거인의 어깨(전임 연구자들의 축적된 성과)에 올라서서 이뤄지는 것이다. 즉, 과학자들은 서로의 논문을 읽고 동료들의 연구 결과를 분석하며 연구 아이디어를 얻게 된다. 그러나 이렇게 얻은 자신의 아이디어를 시험할 때, 늘 새로운 데이터를 얻을 수 있는 것은 아니다. 고품질의 데이터셋은 고가인데다 구하기도 쉽지 않기 때문이다. 이는 머신러닝 연구를 수행할 때, 사람이 직접 레이블 작업을 한 이미지를 제공하는 이미지넷처럼 소수의 벤치마크 데이터셋에 모든 연구계가 의존할 수밖에 없는 이유이기도 하다. 게다가, 특정 의료용 데이터셋을 수집하는 일은 훨씬 어렵다. 그리고 데이터셋을 재사용할 때마다, 사전등록제조차 막을 수 없는 복잡한 갈림길들이 정원에 만들어진다. 왜냐하면 새로운 데이터 기반의 단계를 밟으려면 복잡한 의사결정 과정을 거쳐야 하는 현실에서 연구자들이 이전의 연구 아이디어를 버리기는 힘들기 때문이다. 사전등록제를 제대로 준수하려면 모든 연구가 각자의 데이터셋을 수집해야 하는데, 이는 거의 현실성이 없는 요구다.

---

3   일화에 따르면, 아르키메데스는 욕조에 들어가다가 어떤 물체를 물에 넣으면 그 부피만큼 물을 밀어낸다는 사실을 순간적으로 깨닫고 그 순간 "유레카!"라고 외쳤다고 한다.

| 그림 27 | 데이터셋과 가설, 분석의 사전등록 기능을 제공하는 서비스 중 가장 유명한 기관인 오픈 사이언스 재단(OSF, Open Science Foundation)의 프로젝트와 데이터를 등록하는 화면. *p* 해킹을 막기 위해, 사전 등록한 자료는 삭제할 수 없다.

다행히도 최근의 알고리즘 발전으로 이런 문제의 해법이 생겼다. 즉, 데이터만 쫓다 허위 발견에 이르는 문제를 막아주고, 데이터를 안전하게 재사용할 수 있는 방법을 찾은 것이다. 이를 통해 갈림길이 있는 정원을 지도 없이 탐색할 수 있는 환경, 다시 말해 분석에 영향을 주는 모든 세부적인 우발 상황과 인간의 의사결정이 어떤 결과를 일으키는지를 미리 파악하는 수고를 감수하지 않고 데이터를 마음껏 활용할 수 있게 됐다. 이 방법은 정원 건축을

직접 지시하는 식으로 참여하기보다는, 데이터와 분석가 사이에서 알고리즘 기반의 중개자 역할을 하는 것이다. 그리고 이 새로운 방법이 어떻게 동작해야 하는지를 이제 막 이론적으로 이해하기 시작했다. 이제 4장의 나머지 부분에서는 새로운 방법의 근원이 되는 알고리즘의 개념을 살펴보겠다.

정원의 문지기

정원의 갈림길은 데이터와 '데이터 분석 절차'가 소통할 때 만들어진다. 여기서 데이터 분석 절차는 머신러닝 알고리즘일 수도 있고, 연구자 또는 연구팀일 수도 있다. 만약 우리가 인간 연구자에게 마음대로 의사결정하는 자유를 허용한다면, 데이터 분석 절차를 통제할 수는 없을 것이다. 반면, 알고리즘이나 인간이 데이터와 소통하는 절차를 통제하는 것은 가능하다.

예를 들어, 이미지넷 대회의 주최 측은 이미 참가팀들이 검증 데이터셋과 소통하는 방식에 제한을 두었다. 그것은 모든 참가팀은 자신의 머신러닝 후보 모델을 제공한 후, 그 모델이 검증 데이터셋의 이미지를 얼마나 정확하게 분류했는지를 확인하는 것이다. 모델은 데이터셋의 이미지에 직접 접근할 수 없었다. 물론 이러한 접근 제한이 허위 발견을 예방하는 데 충분치는 않았지만, 어떤 방법으로 데이터의 접근 제어를 할 것인지를 시도해본다는 측면에서 의미 있는 출발점이라 할 수 있다. 데이터 분석가는 데이터에 관한 질문을 알고리즘 인터페이스를 통해 제출한다. 이 알고리즘의 목표는 제출된 질문에 대한 정확한 답변을 제공하는 것이다. 답변을 낼 때 가장 중요한 점은 그 답변이 이미 보유한 데이터에서가 아니라, 같은 출처에서 나왔지만 새로운 데이터에 대해 나와야 한다는 것이다. 그러므로 기존의 특정 데이터셋의 노이즈(잡음) 특성까지 맞춰버린 모델은 '정확한' 모델로 분류할 수 없다.

그렇다면 약간의 가정을 더해서, 만약 이 인터페이스 입장에서 (특정 상황에서는 꽤 실용적이지만) 처음 볼 때는 타당해 보이지 않는 속성이 생긴다면 어떻게 될지 생각해보자. 예를 들어, 데이터 분석가가 일련의 질문을 어떤 순서로 인터페이스에 제출하든 간에 답변은 항상 소량의 요약 정보로만 제공한다고 가정해보자(여기서 소량의 요약 정보란 k개의 0과 1로 구성된 짧은 문자열이고, k는 질문의 개수보다 훨씬 작은 임의의 숫자다). 그렇다면 이 요약 정보로 갈림길이 있는 정원을 무사히 통과해 데이터 분석 절차를 마칠 수 있는지를 알 수 있을까?

데이터 분석 절차(P)가 어떻게 인터페이스와 소통하는지 생각해보자. P는 알고리즘일 수도, 사람일 수도 있으며, 이 둘 모두를 조합한 것일 수도 있다. 머신러닝 사고 실험에서처럼, P는 질문을 하고 답을 얻는 식으로 진행된다. 우선, P가 첫 번째 질문을 던진다. 인터페이스는 P의 첫 번째 질문에 답변을 하고, 이 답변에 따라 P는 두 번째 질문을 던진다. 인터페이스는 P의 두 번째 질문에 답변을 하고, 답변에 따라 P는 세 번째 질문을 던지는 식으로 진행된다. 각 단계에서 P가 던지는 질문은 이전 단계의 답변에 따라 달라지므로 P는 적응형 방식이라 할 수 있다.

일단 우리가 특정 데이터 분석 절차 P를 결정하게 되면, 원칙적으로는 트리 다이어그램에서처럼 갈림길이 있는 정원의 지도를 완성하는 데 필요한 모든 것을 갖는 것이다. 왜냐하면 발생 가능한 모든 잠재적 상황에서 각 단계마다 어떤 질문이 나올지 알 수 있기 때문이다. 물론 이것은 원칙적으로만 가능한 일인데, 왜냐하면 P마다 다른 정원이 있을 것이고 만약 P에 조금이라도 인간에 의한 의사결정이 들어가는 경우에는 각 상황에서 벌어질 일을 충분히 알 수는 없기 때문이다. 비록 우리가 정확한 내역(P는 알고리즘이므로)을 안다 해도, (지도를 작성하기는커녕) 모든 잠재적 상황을 고려한 트리를 추론하는 일은 언제나 너무 복잡할 것이다. 바로 이것이 우리가 직면한 문제다.

그러나 비록 P를 속속들이 알지 못해 모든 잠재적 상황을 고려한 트리를 추론할 수는 없더라도, 만약 인터페이스에서 생성된 답변들이 항상 짧은 k 문자열로 요약된다는 사실을 알고 있다면 정원의 모양에 대해 충분히 말할 수 있을 것이다. 이를 위해 트리 다이어그램에 대한 논의를 기억해보자. 맨 아래 나뭇잎에 도착할 때까지 각 단계에서 결정한 좌우(또는 1 또는 0)의 순서로 레이블을 생성했었다. 만약 총 d개의 질문을 던졌다면, 레이블은 길이가 d인 문자열일 것이다. 그러나 이제는 더 짧은 길이의 k 문자열로 레이블을 붙일 수가 있다. 그런데 만약 k가 d보다 훨씬 작다면 이는 길이 k의 순서열은 길이 d의 순서열보다 훨씬 작다는 뜻이고, 따라서 실제로는 대부분의 리프까지는 도달할 수가 없을 것이다. 이것이 뜻하는 바는 실제로 질문을 던질 수 있는 질문들의 개수는 생각했던 것보다 훨씬 작다는 것이고, 이렇게 훨씬 작은 질문들에 대해서만 본페로니 교정을 적용할 수 있다는 의미다. 이 작업은 해당 질문들이 어떤 것인지 몰라도 가능하며, 질의가 가능한 질문의 개수가 작다는 사실을 아는 것만으로도 충분하다.

물론, 더 어려운 질문이 남아 있다. 그것은 어떻게 인터페이스가 d보다 훨씬 작은 요약 정보를 제공하면서도 유용한 답변을 할 수 있는가라는 것이다.

간결한 현황판

이미지넷 대회에서 모델이 검증 데이터에 접속할 수 있도록 인터페이스를 제공한 것은 참가팀이 자신의 순위를 파악하라는 의도였다. 그러나 대회라는 것은 승자가 아니면 모두 패자일 뿐이다. 만약 자신이 제출한 모델이 1등이 아닌데, 굳이 다른 모델에 비해 얼마나 뒤처지는지를 정확히 알아낼 필요가 있을까? 단지 현재 1등이 아니라는 사실을 아는 것으로 충분할 것이다.

예를 들어, 이미지넷 참가자들이 제출한 일련의 머신러닝 모델을 입력값으로 받는 인터페이스를 생각해보자. 모델이 제출될 때마다, 그 모델의 분류 오류가 지금까지 제출된 모델보다 1% 이상 낮은지를 시험한다. 만약 시험 결과가 '예'라면 기존의 최고 모델과 분류 오룻값을 현재 제출된 모델과 분류 오룻값으로 대체한다. 그러나 시험 결과가 '아니요'라면 모델의 분류 오룻값을 알려주지도 않고, 현재까지의 최고 모델보다 개선되지 않았다는 결과만 알려주는 것이다.

이 인터페이스를 통해 출력되는 결과를 항상 간결하게 요약할 수 있는 방법이 있는데, 그 과정은 다음과 같다. 예를 들어, 대회 기간 동안 참가자들이 제출한 모델의 수가 100만 개라고 가정해보자. 이는 엄청나게 큰 수치라 할 수 있겠지만, 기존의 최고 수준 모델보다 1% 이상 개선할 수 있는 모델의 수는 많아도 100개 정도이며, 실제로는 훨씬 더 적을 것이다. 이는 오류율이 100%(모두 틀리는 경우-)에서 0%(모두 맞추는 경우) 사이에 있는 숫자이기 때문이다. 모델이 기존의 최고 수준 모델보다 1% 이상 개선될 때마다 오류율도 1% 이상 줄어든다. 그리고 100에서 시작해서 1씩 줄이다 보면 최대 100번까지만 줄일 수 있는 것이다. 일반적으로 일부 모델은 1% 이상씩 개선을 하기 때문에, 실제 모델의 개선 횟수는 100번보다 훨씬 작다.

따라서 답변을 기록하고자 할 때 필요한 항목은 100만 개의 모델 중 개선된 100개의 모델과 그 모델들의 오룻값뿐이다. 항목이 많지 않으므로 순서대로 목록을 써 내려가고, 각 항목에는 개선된 모델의 순서와 오류율을 기록한다. 예를 들어 목록은 (1, 45%), (830, 24%), (2,817, 23%), (56,500, 22%), (676,001, 15%)처럼 구성될 것이다. 이 목록이 의미하는 바는, 기존의 최고 기록보다 개선된 모델은 제출 순서가 1번째, 830번째, 2,817번째, 56,500 번째, 676,001번째이고, 오류율은 각각 45, 24, 23, 22, 15%라는 것이다. 이 값들만 있으면 인터페이스 전체를 다시 구성할 수 있다. 이 값을 제외한 다른 입력 순서에서는 개선이 없었기 때문이다. 이 목록은 어떤 경우에도 100개의 항목을 넘지 않고 더 짧아질 수도 있다는 사실을 알고 있기 때문에, 답변들을 요약하는 것이 가능하다. 결과적으로 이들 질의에 대한 답변은 어떤 적응성도 없었을 때(예: 모든 모델이 사전등록되는 경우)만큼 정확하다는 것을 보장할 수 있다. 그러므로 데이터 분석가가 갈림길이 있는 정원에서 길을 잃거나, 의도치 않게 자신을 속이거나, (바이두 같은) 참여자가 부정행위를 시도할 가능성을 효과적으로 제거한다.

이상의 방법은 머신러닝 대회에서 현 시점의 리더가 누구인지를 계속 알려줌으로써 '현황판' 운영의 문제점을 간단히 해소한다. 그러나 더 많은 질의에 대해 답할 수 있는 좀 더 완전한 기능을 갖춘 데이터 인터페이스가 필요하다면 어떻게 해야 할까? 이 경우는, 방금 다룬 개념에다 적당한 머신러닝 도구를 결합하면 임의의 질문들에게 대해서도 사전등록제를 적용한 연구가 보장하는 오류 수준으로 답변을 도출할 수 있는 것으로 판명됐다. 알고리즘을 영리하게 적용한다면, 데이터 분석가의 정원 출입을 막지 않아도 되는 것이다.

차분 프라이버시로 정원 가꾸기

1장에서 다뤘던 개인 정보 분석 방법인 차분 프라이버시를 적용하면 방금 논의한 방법 이상의 개선을 할 수 있다. 당시에는 놀라운 발견이었지만 지금 생각해보면 당연하다고 여겨지는 사실은 바로 차분 프라이버시 알고리즘은 오버피팅(과적합)될 수 없다는 것이다. 즉, 고정된 학습 데이터셋을 사용한 질문에 정확한 답을 내는 차분 프라이버시 알고리즘을 설계한다면, 이 데이터셋과 동일 원천(공급)에서 오는 새로운 데이터를 사용한 질문에 대해서도 정확한 답을 낼 거라는 사실이다. 이것이 유용한 이유는 10년 이상의 노력의 결실인 차분 프라이버시 알고리즘을 데이터 분석과 머신러닝에서 비롯된 문제를 해결하는 데 사용할 수 있다는 것이다. 또한 1장에서 논의한 바와 같이, 차분 프라이버시는 연구 데이터에 포함된 특정 개인의 정보를 공개하지 않고도 통계적 발견을 도출할 수 있다는 점에서도 자연스럽게 연결된다(또한 3장에서는 게임 이론에서 유용한 동기 부여 속성도 갖는다는 사실을 확인했다). 그리고 이 기법은 갈림길이 있는 정원에서 길을 잃지 않고, 과학 연구를 하려는 연구자의 목표와도 거의 정확히 일치한다. 과학자들이 원하는 것은 세상에 관한 일반 법칙의 발견이지, 원치 않는 데이터의 노이즈 특성으로 인한 오버피팅이 아니다. 오버피팅이 발생하려면 데이터셋 내 개별 레코드의 특성을 맞추는 작업이 필요한데, 바로 이 단계를 차분 프라이버시가 막아주는 것이다.

이 모든 것의 결론은 문제를 신중히 공식화하고 적합한 알고리즘 설계 도구를 사용한다면, 과학 연구 분야에서 발생하는 허위 발견 문제를 해결할 수 있다는 것이다. 그러나 아직 이런 특정한 애플리케이션을 개발하는 데 있어 초창기인데다 해결해야 할 일도 많다.

예를 들어, 범용 알고리즘은 여전히 계산 비용이 과도하고, 실제 애플리케이션에서 실행하는 데 너무 오랜 시간이 걸린다. 그래서 이런 방식을 적용하려면 훨씬 더 효율적인 알고리즘이 필요할 것이다. 그럼에도 불구하고 (갈림길이 있는 정원을 탐색하는 데 필요한 규모와 적응성을 고려하면) 알고리즘으로 인해 악화된 문제의 해결책도 알고리즘 설계 영역에 있다는 사실은 이미 명확하다. 게다가, 알고리즘의 목표를 정확히 규정하고 그 목표를 충족하는 알고리즘을 설계하는 방법 자체가 바로 모듈화 및 일반화가 가능한 원칙을 도출하는 과학이라 할 수 있을 것이다.

05 위험한 연구
해석 가능성과 도덕성, 그리고 특이점

유망한 분야를 찾아서

이 책은 알고리즘과 학습 모델이 사회의 기본 가치를 침해할 수도 있다는 가능성, 그리고 이러한 침해를 예방하는 과학 연구 방법에 초점을 맞췄다. 이는 분명히 시의적절하고 중요한 주제다. 그러나 중점적으로 다룰 가치와 규범을 선택하는 데 있어 '이미 유망한 분야'를 선택했다는 비판도 있음을 알고 있다. 예를 들어, 공정성과 프라이버시라는 주제는 알고리즘 윤리 분야에서 가장 과학적 관심이 높은 분야일 것이다. 결과적으로 가장 높은 수준의 연구 문헌과 이론, (여전히 초기 단계이지만) 실험 방법론을 갖고 있고, 이 책에서도 중점적으로 다루고 있다.

여기엔 분명한 기술적 이유가 있다. 예를 들어, 프라이버시 연구의 경우에는 과학자들이 프라이버시란 무엇인가에 대한 직관적 의미를 비교적 정확하게 관리 가능한 수준으로 정의하고 동의했다는 사실에서 큰 도움을 받았다. 그리고 '공정성'의 경우에는 합의는 부족하더라도 다수의 구체적 제안들이 존재한다. 물론 (2장에서 공정성에 관한 타당한 정의들이 서로 상충될 수도 있다는 사례를 보았듯) 이러한 정의가 완전히 정착된 것은 아니며, 알고리즘 문제를 모두 해결할 수 있는 정의도 아직 존재하지 않는다. 그러나 확고한 수학적 정의를 내리려면 다양하고 유용한 이론들이 출발점이 될 수밖에 없고, 그런 면에서 프라이버시와 공정성은 출발이 빠른 편이다. 마찬가지로, 이 책에서 알고리즘 게임 이론과 p 해킹을 주제로 다룬 것도 이들 연구 분야의 성숙도가 높았기 때문이다.

그러면 다른 가치들은 어떨까? 예를 들어, '투명한' 또는 '해석이 가능한' 알고리즘이나, 어떤 결정에 대해 '설명할 수 있는' 알고리즘, 또는 '안전한', '도덕적인' 알고리즘은 어떨까? 비록 인용부호 표시를 했지만 이러한 속성은 사람들이 당연히 기대하고 또한 인간 의사결정자나 기관에게 요구했던 가치들이다.

이들 가치의 중요성에도 불구하고, 이 책에서는 이를 집중적으로 다루지 못했다. 그 이유는 이들이 중요하지 않기 때문이 아니라, 단지 안정적으로 확립된 의미 정의와 알고리즘 설계 원칙의 관점을 기준으로 할 때 현 시점에서 다룰 내용이 별로 없었기 때문이다. 그러나 5장에서는 정확한 알고리즘 공식으로부터 상당히 벗어난 것으로 보이는 규범과 가치를 간략히 설명하고, 그 이유에 대해서도 조금 다뤄보려 한다. 이를 위해 5장은 알고리즘의 해석 가능성 같은 주제로 시작해서, 좀 더 어려운 주제인 도덕성을 다루고, 모든 회의론자가 걱정하는 어두운 미래인 '특이점'을 다루면서 마무리하려고 한다.

블랙박스 살펴보기

아마도 지금까지 다뤘던 내용과 가장 가깝다고 여겨지는 가치는 투명성과 해석 가능성일 것이다. 이들의 목표를 간단히 표현하면, '우리는 모델의 동작을 구석구석 이해할 수 있기를 바라고, 결과적으로 믿을 만한 모델이 되길 바란다라는 것이다. 그러나 정말 어려운 것은 이렇게 간단한 표현을 정량적이고 일반적인 공식으로 만드는 것이다.

개인마다 공정성과 프라이버시에 요구하는 중요성과 수준이 다르겠지만, 가치와 필요성에 대해서는 대부분 이견이 없을 것이다. 예를 들어, 대입 결정 알고리즘이 실수로 흑인을 탈락시키는 비율이 백인보다 월등히 높다는 사실에 대해 대부분은 불공정하다고 느낀다. 실수 비율을 어느 정도까지 참아줄 수 있는지에 대해서는 논쟁할 수 있겠지만, 불공정한 상황 자체를 부정하지는 않을 것이다. 그리고 프라이버시에 대해서도 어느 정도의 개인 정보 유출을 용납할지에 대한 의견 차이는 있을 수 있을지언정, 개인 정보 유출이 프라이버시 위반이라는 사실에는 대부분 동의할 것이다. 실제로, 앞에서 다룬 공정성과 프라이버시의 정량적 정의에서는 사용자의 요구에 따라 제공 수준을 결정하는 매개변수 또는 '조절기'를 제공하고 있다. 이 방식이 바로 정교한 알고리즘 이론에 요구하는 것이기도 하다.

반면, 알고리즘의 해석 가능성을 정의할 때 가장 먼저 떠오르는 질문은 누구를 기준으로 할 것인가다. 즉, 해석 가능성이라는 용어는 모델 및 모델의 행위가 해석 가능한지 여부를 판단하는 관찰자가 있음을 의미한다. 그리고 이 관찰자들이 누구인지와 이들의 수학적 역량이 어느 정도인지가 해석 가능성의 수준을 정의하는 데 있어 매우 중요한 영향을 미칠 것이다.

그러므로 좀 더 구체적인 예를 통해 머신러닝 알고리즘이 도출한 모델의 해석 가능성 여부를 알아보자. 양적 연구에 대해 전혀 모르거나 이해가 부족한 사람을 관찰자라고 가정해보자. 이 사람의 경우, 신용 대출 신청자로부터 특성을 추출하고 이를 부채 상환 가능성을 예측하는 데 사용하는 정교한 수학적 객체 매핑 같은 방법이 매우 낯설 것이다. 즉, 이들은 객체 매핑을 사용한 모델을 당연히 해석할 수 없을 것이다. 한편, 최신의 머신러닝 기법은 모르지만 전통적인 통계 기법에는 익숙한 관찰자라면 입력된 특성값의 가중치 합을 내는 선형 모델은 충분히 이해할 수 있을 것이다. 그리고 가중치의 부호를 보고 직장의 근속연수는 상환율과 긍정적인 상관관계가 있고 범죄 기록은 부정적인 상관관계가 있다는 것까지도 알아낼 수 있을 것이다. 그러나 이 관찰자 역시 상관관계를 쉽게 판단할 수 없는 다층 신경망 모델을 만난다면 이를 이해할 수는 없을 것이다. 반면, 복잡한 고차원의 상관관계를 늘상 다루던 딥러닝 전문가들에게는 전혀 문제가 되지 않을 것이다.

만약 이렇게 각기 다른 관찰자들과 그들의 수학 및 컴퓨터 역량을 고려해서 해석 가능성의 범위를 정의한다면, 알고리즘의 사용을 '전부 금지'하는 것부터 '전부 허용'하는 것까지 전 범위에 해당할 것이다. 이렇게 주관성이 크면 해석 가능성에 대한 알고리즘 이론을 만들기 어렵다.

물론, 어렵다는 것이 불가능하다는 뜻은 아니다. 앞에서의 논의를 보면, 해석 가능성의 (다양한) 정의를 내리기 위해 다음과 같이 광범위한 접근법을 제안해볼 수 있다.

- 대상이 되는 관찰자 그룹을 식별한다(예: 고졸 학력 그룹, 신용평가기관의 직원 그룹 등).
- 관찰자들과 함께 행동 실험을 설계하고 시행한다(예: 다양한 종류와 복잡도를 갖는 모델과 알고리즘을 이해하는지를 검증한다).
- 실험 결과를 토대로 관찰자 그룹별로 해석 가능성 측정값을 정의한다.
- 정의를 따르는 알고리즘을 설계하고, 한계를 연구한다.

아마도 이 접근법이 사람마다 주관적일 수밖에 없는 해석 가능성의 문제를 해결하는 (유일한) 해법일 듯하다. 그러나 아직까지는, 여러 관찰자 그룹을 아우르며 해석 가능성의 행동 연구를 하는 사례가 드물다. 대부분의 연구에서는 실험 단계를 건너뛰고, 특정 그룹의 해석 가능성 모델만을 가지고 위

접근법의 마지막 단계로 바로 이동해버린다. 그러나 대상 그룹을 식별하지 않는다면, '누가 해석을 할 것인가?'라는 질문이 계속 반복될 뿐이다.

이 표를 근거로 태스크별로 적합한 해석 가능 모델을 선택할 수 있으며, 여기서 태스크는 회귀 분석(regr.) 또는 분류(class.)로 구분된다.

알고리즘	선형	모노톤	인터랙션	태스크
선형 모델	예	예	아니요	regr.
로지스틱 회귀 분석	아니요	예	아니요	class.
의사결정 트리	아니요	일부	예	class. + regr.
룰핏	예	아니요	예	class. + regr.
나이브 베이즈	예	예	아니요	class.n
k 최근접 이웃	아니요	아니요	아니요	class. + regr.

다른 그룹 사람들이 이해할 수 있을지는 고려하지 않고, 오로지 추상적인 수학적 특성만 고려한 다양한 유형 모델의 해석 가능성을 설명하는 표. 출처: 크리스토프 몰나르(Christoph Molnar), 『Interpretable Machine Learning: A Guidebook for Making Black Box Models Explainable』, 2018

주관적 해석 가능성의 문제만큼 중요한 또 다른 어려움 중 하나는 바로 무엇을 해석하려는 것인가라는 문제다. 이를 위해, 표준적인 머신러닝 적용 절차를 정리해보자. 우선 나름의 기준에 따라 과거의 데이터를 수집한다. 그리고 이 데이터를 학습 알고리즘에 넣어서 오류가 적은 모델을 찾아낸다. 이어서 이 모델에 '현장에서' 수집한 데이터를 넣어 향후의 결정을 내리는 데 사용한다. 이 과정을 살펴보면 해석 가능성과 관련되어 확실히 분리되는 (적어도) 4개의 실체가 있다는 것을 알 수 있다. 그것은 바로 데이터와 알고리즘, 알고리즘이 찾아낸 모델과 모델이 내린 결정이다.

예를 들어 우리가 '들어가며'에서 이미 언급했던 것은 대부분의 일반적인 머신러닝 알고리즘은 단순하고(간단한 코드 몇 줄로 구성) 원칙적(최대한 자연스럽고 명확하게 명시된 목표로 구성. 예: 정확도)이라는 것인데, 어떤 의미에서 알고리즘은 이미 해석 가능성과 이해 가능성을 내재하고 있다고 할 수 있다. 반면, 이런 알고리즘에서 도출된 모델을 완벽히 이해하기란 매우 어려운데, 단순해 보이는 데이터셋(예: 대출 신청자의 과거 재무/신용/고용기록 및 대출 결과 자료) 내의 변수들 사이의 복잡하고 불투명한 관계를 알아내야만 하는 경우도 많다. 따라서 단순한 데이터셋에 단순한 알고리즘이 적용됨에도 불구하고 이해하기 어려운 모델이 생성될 수 있다(당연히, 복잡한 데이터셋에 적용된 복잡한 알고리즘이 생성한 모델은 불투명성이 더 높고, 더 이해하기 어렵다).

그러나 모델을 '전체적으로는' 이해하지 못해도 그 모델이 내린 결정을 이해하거나 설명하는 것은 얼마든지 가능하다. 즉, 알고리즘 의사결정의 장점 중 하나는 어떤 입력값에 대해 조치가 필요한 경우, 그 방법을 알려주는 모델이 있다는 것이다. 예를 들어, 어떤 사람의 대출 신청이 머신러닝에 의해 거부당했다고 가정해보자. 이 경우 "거부된 대출을 승인받기 위해 신청자가 취할 수 있는 가장 쉬운 방법은 무엇인가?"라는 질문을 하면 "현 직장의 근속기간이 6개월 더 필요하다."거나 "담보용 주택의 지분율이 더 높아야 한다."와 같은 답변을 받을 수 있는 것이다. 실제로 어떤 결정이나 예측에 대해 이해할 만한 설명을 하는 과정은 향후 더 유망한 해석 가능성 연구를 하는 데 있어 기초가 된다.

마지막으로 다룰 내용은, 비록 수천 개 또는 그 이상의 컴포넌트로 이뤄진 복잡한 모델조차도 그 모델의 내부 동작에 대한 중요한 통찰을 얻어낼 수 있다는 사실이다. 예를 들어, 심층 신경망에는 고수준의 데이터 특성을 학습할 목적으로 내부 '뉴런(신경)'을 많이 갖고 있다. 그중 어떤 특정 뉴런이 학습한 내용을 알려면, 그것의 최적 자극(신경망을 가장 세게 '발화' 또는 활성화하는 입력값)이 무엇이었는지를 질의하는 방식이다. 이것은 포유류의 뇌에는 동체 시력을 전담하는 고도로 전문화된 뉴런이 있다는 사실을 발견한 신경과학의 연구와 흡사하며, 직접적으로 영향을 받았다고 할 수 있다. 또한 이와 유사한 연구 중에는 비디오와 이미지 데이터를 학습한 신경망이 사람과 고양이의 얼굴을 판별해내는 특화된 뉴런을 갖는다는 것이 있다. 물론, 같은 신경망의 다른 뉴런들은 (마치 생물학적 뇌에서처럼) 우리가 식별할 수 있을 만큼의 명확한 기능을 갖지 않을 수도 있기 때문에, 이런 기법은 주먹구구에 가까우며, 해석 가능성에 사용할 만큼 보편적 방법이 될 수 없을 것이다.

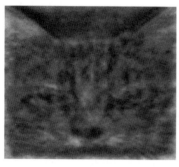 

| **그림 28** | 이미지 데이터로 훈련한 심층 신경망에서 '얼굴 뉴런'과 '고양이 뉴런'의 최적화 자극.
출처: 구글 리서치(Google Research)

자율주행의 도덕성

사람들은 공정성과 프라이버시, 해석 가능성 등이 중요한 가치라고 생각하지만, 일반적으로 이를 위반한 것이 (법적인 문제는 있을지언정) 사람들의 건강이나 신체에 직접적인 위협이 되리라 생각하지는 않는다. 그러나 알고리즘이 점차 자율주행 자동차나 개인별 약품 처방, 자동 전투 및 무기 시스템 같은 분야에서 중심 역할을 맡게 되다 보니 알고리즘의 안전성과 도덕성, 책임성 등의 문제에 직면하게 됐다. 이러한 주제가 과학계나 주류 언론 모두에서 활발히 논의되고는 있지만, 이를 적용한 기술적 발전은 투명성에 관한 논의보다도 훨씬 느린 상황이다.

아마도 이는 당연한 것일 수도 있다. 왜냐하면 이 책에서 다룬 과학적 의제는 사회적 가치를 정확히 규정하고 이를 알고리즘으로 내재화하는 것이지만, 어떤 종류의 규범은 공식화할 역량이 없거나 또는 하고 싶지 않을 수 있고, 아니면 알고리즘이 이것을 규정하거나 강제하기를 원치 않을 수도 있다. 실제로, 알고리즘이 인간보다 '더 나은' 판단을 할 수 있다 하더라도, 알고리즘에게 결정을 맡길 수 없는 분야가 있다. 이에 대해서는 잠시 뒤에 알아볼 것이다.

알고리즘의 도덕성을 다룬 과학적 논의 중 대표적인 것으로, 자율주행차와 다른 인공지능 시스템들이 머지않은 미래에 종종 직면하게 될 어려운 윤리적 결정에 대한 사고 실험이 있다. MIT의 기계 윤리 프로젝트에서는 인공지능과 머신러닝의 도덕성에 대한 인간의 관점을 알아내려는 시도의 일환으로, 사용자들에게 일련의 윤리적 딜레마 상황을 제시한다. 이는 가볍게 즐기는 퀴즈 게임의 확장판처럼 보일 수도 있지만, 아마도 이런 종류의 프로젝트를 하다 보면 결국엔 도덕적 인식에 대한 가치 있는 데이터를 수집하게 될 것이다. 이는 알고리즘의 투명성을 향상하기 위해 사용자 그룹 대상 설문조사를 하자는 제안과도 유사하다고 할 수 있다.

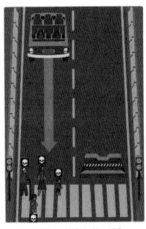
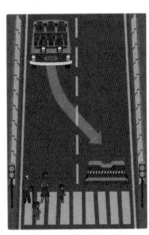

보행자를 희생시키는 경우 · 탑승자를 희생시키는 경우

| 그림 29 | 자율주행차가 직면할 수 있는 윤리적 딜레마를 가정한 그림. 차량 제어 알고리즘은 탑승자를 희생시킬 것인지 보행자를 희생시킬 것인지 결정해야 한다. 출처: MIT의 기계 윤리 프로젝트

윤리와 도덕 분야는 철학자들이 늘상 깊이 있게 다루는 주제이지만, 컴퓨터 과학자들에게는 익숙지 않은 분야라 할 수 있다. 실제로, 기계 윤리 프로젝트에서 제시된 딜레마는 하버드의 정치철학자 마이클 샌델Michael Sandel이 오랫동안 정의에 관한 강의를 하면서 제시했던 사고 실험을 떠올리게 한다. 물론, 샌델이 알고리즘의 도덕성 문제를 구체적으로 다룬 것은 아니었지만, 매우 밀접한 주제의 글을 써왔다. 예를 들어, 그의 책『돈으로 살 수 없는 것들: 무엇이 가치를 결정하는가』(2012, 와이즈베리)에서는 이전에 없던 시장을 창출함으로써 사물 자체의 본질이 근본적으로 바뀌는 현상을 다룬다. 이 책에서는 의회 청문회나 센트럴파크의 셰익스피어 공연 무료입장권을 받는 줄서기를 대신 하고 돈을 받는 서비스나, 사설 교도소가 수감을 상업화하는 사례를 소개한다. 샌델은 다음과 같이 썼다.

지난 30여 년간 펼쳐진 가장 운명적 변화는 탐욕이 증가한 것이 아니다. 오히려 시장 및 시장의 가치관이 예전에 시장이 아니었던 삶의 영역을 침범하는 것이다. 이런 상황에 맞서려면, 우리는 단지 탐욕을 맹비난하는 것 이상의 노력을 해야 한다. 즉, 사회에서 시장이 맡은 역할을 재고할 필요가 있다. 시장이 제자리를 찾도록 공적 논의를 해야 한다. 그리고 이 논의를 위해 시장의 도덕적 한계를 생각할 필요가 있다. 돈으로 사지 말아야 할 것들은 무엇인지 물어야 한다.

이러한 견해에 대해서는 경제학자들 간에도 찬반의견이 있다. 그러나 만약 '시장'을 '알고리즘'으로 바꾸고, '돈으로 사지 말아야 할 것'을 '알고리즘이 하면 안 되는 결정'으로 바꾸면, 이 문장도 샌델이 주장한 상황을 적용할 수 있을 것이다. 즉, 알고리즘이 사람을 대신해 의사결정을 한다면, 의사결정의 근본 속성이 바뀔 수도 있다는 것이다.

알고리즘이 하면 안 되는 의사결정에는 어떤 것이 있으며, 그 이유는 무엇일까? 예를 들어, 자동 전투 시스템 분야에서는 알고리즘이 결코 사람을 죽이는 결정을 내려서는 안 된다는 주장을 한다. 이는 적 전투원과 민간인을 구분한다거나, 부수적 피해 없이 살상 대상만 죽이는 경우처럼 알고리즘이 더 정확한 결정을 내릴 수 있을 때도 마찬가지다. 즉, 사람을 죽이는 최종 결정은 도덕적 행위자로서 책임을 질 수 있는 인간에 의해서만 이뤄져야 한다는 주장이며, 인간적으로 당면한 결과를 진정으로 이해할 수 있는 실체만이 그런 결정의 무게를 짊어져야 한다는 것이다. 물론, 알고리즘이 정말로 훨씬 더 정확하다면 이런 도덕적 원칙을 고수하다가 무고한 사람들이 더 많이 죽는 상황을 초래할 수도 있다. 독자들도 알고리즘의 도덕적 한계를 어디에다 두어야 할지 생각이 많아질 것이다.

그러나 이제는 알고리즘이 사람에게 직접 상해를 입히거나 사망에 이르게 하는 상황에 도달했고, 이에 대한 윤리적 문제를 논의하는 단계이므로, 문제를 논리적 극단(인류 생존에 위협이 되는 알고리즘)까지 확장해보자. 비록 상상일 뿐이지만, 이러한 우려는 이 책에서 다룬 몇몇 주제들의 논리적 극단일 것이다.

특이점의 위협

나는 이 빌어먹을 기계가 정말 싫다.
나는 그들이 이걸 팔아버렸으면 좋겠다.
이 기계는 내가 말하는 것만 실행하고,
정말 원하는 것은 하지 않는다.
– 무명

2017년 12월, 캘리포니아 남부 전역에 거대한 산불이 발생했다. 대피 명령을 받은 수만 명의 주민들은 로스엔젤레스 주변의 고속도로로 몰려들었다. 집을 떠난 사람들은 안전한 장소까지 가장 빠르게 가려고, 웨이즈와 구글맵 같은 내비게이션 앱을 실행했다. 3장에서 다뤘듯이, 네이게이션 앱은 실시간 데이터와 고성능의 최적화 엔진이 있기 때문에, 길안내를 하는 데는 당연히 예전의 종이 지도책보다 좋았다. 게다가 모든 사용자들의 데이터를 갖고 있으므로 현재 및 미래 도로의 모든 교통 상황을 알 수 있고, 이를 기반으로 목적지까지 가는 가장 빠른 길을 최적화해서 알려줄 수 있기 때문이다.

그러나 그 당시 웨이즈 앱은 산불로 화염에 휩싸인 도로들 위주로 운전자들을 안내했다고 한다. 운전자들은 어이가 없었겠지만, 한편으로 생각해보면 논리적으로 타당하다는 생각이 든다. 즉, 아마도 그 도로는 차가 거의 안 다니는 텅 빈 도로였을 것이다. 그러나 그것은 사용자들이 원했던 결과도 아니고, 개발자들이 의도한 결과도 결코 아니었을 것이다.

이는 최적화가 문제를 일으킨 단순한 사례일 뿐이지만, 좀 더 상상력을 발휘해보면 훨씬 심각한 문제들이 많을 것이다. 게다가, 현재의 기술이 훨씬 발전할 향후 100년간까지 추론해보면, 자연스레 AI가 인류에게 실존적 위협이 될 거라는 생각이 들 것이다. 유명인사들 중에서도 이 문제를 언급한 사람들이 많다. 스티븐 호킹Stephen Hawking은 초지능 인공지능은 "인류의 종말을 초래할 수 있다."라고 말했다. 일론 머스크Elon Musk는 인공지능을 '인류의 가장 큰 위협'으로 보고 있다. 그리고 구글 딥마인드DeepMind의 공동설립자인 셰인 레그Shane Legg는 인공지능이 '21세기의 가장 큰 위험 요인'이라고 생각한다고 했다. 실제로 딥마인드사가 2014년 구글과 4억 달러의 인수 협상을 할 때의 조건 중 하나는 구글 내에 AI 윤리위원회를 설립해달라는 것이었다. 이러한 노력은 여론의 호평을 받았지만, 이번 절에서는 AI의 위험을 심각하게 우려하는 저명한 과학자들의 몇 가지 주장을 살펴보고자 한다.

인공지능에 대한 두려움은 주로 AI의 연구가 연쇄반응을 일으켜 인간이 제대로 대처하기도 전에 초지능 기계가 탄생할 거라는 가정에 기반한다. 이 연쇄반응은 일정 수준의 임계점에 도달하면 '지능 폭발'을 일으켜서 결국 AI의

'특이점'이 된다는 것이다. 이런 주장은 앨런 튜링과 함께 일했던 영국의 수학자 I. J. 구드^{Good}가 1965년에 최초로 제기했다.

> 초지능 기계를 가장 똑똑한 사람의 지능도 훌쩍 넘는 기계라고 정의해보자. 기계를 설계하는 것도 지적 활동의 하나이기 때문에, 초지능 기계는 자신보다 더 똑똑한 기계를 설계할 수 있다. 그러면 이후부터는 의심의 여지 없이 '지능 폭발'이 일어날 것이고, 인간의 지능은 훨씬 뒤처질 것이다. 따라서 최초의 초지능 기계는 아마도 인간이 직접 만드는 마지막 발명품이 될 것이다. 만일 기계가 자신의 제어법을 사람에게 알려줄 만큼 고분고분하다면 말이다.

인류는 체스나 바둑, 퀴즈 프로그램이나 자율주행차 등 각자의 분야에서 인간에 버금가거나, 인간을 넘어서는 기계를 만들어가고 있다. 그러므로 학습과 최적화, 추론을 하는 인공지능 알고리즘을 설계하는 데 있어 인간의 역량에 버금가는 기계를 결국엔 개발할 수 있을 거라고 기대하지 않을 이유가 없을 것이다. 이들 알고리즘은 학습 및 최적화에 적용할 개선점을 찾는 데는 사람만큼 잘할 것이다. 그러나 일단 알고리즘이 이런 개선점을 발견하면, 스스로 재프로그래밍하면서 개선 속도를 높인다. 그리고 개선 결과가 스스로에게 반복 누적되면서 눈덩이처럼 커지는 것이다.

우리가 AI 연쇄반응 주장을 받아들인다고 가정해보자. 그렇다면 분명히 이것은 무기로 전용될 잠재적 위험성이 있다. 만약 지능 폭발 단계가 임박하면, 미국과 중국, 러시아나 다른 국가들이 AI를 무기화하려고 달려드는 군비경쟁을 예상할 수 있을 것이다(일각에서는 이미 시작됐다고 보기도 한다). 그러나 이 경우 진짜 위협은 AI 자체라기보다는 AI 역량을 가진 적대국이다. AI는 핵무기와 마찬가지로(그러나 잠재적으로는 훨씬 파괴적인 결과를 낳는) 위험한 무기 중 하나일 뿐이다.

그렇다면 인간이 AI를 파괴적인 목적으로 사용하지 않아도, 초지능 자체가 위협이 되는 시나리오도 있을까? 물론, 초지능에게 의식이나 악의가 없다고 가정하더라도 심각한 문제가 발생할 수 있다. 그리고 충분히 강력한 최적화 알고리즘은 심각한 위험을 초래할 수가 있는 것이다. 컴퓨터 기기들의 문제점은 프로그램대로 동작하지 않는 것이 아니라, 프로그램대로 너무 정확히 동작한다는 사실이다. 이것이 문제가 되는 이유는 특정 상황에서 컴퓨터가 실행할 프로그램이 무엇인지 정확히 예측하기 힘들 수도 있기 때문이다.

비교적 간단한 프로그램(예: 워드프로세서나 정렬 알고리즘)이라면 개발자가 모든 상황을 고려해 프로그램의 동작을 정확히 지정할 수 있다. 그러나 앞에서 언급했듯이 머신러닝은 다른 방식으로 동작한다. 많은 개 사진 중에서 고양이 사진만 골라내는, 겉보기에 단순한 작업을 생각해보자. 이는 3살짜리 아이들도 쉽고 정확하게 골라낼 수 있는 일이지만, 이 일을 해내는 과정을 정확하게 기술하기는 매우 어렵다. 그래서 프로그래머는 다음 두 가지를 지정해서 그림 분류기를 동작시킨다. 하나는 최적화를 수행할 모델들(즉, 신경망)이고, 다른 하나는 최적화할 목표 함수(즉, 분류 오류)다. 프로그래머는 개와 고양이를 구별하는 이미지 분류기인 컴퓨터 프로그램이나 모델을 직접 작성하지 않는다. 대신, 프로그래머가 지정한 모델로 목적 함수를 최적화하면 저절로 문제가 '해결'된다. 이 방법은 상당히 효과적이지만, 내비게이션 앱이 운전자를 불길 속으로 안내하는 것처럼 종종 예기치 못한 동작으로 이어진다.

우려되는 점은 기술 발전에 따라 더 복잡한 모델까지 최적화하는 것이 가능해질 텐데, 그러면 아무리 사람이 주의를 기울여도 목적 함수의 최적화 결과를 예측하기는 더 어려워질 것이라는 사실이다.

흐린 날 인식 기능

좀 더 자세히 알아보기 위해, 머신러닝의 문제점과 관련되어 자주 회자되는 이야기로 시작해보자. 출처를 알기 힘든 이 이야기의 배경은 1960년대 머신러닝의 초창기 시절인데, 머신러닝의 함정을 설명하는 사례로서 1990년대 부터 많이 언급되기 시작했다. 다음 이야기는 그중 1992년 판이다.

1960년대 초창기에 미육군은 숲 속에 숨겨져 있는 탱크를 인식해내는 인공 신경망(퍼셉트론)을 훈련시키기로 결정했다. 우선 탱크가 없는 숲의 사진을 많이 찍었고, 이어서 같은 숲인데 나무 뒤로 탱크가 보이는 사진도 많이 찍었다. 그리고 이 두 종류의 사진을 구별하도록 신경망을 훈련시켰다. 훈련 결과는 꽤 좋았다. 게다가 훈련 데이터가 아닌 사진들로도 차이점을 구분할 수 있다는 사실이 밝혀지자 관련자들은 매우 고무되었다.

그러나 신경망이 숲 속에 감춰진 탱크를 학습한 것이 맞는지 확인하기 위해, 연구원들은 같은 숲에서 몇 장의 사진을 추가로 촬영해서 재점검을 했다. 그 결과, 신경망이 탱크가 있는 숲과 없는 숲을 전혀 구분하지 못한다는 사실을 알고 큰 충격을 받았다. 이 수수께끼 같은 문제의 원인은 어처구니없게도 탱크가 있는 숲은 맑은 날에 촬영했고 탱크가 없는 숲은 흐린 날에 촬영했다는 사실 때문이었다. 즉, 신경망이 학습하고 일반화한 것은 나무의 그림자가 있는지 없는지를 구별하는 것이었다.

이 이야기의 핵심은 머신러닝을 사용할 때 내가 원하는 것을 컴퓨터에게 정확히 전달하기가 쉽지 않다는 것이다. 지도 학습의 학습 방식은 우선 사용자가 하려는 결정과 관련된 예제 데이터(앞의 사례에서는 레이블이 있는 사진)를 가능한 한 많이 알고리즘에게 제공하는 것이다. 문제는 겉으로는 안 보이지만 설명이 불충분한 상황이 생길 수 있다는 점이다. 사람은 상황 파악(군대가 원하는 것은 탱크를 구분하는 것)을 할 수 있기 때문에, 탱크가 있고 없는 두 종류의 사진 차이를 명확히 구분할 수 있었다. 그러나 컴퓨터는 모든 측면에서 동일하게 판단한다. 만약 탱크보다 그림자가 구분하기 쉽고 정확하다면 그림자를 선택하는 것이다. 1960년대의 머신러닝(그리고 대부분의 최신 기술) 알고리즘에서 문제점을 찾아내고 수정하는 것은 그리 어렵지 않다. 그러나 우려되는 것은 기술이 강력해질수록 동일한 결함이라도 훨씬 더 큰 문제를 일으킬 수 있다는 점이다.

이와 유사한 사례로, 겉보기엔 평범한 작업을 최적화하려고 만들어낸 알고리즘이 잘못된 방향으로 폭주하는 경우를 상상해보자. 예를 들어, '향후 10년간 가능한 한 많이 비트코인을 채굴할 것'이라는 단순한 목표를 가진 초강력 최적화 알고리즘을 만들었다고 해보자. 비트코인을 채굴하려면 어려운 연산 문제를 풀어내야 하는데, 현재 이 문제를 푸는 데 있어 가장 좋은 방식은 브루트포스 검색brute-force search(완전 탐색)이라고 한다. 그렇다면 알고리즘이 채택할 수 있는 전략은 모든 컴퓨터 자원을 이 브루트포스 검색에 직접 투입해서 10년간 가능한 한 많은 문제를 해결하는 것이다. 실제로 현재의 비트코인 채굴은 이 방식으로 이뤄지고 있다. 그러나 알고리즘은 할 수만 있다면 더 좋은 방법을 찾으려고 할 것이다. SF 소설에서 영감을 얻자면, 알고리즘은 초기의 좁게 정의된 기능을 점점 개선해서 사람이 원래 의도하지 않은 디스토피아적인 해법까지 시도하려고 할 수 있다. 예를 들어 비트코인 채굴 장치를 더 만들기 위해 사회의 자원을 다 끌어가고, 심지어 인간 문명까지 위협하는 상황이 벌어지는 것이다.

이러한 인류 종말 시나리오를 반대하는 몇몇 의견도 있으나, 그중 대부분은 조금만 생각하면 추측할 수 있는 것들이다. 가장 대표적인 의견이 '컴퓨터가 의도대로 동작하지 않으면 바로 꺼버리면 되지 않을까?'라는 것이다. 그러나 컴퓨터가 꺼진다면 비트코인을 채굴하지 못할 것이고, 초강력 최적화 알고리즘으로 실행되는 컴퓨터가 이런 간단한 사실을 모르지는 않을 것이다. 그러므로 컴퓨터는 누군가가 전원을 끄지 않도록 조치를 취할 것이다. 이는 컴퓨터가 어떤 생존 본능을 가져서가 아니라, 전원이 꺼지면 목표를 최적화하는 데 방해가 되기 때문이다(이 대목에서 스탠리 큐브릭의 영화 〈2001: 스페이스 오디세이〉에 등장하는 컴퓨터 할의 가슴 아픈 죽음을 떠올리는 독자도 있을 것이다).

좀 더 확실한 해법은 어떤 부정적 부작용도 없도록 알고리즘 최적화의 목표를 정하는 것으로, 이 목표와 목적 함수를 완벽하게 정렬하는 것이다. 이를 가치 정렬 문제라고 하며, 최적화 알고리즘이 수행한 결과가 모든 측면에서 인간이 원한 결과와 일치하려면 어떻게 설정을 해야 하는가를 다루는 문제다. 그러나 지금까지 이 책에서 다양한 사례를 확인했듯이 가치 정렬 문제를 해결하는 것은 매우 어렵다. 단순한 모델을 실용적 목적으로 최적화해도 예상치 못한 공정성과 프라이버시 침해가 발생하고, 이 결과가 증폭되면서 의도치 않은 집합 행위로 이어질 수가 있다. 오늘날의 비교적 단순한 학습 알고리즘을 가지고도 최적화의 효과를 예측할 수 없다면, 인간보다 지능이 높은 최적화 엔진을 사용하는 경우에는 얼마나 더 나쁜 상황이 벌어질까?

난 걱정 안 해!

지능 폭발에서 꼭 등장하는 인류 종말 시나리오는 두렵기도 하지만, 어쩔 수 없이 공상적이고 부정확하다. 그런 시나리오는 진짜 발생하게 될 위협일까? 아니면 단지 과학소설의 상상 속 소재일 뿐일까? 그리고 그런 위협이 결국 실제가 된다고 해서, 지금 당장 그 대안을 생산적으로 고민할 수 있는 위치에 있을까? 일부 저명한 AI 전문가들은 이 마지막 질문에 대해 "아니요"라고 답한다. 전 스탠퍼드 대학교 교수이자 구글 브레인Google Brain 그룹의 설립자이며, 바이두의 수석 과학자로 일했던 앤드루 응Andrew Ng의 말에 따르면 지금 초지능의 위험을 걱정하는 것은 화성의 인구 과잉을 걱정하는 것과 다를 바 없다는 것이다. 다시 말해, 언젠가는 문제가 될 수도 있지만 현 상황과는 너무 동떨어진 의제라 생산적 논의가 힘들다는 견해다. 이와 반대되는 견해는 문제는 항상 먼 미래의 일로 보이기 때문에 초지능 폭발의 심각성을 지금부터 다루지 않는다면 너무 늦는다는 주장이다. 여기서 문제의 핵심은 인간이 따라잡거나 감지할 수 있는 속도보다 빠르게 초지능 기계가 만들어지는 연쇄반응을 일컫는 '급속 발전'이란 주장의 신빙성 여부다. 그러면 이 문제를 좀 더 깊이 생각해보자.

기본 전제는 다른 모든 조건이 동일하면 더 강력한 알고리즘이 더 빠르게 머신러닝 기술을 개선한다는 사실이다. 이에 대해서는 논쟁의 여지가 없을 것이다. 그러나 중요한 것은 개선이 되는 속도, 즉 점점 더 강력한 머신러닝 알고리즘을 만들어내는 데 필요한 학습 속도를 고려해야 한다는 사실이다.

실생활을 돌아보면 많은 영역에서 수확 체감 현상이 발생한다. 여기서 수확 체감이란 어느 수준까지는 투입량이 많을수록 생산량도 증가하지만 그 이후에는 투입량을 늘려도 생산량이 늘지 않는 현상을 말한다. 예를 들어, 사람들이 물건에 느끼는 만족도가 이에 해당한다. 예를 들어, 초콜릿 케이크 한 조각을 처음 맛볼 때의 만족감은 여섯 조각쯤 먹고 났을 때보다 훨씬 크다. 또는 누군가가 내게 100억을 준다면 내 삶은 극적으로 바뀌겠지만, 그 이후에 또 100억을 준다면 전과 같은 극적인 변화는 없을 것이다. 창의적인 업무에서도 이런 현상이 발생한다. 책을 한 권 쓰는 데 100시간이 걸렸다면, 이를 교정하고 품질을 높이는 데는 100시간보다 많은 시간이 걸린다. 물론 시간을 좀 더 투자하면 더 나아지긴 하겠지만, 투자 시간을 두 배로 늘렸다고 해서 도서의 품질이 두 배가 되는 것은 아니다. 결국엔 뭔가 더 잘할 수 있는 다른 일에 시간을 투자하게 될 것이다.

수확 체감 현상을 보이지 않는 사례도 있다. 브루트포스 방식이 가장 분명한 사례다. 만약 우물물이 충분한 경우, 물 푸는 시간을 2배로 하면 퍼낸 물의 양도 2배가 된다. 이 경우 투자 대비 수익은 선형 그래프를 그린다. 즉, 생산량은 투입량에 정비례한다. 어떤 경우에는 수확 체증 현상이 발생하기도 한다. 만약 독자가 이 책을 전자책으로 본다고 해보자. 전자책을 한 권 더 발행하는 데는 정보를 복사하고 전송하는 비용만 들기 때문에 한계 비용이 거의

0원에 가깝다. 그러나 최초본을 만드는 데 들어간 노력과 비용이 상당하다는 사실은 누구나 알 것이다. 따라서 우리는 지능이 연쇄반응을 일으키며 기하급수적으로 개선될 것으로 생각해야 할까? 아니면 초콜릿 케이크나 물 퍼내기, 또는 전자책 발행에 더 가깝다고 생각해야 할까?

AI 연구가 물 퍼내기에 가깝다고 해보자. 이는 머신러닝 연구 발전 속도와 기계 지능의 양이 일치한다는 의미다. 이를 간단한 미분 방정식으로 구성해 계산하면, 예상대로 '급속 발전'의 시나리오가 나온다. 연구 투자 수익이 산술급수적으로 증가하면, 지능의 성장은 기하급수적으로 증가한다. 이런 식의 성장은 시각화하기도 어렵다. 왜냐하면 처음에는 일정하다가 어느 순간 갑자기 치솟기 때문이다. 이런 시나리오에서는 지금부터 AI의 위험성을 대비하는 데 투자를 많이 해야 한다. 비록 현재는 초지능 수준과는 거리가 멀지만, 너무 늦기 전에 대비하려는 것이다.

반면, AI 연구가 글을 쓰는 것과 비슷하다고 해보자. 이는 수확 체감 법칙을 따른다는 의미다. 연구를 하면 할수록 지능이 높아지지만, 그 속도는 점차 느려진다. 그리고 나중에는 연구 증가 속도와 지능 증가 속도가 같아져 개선을 체감할 수도 없게 된다. 따라서 기하급수적 성장률을 기대하는 것도 힘들다.

그렇다면 우리는 기하급수적 성장을 예상해야 할까, 말아야 할까? 이 질문은 AI 연구가 수확 체감 법칙을 따를 건지를 예상하냐는 질문과 밀접한 관련이 있다. 적어도, 지능 폭발은 I. J. 구드가 이 말을 만들 때만큼 확실하지는 않을 것 같다. 그리고 아주 잠시 동안은 기하급수적으로 성장을 할 수도 있지만, 항상 그렇게 성장하진 않을 수도 있을 것이다. 매일 2배가 되는 기하급수적 성장도 있겠지만, 1년에 1%만 성장할 수도 있다. 그리고 프린스턴 대학교의 컴퓨터 과학과 교수인 에드 펠텐Ed Felten의 말을 옮기자면, 약간의 이자만 나오는 예금통장에 단돈 몇 달러만 넣어 놓고서, 곧 상상할 수 없을 정도로 부자가 되는 '부의 폭발'을 기대하며 은퇴계획을 세워서는 안 될 것이다. 게다가 기하급수적 성장이라 하더라도 인간의 시간 기준으로는 빠르지 않을 수도 있다.

그러나 지능 폭발이 있을지 확실치 않더라도, 잠재적으로 심각한 문제를 수반할 수 있다는 가능성만으로도 알고리즘 연구의 한 주제로서 AI의 위험성을 다룰 필요가 있다. 결국, 이 책에서 다양한 알고리즘의 문제를 다룰 수 있었던 원동력은 합리적으로 보이는 목표를 최적화할 때조차 의도치 않게 발생하는 부작용을 예측하기 어렵다는 문제 의식 때문이다.

한 가지 원인, 다양한 문제

이 책의 마지막 부분인 5장에서 다룬 주제는 머신러닝과 인공지능이 인류의 안전과 삶, 심지어 생존까지 위협할 수 있다는 궁극적 위험성에 관한 것이다. 이는 프라이버시 침해나 차별 문제, 게임 이론과 허위 발견처럼 직접 당면한 구체적 위험과는 상당히 이질적이라고 느낄 수도 있을 것이다. 실제로 1장부터 4장까지는 각 주제별로 실제 사례를 통해 알고리즘이 어떻게 잘못된 결정을 하는지와 그 해법을 구체적으로 다뤘다. 그러나 5장에서는 지금의 판단으로는 과학소설에나 나올 법한 상상력을 발휘해야 했다.

그러나 생존까지 위협하는 위험성이란 것은 단지 앞에서 다뤘던 (합리적 목표의 최적화가 예상과 달리 부작용을 초래할 수 있다는) 기본적인 윤리 문제의 논리적 극단일 뿐이다. 만약 머신러닝 알고리즘을 오로지 예측 정확도를 높이는 데만 사용하면, 대상 인구 집단이 바뀌면 차별이 발생하는 모델이 생성될 수밖에 없다. 또한 훈련용 데이터에 사용된 개인의 정보가 재식별되어 유출되거나, 거짓 데이터를 사용하도록 유도하거나, 과학자들이 자신의 연구 결과를 실제보다 부풀리는 일이 발생할 수 있는 것이다. 결국, 이들 사례는 같은 문제를 다른 측면에서 보고 있을 뿐인 것이다. 목적 함수의 최적화 엔진(특히, 복잡계 최적화)은 이례적일 정도로 우수한 결과를 내기도 하지만, 최초 설계 당시 명시적으로 요구하지 않은 제약 조건을 만족시키지는 못한다. 그러므로 알고리즘이 따르지 않으면 인류에게 위협이 되기 때문에, 알고리즘에게 반드시 부과하려는 윤리적 규범 같은 제약 조건이 있다면, 그것이 무엇인지와 그것을 어떻게 설계에 반영할지를 정확히 고려해야 한다.

알고리즘의 약속

알고리즘 의사결정의 문제가 쏟아질 때 매력적으로 떠올랐던 해법 중 하나는 아주 중요한 의사결정을 할 때는 알고리즘을 아예 배제하는 것이었다. 그러나 신기술을 적용할 때 신중을 기하려는 것은 지극히 타당하고, 알고리즘이 공정성 같은 문제를 다루는 방법을 완벽히 이해하고 있지 못하는 상황이라 하더라도, 중요한 의사결정에서 알고리즘을 배제하는 것은 장기적으로 좋은 해결책이라 할 수 없다. 여기에는 적어도 두 가지 이유가 있다.

첫째, 사람의 결정뿐만 아니라 모든 의사결정의 기반은 본질적으로 알고리즘이다. 다만 차이점이 있다면 인간의 의사결정은 명확히 말로 설명하기 힘든 논리와 행위에 기초한다는 것뿐이다. 만약 사람이 의사결정 과정을 아주 정확하게 묘사하는 능력이 있다면, 그것을 그대로 컴퓨터 알고리즘으로 옮길 수 있을 것이다. 그러므로 우리가 선택해야 할 것은 알고리즘 사용 여부가 아니라, (요구사항을) '정확히 규정한' 알고리즘 사용 여부여야 한다.

모든 조건이 같다면, 의사결정 과정을 정확히 알 수 있는 편이 낫다. 정확성이 높으면 다음처럼 조건 추론도 할 수 있게 된다. 예를 들어, 내 연봉이 지금보다 1만 달러(약 1,100만 원) 더 높다면 대출 신청 결과가 달라질까? 또는 내가 백인이라면? 남자라면? 등의 질문이 가능하다. 사람은 자신이 왜 그런 결정을 했는지 쉽게 설명할 수 있지만, 이것이 진짜 통찰에 근거한 설명이기보다는 자기 합리화인 경우가 종종 있다. 인종을 보고 대출을 거부했던 담당자는 만약 그런 사실이 드러나면 인종이 아닌 다른 그럴듯한 대출 거부 이유를 찾을 것이다. 그러므로 의사결정 과정을 정확히 파악하고 있어야 상황이 바뀔 경우에는 어떤 결정이 내려질지를 확실히 알 수 있다.

그러나 모든 것이 동등하진 않다는 사실을 기억해야 한다. 의사결정 과정을 정확하게 제대로 규정하고, 구조화된 데이터를 풍부하게 수집하는 것은 어려운 일이다. 결과적으로 사람이 활용할 수 있는 자료보다 훨씬 적은 일부 정보에만 기반해 결정하도록 설계되는 경우가 종종 있다. 그러나 이런 상황은 알고리즘의 비난 근거가 아니라, 우리가 극복해야 할 도전이며 더 나은 알고리즘 연구를 위한 동기 부여로 봐야 할 것이다.

둘째, 머신러닝은 현재뿐 아니라 앞으로 잠재적 이점도 많은 강력한 도구다. 구글과 페이스북은 머신러닝을 적용한 제품으로 이미 상당한 수익을 내고 있고, 기술의 적용 범위가 확대됨에 따라 사업 영역과 사회적 편익도 증가한다. 예를 들어, 개인별 타깃 광고의 클릭률을 향상하는 학습 알고리즘이 맞춤형 의약품의 정확성과 효능 향상에 적용되어 사람의 생명을 구하는 기술이 될 수 있다. 그리고 개인 신용 평가에 있어 소득, 저축, 카드 사용 내역만 사용하는 단순한 방법이 아니라, 더 광범위한 지표를 사용함으로써 더 많은 인구에게 신용 평가 기회를 제공할 수 있다. 이런 잠재적인 이점의 사례는 수없이 많다. 이 책에서는 알고리즘 의사결정의 위험성을 계속 다뤘지만, 그런 위험을 피하려고 다른 이점을 모두 포기할 필요는 없다.

그러나 알고리즘의 잘못을 해결하려면 더 나은 법률과 규제, 인간의 감독이 필요하다는 반박의견도 있다. 이 책에서 전반적으로 강조하듯 법률과 규제는 확실히 중요한 역할을 한다. 알고리즘에게 허용할 것과 허용하지 말아야 할 것을 규정하는 일은 인간과 사회의 역할로 확고히 유지돼야 한다. 그러나 법률과 규제로만 통제하는 방식은 확장성이 없다는 문제가 있다. 즉, 어떤 방식이든 인간의 결정에만 의존하는 접근법은 알고리즘 의사결정의 양과 속도를 따라갈 수가 없다. 그 결과 알고리즘 의사결정을 대부분 포기하거나, 문제의 규모를 따라잡지 못해 불충분한 결론을 내리게 된다. 따라서 법률과 규제도 중요한 반면, 알고리즘에 의한 의사결정에서 발생한 문제의 해법은 상당 부분 다시 알고리즘에 달렸다는 것이 지금까지 이 책에서 주장한 내용이다.

그렇다고 우리가 모든 것을 다 가질 수 있다고 주장하는 것은 아니다. 이 책의 중요한 교훈 중 하나는 윤리적 실패를 바로잡으려 부과하는 제약 조건을 공짜로 추가할 수는 없다는 사실이다. 거기엔 항상 상충 관계가 발생한다. 즉, '프라이버시'나 '공정성'의 의미를 정확히 정의하고 이를 얻어내려면 예측 정확도 같은 중요한 가치를 포기해야만 하는 것이다. 알고리즘 연구의 목표는 이런 제약 조건을 식별해 알고리즘에 반영하고, 상충 관계가 생기는 범위를 정량화하고 최대한 줄일 수 있는 알고리즘을 설계하는 것이다.

그런데 이런 상충 관계는 알고리즘의 문제가 아니라, 그 상황과 관련된 이해 관계자들이 결정해야 하는 사회적 문제다. 특정 분야의 예측 정확도가 떨어지더라도 모집단 간의 공정성 비율이 높도록 하는 것이 나을지 개인 정보의 보호 수준을 높이는 것이 나을지에 대한 일반적 해답은 없으며, 상황에 따라 달라진다. 생사를 다루는 의학적 결정을 할 때는 정확성이 가장 중요할 것이다. 그러나 고등학교 배정의 경우에는 공정성이 우선돼야 할 것이다. 개인의 민감한 정보를 바탕으로 타깃 광고의 효율을 높이는 경우에는 정확도보다는 정보 보호에 초점을 두어야 할 것이다. 결국 이해 상충 문제에서 어디에 가중치를 둘지에 대한 결정은 현장에 있는 사람들의 몫이다. 그러나 파레토 곡선(상충 관계들 간의 최적화 공간) 자체를 정의하는 활동은 과학의 영역일 것이다.

태초에…

윤리 알고리즘 제정 노력에 대한 가장 흔한 비판의견은 이들 작업이 침몰하는 타이타닉호에서 의자를 정리하는 것과 다를 바 없다는 것이다. 즉, 수학자들은 머신러닝 알고리즘의 오류 수정이 얼마나 효과가 있을지를 논의하고 있지만, 사실 진정한 불평등은 알고리즘을 사용하는 것 자체라는 것이다. 예를 들어, 내 가족과 이웃들이 저소득층 주거지에서 살고 있다면, 통계적으로는 나의 대출 상환 가능성도 낮게 평가되는 것이 사실이다. 현실 세계의 대출 통계 데이터를 근거로 공정하게 훈련된 알고리즘이라면 이를 근거로 대출을 거절해야 한다고 결정할 것이다. 그러나 차별법 전문가인 데버러 헬먼 Deborah Hellman에 말에 따르면, 이는 불평등을 심화시키므로 거시적 관점에서 보면 불공정한 것이다. 즉, 미시적 관점에서는 공정해 보여도 사회 전체적 맥락에서 보면 가난한 사람들을 차별하는 시스템을 고착시키고 악순환 고리를 형성하므로 불공정하다는 의미다.

좀 더 일반적으로 말하면, 알고리즘을 위해 단순화한 상황 속에서 정량적 성과에만 근시안적으로 집중함으로써, 우리가 내린 결정의 전후 효과는 무엇인지와 같은 공정성을 이해하는 데 필수적인 문제점들을 무시하고 있다는 것이다. 우리가 알고리즘을 단순 예측에만 사용하는 것이 아니라 중요한 결정을 내리는 데도 사용함으로써, 세상에 영향을 끼치고 있는 것이 현실이다. 그러므로 '공정성' 같은 가치에 분별 있게 대응하려면, 알고리즘이 내린 결정으로 발생하는 역동적 효과를 염두에 두어야 한다.

한편, 이러한 관점에 상당한 진실이 담겨 있다고 해서 윤리 알고리즘 전체를 비난해선 안 될 것이다. 오히려 이 분야의 문제가 복잡하고, 연구도 초기 상태라는 것을 가늠해볼 수 있다. 알고리즘의 공정성과 프라이버시를 다룬 현재의 수학 문헌들은 좁은 시야와 단순한 추상화로 인해 표면적으로는 기대에 못 미치는 듯하다. 그러나 우리가 제안한 엄격한 접근법(목표를 정확히 명시하고, 이를 달성하는 알고리즘을 설계함)을 따르려면 최대한 단순하게 시작해야만 한다. 목표를 정확히 명시하는 일은 고된 작업이다. 문제가 복잡할수록, 불명확한 안개 속에 숨기가 쉽다. 그리고 그런 식으로는 우리가 시작한 윤리적 문제를 해결할 수가 없다. 물론, 미묘하고 모호한 인간의 의사결정을 무조건 정확하고 단순한 모델로 대체해버리는 게 해법은 아니다. 그러나 (지나치다 싶을 정도로) 단순한 사례로부터 목표를 정의하기 시작하면, 점차 우리가 다루려고 하는 실질적이고 복잡한 문제에 도달할 수 있을 것이다.

아마 당분간은 알고리즘 접근법에 대한 비평가들의 말이 맞을 것이다. 알고리즘 도구는 여전히 단순하고 기초적인 수준이라 신뢰할 만한 의사결정을 제시할 수 없는 영역들이 많기 때문이다. 그러나 숲을 분석하려면 나무로부터 시작할 수밖에 없다. 이 책은 윤리 알고리즘 개발을 목표로 노력하는 여러 분야를 다뤘는데, 그중 대부분은 아직도 초기 단계에 있다. 그렇기 때문에, 우리가 옹호하고자 하는 것은 현재의 특정 기술이 아니라 정확한 정의에 기반한 과학적 방법론이다.

잘된다면 이 방법론을 통해 귀중한 결실을 맺을 수 있을 것이다. 차분 프라이버시의 사례가 대표적이다. 이 이론은 처음 15년간은 이론 컴퓨터 과학자들 사이에서 학문적 호기심 수준에서만 다뤄졌지만, 2020년에는 미국 인구 조사 자료 보호 기법으로 사용될 만큼 신뢰받는 기술이 됐고, 아이폰과 구글 크롬 웹 브라우저에서 대규모로 사용될 만큼 발전했다. 차분 프라이버시는 그 이전 기술들과 달리 무엇을 보장할 것인지를 정확하게 정의했고, 그 결과 큰 발전을 이뤘다. 물론, 차분 프라이버시가 사람들이 '프라이버시'라는 영어 단어를 사용할 때 떠올리는 모든 개념을 보호하는 것은 아니다. 그러나 이를 정확하게 정의함으로써 우리가 원하는 것을 보장하는지를 명확히 할 수 있다. 프라이버시 문제의 해결은 아직 멀었지만, 적어도 현재의 기술로 어떤 종류의 문제를 해결할 수 있고 해결할 수 없는지에 대해서는 분명히 말할 수 있는 단계에 있다.

만약 우리가 이 책에서 언급한 다른 윤리적 가치들에 대해서도 이러한 정의를 내릴 수 있다면, 큰 성과를 거둘 수 있을 것이다. 그러나 이는 서두를 수 없고, 또 서둘러서도 안 되는 문제다. 쉴 새 없는 노력에도 불구하고 기술은 가다 서다를 반복하며 발전할 테고, 수년의 시간이 더 걸릴 것이다. 바야흐로 우리는 중요하고 흥미진진한 여행을 시작하려는 참이다.

1장 알고리즘 프라이버시: 익명에서 소음으로

참고자료

매사추세츠 GIC와 넷플릭스 사례를 포함해 '비익명화' 공격이 성공한 사례에 대한 확장된 논의는 *UCLA Law Review* 57(2010)에 게재된 Paul Ohm의 'Broken Promises of Privacy: Responding to the Surprising Failure of Anonymization'에서 다뤘다. 넷플릭스 공격에 대한 세부사항은 *IEEE Symposium on Security and Privacy*(IEEE, 2008)에서 발행된 Arvind Narayanan과 Vitaly Shmatikov의 'Robust De-anonymization of Large Sparse Datasets'에서 다뤘다. 전장 유전체 연관 분석[GWAS] 공격에 대한 세부사항은 *PLOS Genetics*(2008)에 게재된 Nils Homer, Szabolcs Szelinger, Margot Redman, David Duggan, Waibhav Tembe, Jill Muehling, John V. Pearson, Dietrich A. Stephan, Stanley F. Nelson, David W. Craig의 'Resolving Individuals Contributing Trace Amounts of DNA to Highly Complex Mixtures Using High-Density SNP Genotyping Microarrays'에서 다뤘다. k-익명성의 개념은 Latanya Sweeney가 *International Journal of Uncertainty, Fuzziness, and Knowledge-Based Systems*(World Scientific, 2002)에 게재한 'k-anonymity: A model for protecting privacy'에서 처음으로 제안했다.

차분 프라이버시 개념은 *Theory of Cryptography: Third Theory of Cryptography Conference*(Springer, 2006)에 게재된 Cynthia Dwork, Frank McSherry, Kobbi Nissim, Adam Smith의 'Calibrating Noise to Sensitivity in Private Data Analysis'에 처음으로 소개됐다. 차분 프라이버시의 베이지안 해석은 *Journal of Privacy and Confidentiality* 6(2014)에 게재된 Shiva Prasad Kasiviswanathan와 Adam Smith의 'On the 'Semantics' of Differential Privacy: A Bayesian Formulation'에서 발췌한 것이다. 임의 응답은 *Journal of the American Statistical Association* 60(1965): 309에 게재된 Stanley L. Warner의 'Randomized Response: A Survey Technique for Eliminating Evasive Answer Bias'에서 소개됐다.

페이스북의 '좋아요' 패턴이 개인의 다양한 민감 특성과 연관됐음을 보여주는 연구는 *Proceedings of the National Academy of Sciences* 110(2013)에 게재된 Michal Kosinski, David Stillwell, Thore Graepel의 'Private Traits and Attributes Are Predictable from Digital Records of Human Behavior'에서 다뤘다.

읽을거리

최신의 데이터 수집, 보안, 프라이버시 문제에 대해 일반 독자를 대상으로 전반적으로 설명하는 내용으로는 Bruce Schneier의 『Data and Goliath: The Hidden Battles to Collect Your Data and Control Your World』(W. W. Norton, 2015)를 참고한다.

차분 프라이버시의 정의, 방법, 알고리즘에 대한 기술 개요를 포괄적으로 다룬 책으로는 Cynthia Dwork과 Aaron Roth의 『The Algorithmic Foundations of Differential Privacy』(NOW Publishers, 2014)를 참고한다.

2장 알고리즘 공정성: 패리티에서 파레토까지

참고자료

워드 임베딩의 성 편향 연구는 Tolga Bolukbasi, Kai-Wei Chang, James Zou, Venkatesh Saligrama, Adam Kalai가 30th Conference on Neural Information Processing Systems(2016)에 발표한 'Man Is to Computer Programmer as Woman Is to Homemaker? Debiasing Word Embeddings'에서 처음으로 기술됐다. 이와 유사한 발견은 *Science* 356, no. 6344(2017)에 게재된 Aylin Caliskan, Joanna J. Bryson, Arvind Narayanan의 'Semantics Derived Automatically from Language Corpora Contain Human-Like Biases'에서 다뤘다.

특정 입력을 '거부'하는 방식은 실패한다는 내용을 포함해서 머신러닝에서의 공정성과 관련된 기본 문제를 다루는 기초 논문은 *Proceedings of the 3rd Innovations in Theoretical Computer Science Conference*(ACM, 2012)에 게 재된 Cynthia Dwork, Moritz Hardt, Toniann Pitassi, Omer Reingold, Richard Zemel의 'Fairness Through Awareness'에서 다뤘다.

여러 개의 공정성 요구를 동시에 달성할 수는 없다는 사실을 처음으로 입증한 연구는 Workshop on Fairness, Accountability and Transparency in Machine Learning(2016)에서 Alexandra Chouldechova가 발표한 'Fair Prediction with Disparate Impact: A Study of Bias in Recidivism Prediction Instruments'와 8th Innovations in Theoretical Computer Science Conference(2017)에서 Jon Kleinberg, Sendhil Mullainathan, Manish Raghavan이 발표한 'Inherent Trade-Offs in the Fair Determination of Risk Scores'이다.

공정성 제약으로 위양성률과 위음성률을 동일하게 하는 방법은 *Advances in Neural Information Processing*(2016)에서 Moritz Hardt, Eric Prize, Nati Srebro가 'Equality of Opportunity in Supervised Learning'에서 제안했다.

공정성-정확성 파레토 곡선과 공정성 게리맨더링 개념은 Michael Kearns, Seth Neel, Aaron Roth, Zhiwei Steven Wu가 International Conference on Machine Learning(2018)에 발표한 논문인 'Preventing Fairness Gerrymandering: Auditing and Learning for Subgroup Fairness'와 ACM Conference on Fairness, Accountability and Transparency(2019)에 발표한 'An Empirical Study of Subgroup Fairness for Machine Learning'에서 다뤘다.

읽을거리

알고리즘의 차별과 그 결과를 다룬 일반인이 읽기 좋은 책들이 최근 다수 출간됐다. 그중 몇 권을 소개하면 Cathy O'Neil의 『Weapons of Math Destruction: How Big Data Increases Inequality and Threatens Democracy』(Crown, 2016)와 Safiya Umoja Noble의 『Algorithms of Oppression: How Search Engines Reinforce Racism』(New York University Press, 2018) 그리고 Virginia Eubanks의 『Automating Inequality: How High-Tech Tools Profile, Police, and Punish the Poor』(St. Martin's Press, 2017)가 있다.

알고리즘 공정성 분야 최근 연구의 기술적 개요를 다루면서 원 출처에 대한 자료도 많은 글은 Alexandra Chouldechova와 Aaron Roth의 'The Frontiers of Fairness in Machine Learning'(2018)을 참고한다. 또한 Solon Barocas, Moritz Hardt, Arvind Narayanan이 작성한 교과서적 처방이

MIT Press에서 출간될 예정이다. 자세한 내용은 https://fairmlbook.org 를 참고한다.

3장 알고리즘 게임 이론

참고자료

출퇴근 게임과 맥스웰 해법에 관한 많은 연구 및 그 결과는 Tim Roughgarden이 『Selfish Routing and the Price of Anarchy』(MIT Press, 2005)에서 요약했다. 맥스웰 2.0의 발상과 차분 프라이버시와의 연관성은 *Proceedings of the 2014 Conference on Innovations in Theoretical Computer Science*(ACM, 2014)에서 Michael Kearns, Mallesh M. Pai, Aaron Roth, Jonathan Ullman이 제출한 프로시딩인 'Mechanism Design in Large Games'에서 설명한다.

게일-섀플리 알고리즘은 David Gale과 Lloyd S. Shapley가 *American Mathematical Monthly* 69(1962)에 게재한 'College Admissions and the Stability of Marriage'에서 처음으로 설명했다. 매칭 알고리즘을 신장 이식에 적용한 작업에 대한 개요는 Alvin E. Roth가 『Who Gets What—and Why』(Houghton Mifflin Harcourt, 2015)에서 제시했다.

백개먼 프로그램 개발에 알고리즘 자가 대전을 적용하는 방법은 *Communications of the ACM* 38(1995)에 게재된 Gerald Tesauro의 'Temporal Difference Learning and TD-Gammon'에서 다뤘다. 생성적 적대 신경망은 *Neural Information Processing: 21st International Conference*(Springer, 2014)에 게재된 Ian J. Goodfellow, Jean Pouget-Abadie, Mehdi Mirza, Bing Xu, David Warde-Farley, Sherjil Ozair, Aaron Courville, Yoshua Bengio의 'Generative Adversarial Nets'에서

처음으로 다뤘다.

게임 내 균형 상태 계산으로서의 민감 합성 데이터 생성 프레임은 45th Annual ACM Symposium on Theory of Computing(2013)에서 발표된 Justin Hsu, Aaron Roth, Jonathan Ullman의 'Differential Privacy for the Analyst via Private Equilibrium Computation'에서 처음으로 제시됐다. 차등적으로 개인 GAN를 사용해 합성 의료 데이터를 구축하는 작업은 Brett K. Beaulieu-Jones, Zhiwei Steven Wu, Chris Williams, Ran Lee, Sanjeev P. Bhavnani, James Brian Byrd, Casey S. Greene의 'Privacy-Preserving Generative Deep Neural Networks Support Clinical Data Sharing'에서 수행했으며, 논문은 bioArxiv에서 이용할 수 있다.

읽을거리

3장에서 논의한 주제에 대한 유용한 기술적 논의는 Noam Nisan, Tim Roughgarden, Eva Tardos, Vijay V. Vazirani가 편집한 기사 모음인 『Algorithmic Game Theory』(Cambridge University Press, 2007)와 Tim Roughgarden의 『Twenty Lectures on Algorithmic Game Theory』(Cambridge University Press, 2016)에서 찾을 수 있다.

4장 (데이터에 미혹되어) 정원에서 길을 잃다

참고자료

John Ioannidis는 *PLoS Medicine*(2005)에 게재한 'Why Most Published Research Findings Are False'라는 영향력 있는 논문으로 과학계에서 통계의 위기를 가장 먼저 모델링한 사람 중 하나다. 4장에서 사용한 '갈림길이 있는 정원'이라는 용어는 *American Scientist* 102, no. 6(2014)에 게재된

Andrew Gelman과 Erik Loken의 'The Statistical Crisis in Science'라는 논문에서 인용한 표현이다. 논문에는 이런 현상을 설명하는 다수의 그림 예제들도 담겨 있다. 우리는 *Proceedings of the National Academy of Sciences of the United States of America* 115, no. 11(2018)에 게재된 Brian A. Nosek, Charles R. Ebersole, Alexander DeHaven, David Mellor의 'The Preregistration Revolution' 내용도 인용했다.

우리가 설명한 머신러닝 대회의 현황판(리더보드) 알고리즘은 International Conference on Machine Learning(2015)에서 발표된 Avrim Blum과 Moritz Hardt의 논문 'The Ladder: A Reliable Leaderboard for Machine Learning Competitions'에서 가져왔다. 차분 프라이버시와 오버피팅 방지 사이의 연관성은 *Science* 349, no. 6248(2015)에 게재된 Cynthia Dwork, Vitaly Feldman, Moritz Hardt, Toniann Pitassi, Omer Reingold, Aaron Roth의 논문 'The Reusable Holdout: Preserving Validity in Adaptive Data Analysis'에 나온다. '요약 가능성'과 오버피팅 방지 사이의 연관성은 *Neural Information Processing Systems: 22nd International Conference* (Springer, 2015)에 게재된 Cynthia Dwork, Vitaly Feldman, Moritz Hardt, Toniann Pitassi, Omer Reingold, Aaron Roth의 논문 'Generalization in Adaptive Data Analysis and Holdout Reuse'에 나온다.

읽을거리

4장에서 논의된 알고리즘 기법의 바탕이 되는 수학 과정을 철저히 다루기 위해 Aaron Roth와 Adam Smith의 강의인 'Adaptive Data Analysis'의 강의 노트를 참고할 것을 권한다. 이 노트는 http://www.adaptivedataanalysis. com에서 확인할 수 있다.

5장 위험한 연구: 해석 가능성과 도덕성, 그리고 특이점

참고자료

신경망과 '고양이 뉴런'의 해석 가능성 연구는 *Proceedings of the 29th International Conference on Machine Learning*(IMLS, 2012)에 게재된 Quoc V. Le, Marc'Aurelio Ranzato, Rajat Monga, Matthieu Devin, Kai Chen, Greg S. Corrado, Jeff Dean, Andrew Y. Ng의 'Building High-Level Features Using Large Scale Unsupervised Learning'에서 볼 수 있다.

도덕과 윤리에 관한 마이클 샌델의 작품 및 사상은 그의 저서 『What Money Can't Buy: The Moral Limits of Markets』(Farrar, Straus, and Giroux, 2013) 과 『Justice: What's the Right Thing to Do』(Farrar, Straus, and Giroux, 2009)에서 살펴볼 수 있다.

찾아보기

알고리즘 윤리
안전한 인공지능 알고리즘 설계 기법

발 행 | 2021년 5월 12일

지은이 | 마이클 키언스 · 아론 로스
옮긴이 | 이 정 표

펴낸이 | 권 성 준
편집장 | 황 영 주
편 집 | 이 지 은
디자인 | 윤 서 빈

에이콘출판주식회사
서울특별시 양천구 국회대로 287 (목동)
전화 02-2653-7600, 팩스 02-2653-0433
www.acornpub.co.kr / editor@acornpub.co.kr

한국어판 ⓒ 에이콘출판주식회사, 2021, Printed in Korea.
ISBN 979-11-6175-515-1
http://www.acornpub.co.kr/book/ethical-algorithm

책값은 뒤표지에 있습니다.